高等院校中学教师培养系列教材

U0646117

班级管理

BANJI GUANLI

主编 王 晋

北京师范大学出版集团
BEIJING NORMAL UNIVERSITY PUBLISHING GROUP
北京师范大学出版社

图书在版编目(CIP)数据

班级管理 / 王晋主编. —北京：北京师范大学出版社，2024.6
高等院校中学教师培养系列教材
ISBN 978-7-303-29428-2

Ⅰ. ①班⋯　Ⅱ. ①王⋯　Ⅲ. ①中学－班级－学校管理－
高等学校－教材　Ⅳ. ①G632.421

中国国家版本馆 CIP 数据核字(2023)第 203793 号

图书意见反馈：gaozhifk@bnupg.com　010-58805079
营销中心电话：010-58802755　58800035
北师大出版社教师教育分社微信公众号　京师教师教育

出版发行：北京师范大学出版社　www.bnupg.com
　　　　　北京市西城区新街口外大街 12-3 号
　　　　　邮政编码：100088
印　　刷：唐山玺诚印务有限公司
经　　销：全国新华书店
开　　本：730 mm×980 mm　1/16
印　　张：14.25
字　　数：250 千字
版　　次：2024 年 6 月第 1 版
印　　次：2024 年 6 月第 1 次印刷
定　　价：38.00 元

策划编辑：张筱彤　　　　　责任编辑：安　健　钟　慧
美术编辑：焦　丽　　　　　装帧设计：焦　丽
责任校对：王志远　　　　　责任印制：马　洁

高等院校中学教师培养系列教材
编 委 会

总　序

为贯彻党的二十大精神，全面落实立德树人根本任务，系统推进教育部于2022年新修订的义务教育课程方案和语文等16个课程标准的落地实施，我们将孕育于中原沃土的"高等院校中学教师培养系列教材"奉献给广大读者。

在发展学生的核心素养这一国际教育趋势下，核心素养教育在我国教育界日益升温。从学科教学过程中衍生出的教学设计问题构成了培养学生核心素养和可持续发展能力的重要一维。教学设计是落实核心素养的关键环节和动力，是促进课堂教学提质增效的重要依据，更是沟通教学理论与教学实践的桥梁。我们认为，教学设计即教师为优化教学过程，提高教学质量，以认知学习理论、教育传播理论和系统科学理论为基础，根据学生的学习特点和自身的教学风格，对教学环节、教学要素预先进行科学的计划、合理的安排，制定出整体教学运行方案的过程。作为指导教师有效教学的蓝图，教学设计是教师教学不可或缺的一个环节。新课程标准对教师的教学设计能力提出了更高的要求。因此，如何提高在职教师和高等师范院校师范生的教学设计理论水平和实践能力，让教学理论"上可着天、下可落地"成为一道待解难题。

为总结和推广新课程标准中的新理念、新实践，发展中学生的核心素养，我们与北京师范大学出版社合作出版"高等院校中学教师培养系列教材"。本丛书由14册构成，涵盖了中学教育的各个学科，包括《中学语文教学设计》《中学数学教学设计》《中学英语教学设计》《中学物理教学设计》《中学化学教学设计》《中学生物教学设计》《中学历史教学设计》《中学地理教学设计》，另加一些基础课程，包括《教学设计与评价》《教育哲学》《现代教育技术》《教师职业道德》《班级管理》《教育测量评价技术》，旨在为广大教师搭建一座连接教学理论与教学实践的桥梁。

本丛书以新课程标准为依据，以国家政策、教育动态、社会需求为风向标，紧跟课改步伐，将现代教育理念、教育技术和教学方法融入学科教学设计和教学实践，系统分析、研究各学科的教学目标、教学内容、教学方法、课堂教学、实践活动、教学评价等中学教学设计中出现的问题、需求以及解决的途径，填补了中学教学设计研究领域的缺口，旨在为中学教学设计中的一些困惑提供参考和借鉴。如何培养适应新时代要求的中学教师、如何在课程实施中培养学生的核心素养是教育工作者要直面的重要课题。面对这些现实问题，本丛书试图在教学设计领域探寻答案。"高等院校中学教师培养系列教材"的编写立足于教学实践，贴近教育实际，以提升中学生的学科核心素养为目的，深入挖掘中学教学设计的本质，思考教师与教学、文本与设计之间的关系，探究教学设计在各学科中的运用模式，不断完善教学设计的理论基础与方法策略，更新教师的教学思想，弥合教师"教"与学生"学"之间的裂痕，打造"师生协奏"共同体，培养与新课程同步成长的专业化教师队伍。基于此，本丛书可作为高校本科师范生和教育硕士生研习之用，亦可作基础教育师资培训和各学科教研参考用书。

本丛书顺应中学教育改革和发展的需求，以培养专业化的学科教师为目标，力求体现先进性。本丛书具有以下几方面特色。

立足素养本位，着眼教学提质。本丛书以 2022 年新课程标准和新教科书为依据，在重视学科知识体系与教学方法的基础上，注重由"教"的设计走向"学"的设计。在编写过程中，本丛书教学活动的设计践行学科学习活动观，并运用认知学、心理学等理论进行指导。本丛书的编写是基于教材整体教学活动的设计，能够为一线教师的教学设计提供参考。另外，本丛书立足素养本位的教学设计，是教师开展新教学的有效抓手，有助于提升教师的教学质量。

重构设计图谱，链接多彩教学。本丛书在以往教学设计研究的基础上融入了新的元素，以学科核心素养为培养目标，重在提升学习者综合运用知识和进行教学设计的构思能力，融理论性、知识性、实践性于一体，设计内容涵盖整个教学活动。在内容的呈现形式上力求生动活泼，穿插多种类型的教学案例分析和启发探究式小栏目，并对每个设计项目从简到繁、从易到难、从部分到整体进行有序编排和训练，使教材体现出实用性和可操作性，既有助于读者思考与参与体验，也便于读者对教学活动进行组织与安排，使各学科教学设计在重构之后更易获得、更有质量、更具包容性。

科学研判学情，设计和而不同。本丛书科学研判每门学科及具体课堂教学中的学情，有助于学生核心素养的培育真正落实。为此，在体现共性的同时，各本的内容又各具特色。就共性而言，丛书各部分内容的阐述依据创新精神和实践能力的要求，紧密结合我国课程改革的基本理念、要求以及日常学科教学案例，设计出具有河南省区域特色的、符合学科特点的实践与应用内容。就个性而论，各本根据学科性质的不同，从中学教学实践出发，结合教学设计的相关理论，阐释中学各科教学设计的方式方法，既包括理论层面的解读，又附有翔实的案例分析。

　　时至今日，有关中学各科教学设计的出版成果已具有丰厚的基础，我们理应朝着一个更高的境界奋进。希望我们的工作可以让读者对中学教学设计有一个较为真实且全面的理解，也恳请各界先进对本丛书不吝给予批评与指正。

刘志军

2024 年 2 月 15 日

前　言

党的二十大报告提出要办好人民满意的教育。教育是国之大计、党之大计。培养什么人、怎样培养人、为谁培养人是教育的根本问题。育人的根本在于立德，教师要承担起培养人才的任务与使命，全面贯彻党的教育方针，落实立德树人的根本任务，培养德智体美劳全面发展的社会主义建设者和接班人。学习如何管理班级，发挥班级的育人功能，是每位教师的必修课。

师范生的培养一方面靠课程，另一方面靠实习、实训。课程建设一方面靠课堂教学，另一方面靠教材编写。从这个意义上讲，教材对师范生的培养有特殊的意义。基于这样的定位，我们组建了编写队伍，前七章每章都是由一位河南大学的教师和一位中小学名师或名班主任合作编写的，我们试图通过编写人员的优化配置，体现理论与实践的结合、学理和案例的结合、原理性和实用性的结合。我们希望师范生既要对接实际，又要具备超越精神，于是专门撰写了第八章"班级管理新理念"，目的就是引导师范生拥抱新理念，为超越性地进行班级管理做准备。

本教材的第一章由王晋和谢瑞莉（中原名师，驻马店实验小学教师）合作编写，第二章由许丽丽和朱志林（中原名班主任，开封市开封县街小学教师）合作编写，第三章由孟艳和王静芳（河南省名班主任工作室主持人，开封市第五中学教师）合作编写，第四章由苏鑫和王南（中原名班主任，开封市第五中学教师）合作编写，第五章由王洪席和欧阳亮（中原名师，河南大学附属中学教师）合作编写，第六章由王丽娟和殷慧芳（中原名师，安阳市锦绣学校教师）合作编写，第七章由王晓芳和马冬冬（中原名师，开封市第一师范附属小学教师）合作编写，第八章由王晋编写。本教材由王晋统稿，研究生汤欣然、史圆圆、宁蔓瑜、张维、张盼盼、陈田田、金玉蕾、陈佳慧、李文惠、陈凌钰和卢伟鑫等做了大量基础性的工作。特此鸣谢。

感谢河南大学教育学部部长刘志军教授、教育学部副部长王萍教授的信任。

教材的使用要和课堂教学结合起来，也要和实习、实训结合起来，期待授课教师对教材的创造性解读和讲授。

编者

2024 年 2 月

目　录

第一章 班级与班主任

章前导语

　　班级是学校开展教育教学活动的基本单位,是学生学习、生活、发展的直接环境。班级发展历史悠久,不断变化,显现出了多种发展趋势。本章从社会学的角度出发,将班级视为一种教育组织来探讨其结构与功能。班主任是班级的组织者、领导者和教育者,是学生的引领者和人生导师。班主任在教育教学中既有正式角色,也有非正式角色。这种多角色身份要求班主任不断提高自身素养,在工作挑战中实现自我突破。

第一节 班级概述

一、班级的起源及班级教学的变革

(一)班级的历史

　　在班级授课制还未正式产生、班级还未被划分的农业社会时期,教学方式以个别教学为主。那时的教育具有很明显的阶级性、等级性,且学生数量少,又因为当时社会不需要大规模普及教育,班级自然不会受到人们的青睐。在个别教学盛行的时代曾出现过班级:早在1世纪,古罗马就出现了分班授课的教学方式。昆体良曾在自己的作品《雄辩术原理》(又名《论演说家的教育》)中提出了班级授课制思想的雏形,并且在现实中试行了分班教学。

　　随着社会发展和生产力的逐步提高,班级的轮廓逐渐显现。欧洲中世纪学校曾采用一种介于个别教学与班级授课之间的过渡的教学制度,即个别-小组教学制,有人称之为班级教学的雏形。[①] 这一时期的教学组织形式虽然在向班级靠拢,但与现代社会的班级大相径庭。在过渡时期,班级的招生时间、教学内容并不固定,而且班级的划分没有依据学生的年龄大小与能力高低来进行。虽然当时这种教学组织还不能被称为班级,但它为接下来班级的正式出现做了铺垫与积累。

---

① 吴秋芬:《班级管理》2版,4~5页,合肥,安徽大学出版社,2005。

14～16 世纪，文艺复兴的浪潮席卷而来。捷克教育家夸美纽斯深受文艺复兴思潮影响，在《大教学论》一书中写道："一切生而为人的人，生来都有一个同样的目的，就是他们要成为人，即要成为理性的动物，要成为万物的主宰及其造物主的形象。所以，他们都应该达到这样一个境地，即在适当地吸取了学问、德行与虔信之后，能够有益地利用此生，并且好好地预备来生。"①换句话说，夸美纽斯认为无论男女老少，人人都应当接受教育。当时欧洲的学校虽然进行了分班，但教学制度依然采用的是过渡性质的个别-小组教学制，这种教学制度显然不符合夸美纽斯的教学思想。于是他对该教学制度提出了针对性的建议：统一学制，每年只在固定时间招收学生，并且要按照学生的年龄与能力来进行班级划分。此外，他还亲自开设班级，进行实践。

夸美纽斯为彻底改革个别教学提供了理论基础，在加快了教育普及速度的同时将班级标准化、规范化、制度化。虽然夸美纽斯对班级授课制的贡献不容忽略，但是由于有关班级授课制的史料与结论所采用的语言较为模糊，有学者指出夸美纽斯并不是班级授课制的确立者。有研究指出，早在夸美纽斯提出班级授课制思想之前，此教学制度早已在欧洲许多国家和地区的古典文科中学中流行，而且耶稣会学校进一步促进了班级授课制的制度化，因此"夸美纽斯是班级授课制的确立者"这一说法并不准确。另外，夸美纽斯并未对班级授课制进行系统地总结，所以无法判断他是如何确立班级授课制的。② 可以看出，夸美纽斯是否确立了班级授课制这一话题仍有争议。

真正促使班级这一教学组织形式空前发展的并非夸美纽斯，而是 19 世纪的两名英国人：贝尔与兰卡斯特。工业革命后，资本对劳动力的需求增强，对劳动力素质的要求提高。当时师资力量缺少，无法培养足够的较高素质的劳动力。面对这一窘境，贝尔与兰卡斯特两人开发出了贝尔-兰卡斯特制，又名导生制。导生制是指在开设班级的基础上，教师从每个班的学生里选出导生，导生会在教师的指导下从事低年级学生的教学与管理工作。在导生制下，教学效率以及教育的普及率得以提升，即便是穷人子弟也能够通过这一方式习得一些基础知识和技能。此外，这种教学制度能够节省师资、减少花销，所以在欧洲各国十分流行。后来，随着师资力量的逐渐增强，便不再需要导生制这一授课方式了。

---

① ［捷］夸美纽斯：《大教学论》，傅任敢译，37 页，北京，教育科学出版社，1999。
② 张斌贤、季楚潇、钱晓菲：《夸美纽斯是班级授课制的"创立者"吗》，载《高等教育研究》，2022(6)。

（二）班级教学的变革

夸美纽斯曾经夸赞班级授课制："这种教育将不是吃力的，而是非常轻松的。课堂教学每天只有四小时，一个先生可以同时教几百个学生，而所受的辛苦则比现在教一个学生少十倍。"[①]由此可见，班级普及教育速度之快、范围之广。班级能够成为世界教学组织形式的主流，与上述特点无法分开。随着世界现代化的推进，工业革命之后很长一段时间，社会发展速度获得了前所未有的提升。为了克服班级授课制的局限，新型的教学组织形式随之试行。

班级授课制过于强调集体教学，忽视个体差异性。一方面，班级由年龄、能力相仿的学生组成，即便这样，不同的学生也会由于生理、心理、家庭、环境等因素的影响，拥有不同的气质类型、认知方式与性格；另一方面，以班级为教学单位，若干学生组成一个集体进行学习，这种教学组织形式必然会导致有的学生无法跟上教学进度，而有的学生早已掌握了所学知识，却又不得不因此浪费时间和精力。

在班级授课制中，虽然教师能在教学活动中发挥自己的主导优势，但是学生的主体性却因此削弱，无法充分发挥。学生积极性、主动性难以调动起来，教学氛围低沉，师生难以进行充分的交流。[②]比如，在中小学的教学活动中，我们经常能看到教师在课上询问学生学习效果如何，是否还有什么问题，而台下举手回答的学生寥寥无几，教师无从发现学生的问题所在，最终产生教师教学效果不尽如人意、学生学习效果欠佳等问题。

在班级授课制的教学组织形式下，教师在追求课堂效率的过程中或多或少会忽视对学生个体的独立思考能力与创新能力的培养，大多数教师习惯采用传统的讲授法。这种灌输式的教学方法只能在短时间内将知识灌输到学生的头脑之中，使学生失去了自我思考的能力，不能深入理解和应用所学知识。教师在教学过程中对标准答案的过分追求在很大程度上将学生的创新精神扼杀在摇篮内。随着素质教育和课程教学改革的推进，讨论法、探究法等多种以学生为中心的教学方法逐渐在班级授课的教学组织形式下被广泛使用。学生的主体地位与学习积极性在教学过程中逐渐凸显，学生成为学习的主人。

随着班级授课制弊端的暴露，各个国家的学者开始探寻新的教学组织形式来弥补班级授课制的不足，包括特朗普制、走班制、道尔顿制、文纳特卡制和分组教学制等。下文对走班制和翻转课堂进行介绍。

---

① ［捷］夸美纽斯：《大教学论》，傅任敢译，50 页，北京，教育科学出版社，1999。
② 伍新德：《班级授课制有效性的时代局限及突破》，载《教学与管理》，2009(21)。

1. 走班制

走班制起源于美国，流行于诸多国家。顾名思义，该制度不再将学生固定在一个教室，而是根据学科的不同或教学层次的不同，让学生在不同的教室中流动上课。它可以很好地让不同水平的学生选择适合自己的教学方式、知识技能。走班制弥补了班级授课制强调集体教学、步调一致所带来的弊端，进一步促进了教育公平。2014 年，《国务院关于深化考试招生制度改革的实施意见》明确规定："改革考试科目设置。增强高考与高中学习的关联度，考生总成绩由统一高考的语文、数学、外语 3 个科目成绩和高中学业水平考试 3 个科目成绩组成。保持统一高考的语文、数学、外语科目不变、分值不变，不分文理科……计入总成绩的高中学业水平考试科目，由考生根据报考高校要求和自身特长，在思想政治、历史、地理、物理、化学、生物等科目中自主选择。"随后，《教育部关于普通高中学业水平考试的实施意见》在制定上述规定实施办法的同时，做出了进一步要求："计入高校招生录取总成绩的学业水平考试 3 个科目成绩以等级呈现，其他科目一般以'合格、不合格'呈现。"2017 年，高考改革全面推行，走班制成为普通高中最佳教学组织形式。[1]

【案例】

小学渐进式体育走班制教学行动研究

以北京师范大学鄂尔多斯第二附属学校三年级体育课为例，该小学的体育课从二年级开始实行走班制，学生在学习常规课程的同时，需要选择一定数量的走班制课程。学生可以根据自己的兴趣和能力，选择适合自己的体育运动进行学习，提升运动技能的同时，大大缓解了厌恶体育运动的情绪。教师得以教授自己擅长的科目，充分发挥自己的特长，端正工作态度，提升教学能力，增强教学热情。学校通过开设走班制课程，渐渐完善这一教学组织形式，为走班制的推广提供了参考实例。[2]

2. 翻转课堂

翻转课堂即改变传统的教师讲授、学生被动学习的教学方法，进而转变为学生在课下自主学习，师生在课堂上交流和探讨。与班级授课制相比，翻转课堂拥有以下几个优势。

---

[1] 王润、周先进：《新高考改革背景下高中走班制机制构建》，载《当代教育科学》，2016(6)。

[2] 李娜：《小学渐进式体育走班制教学行动研究：以北京师范大学鄂尔多斯第二附属学校为例》，载《体育视野》，2022(1)。

第一，提高学生的学习积极性与自我约束能力，有助于锻炼学生的独立思考能力。学生不再处于一个被灌输的环境，而是可以尽可能地利用一切资源对某一知识点进行学习。在资料查找过程中，学生的知识面逐渐扩大。学生不再只是被动接受答案，而是渐渐养成了思考的习惯。翻转课堂提供的视频、讲座给予学生自我调节的机会，帮助学生制订出适合自己步调的学习计划，降低学生的厌学情绪，使学生开始对自己进行约束，变得自律。[①] 学生由被动接受知识转变为主动学习，其学习积极性与学习效率大大提高。

第二，增加师生互动，促进双方了解。翻转课堂为教师教学和学生学习提供了一个相对轻松的环境，师生之间的交流互动自然流畅。每个学生都有机会上台展现自己对某一知识点的看法与思考。教师通过在台下观摩、倾听、记录学生的展示内容，可以深入地了解学生的想法和思考，了解学生在语言表达等方面的能力，并据此调整自己的教学方法和教学目标，给予相对应的辅导，因材施教。

第三，提升学习效率，加强学生对知识的记忆。在课前，学生通过搜索资料，获得了大量相关知识信息，扩充了对知识的理解。在课上，学生配合教材讲解知识点，厘清逻辑顺序，组织语言与肢体动作。讲解完毕后，教师对学生的讲解过程做出评价，给予指导和补充。在课后，学生还需要进行复习，完成相应的作业。相比于教师直接讲授知识，要求学生记忆，翻转课堂的教学方式更有助于学生理解知识的内涵，使学生对知识的记忆更加牢固，不易遗忘。

翻转课堂虽然拥有独特优点，但并不完美。第一，翻转课堂需要经过特定培训的教师才能很好地发挥作用，而我国大部分地区依然基于班级授课制培养教师。第二，采用翻转课堂教学方式，教学进度推进较慢，学期结束后可能还有个别学生没有上台展示，这对教师的教学进度安排能力提出了要求。

二、班级在我国的发展及变革

班级以集体教学为显著特征，而集体教学的形式在我国古代就已出现。如若严格按照班级授课制的含义来进行区分，两者之间有显著的不同之处。我国从个别授课走向集体教学，再逐步走向班级授课制，班级教学的形式发生着迭代与嬗变。

（一）班级在我国的发展

春秋战国时期，私学兴起，各诸侯国开始养士，崇尚学术自由，推行自由

---

① 董江丽、周群、何志巍等：《运用"翻转课堂"教学法 推动教与学系统性改革》，载《中国高等教育》，2022(9)。

择师、学无常师，实施个别授课的模式。私塾的教师在一定程度上是固定的，学生人数很少，教育方式以个别授课为主。教师对学生进行经学的传授和答疑解惑，而不对学生的生活进行管理。教师与学生之间的关系从严格意义上来讲更适合用师徒关系来形容[①]，而非师生关系。

汉武帝时期兴太学，当时学生数量较少，采取的是个别授课方式。随着太学规模扩大，尤其是到了东汉时期，太学学生已有上万人，个别授课制逐渐满足不了大规模讲学的需要，"大都授"等集体教学形式开始流行。集体教学将学生分为两类，分别为及门弟子和著录弟子：及门弟子可以直接受教，在经师门下登记姓名并确认师生关系而不直接受业的弟子则为著录弟子。[②] 东汉迁都洛阳后，太学重建，教室规模扩张，形成了教师大班讲授、学生公开讨论的新局面。这时的"大都授"教学只是集体教学，并未涉及编班这一班级授课制的重要特征。这种传统的集体教学模式为班级授课制在我国的推行和运用奠定了基础。

19世纪，班级授课制作为舶来品传入我国，生根发芽。当时西方传教士在我国开设教会学校，实施比较完备的按学年进行课程规划和班级授课的模式。这种模式与我国传统的"大都授"授课模式相似，学生较易接受，以至于许多学生成了当时推动班级授课制在我国传播的先锋队和主力军。[③] 我国最早实行班级授课制、开设班级的学校是京师同文馆，后来并入京师大学堂。1902年，清政府颁布《钦定学堂章程》(亦称"壬寅学制")，但没有实施。后来，《奏定学堂章程》(亦称"癸卯学制")颁布实施，它以法令的形式将班级授课制确定下来。

19世纪，赫尔巴特提出了著名的教学形式阶段论。该理论传播广泛，影响深远，不仅逐渐从德国传入欧洲，还传入远在东亚的我国。他将教学分为明了、联想、系统、方法四阶段，并对每一阶段中学生的思维、心理状态、兴趣以及对应的教学方法都有所论述，使教学操作具象化。赫尔巴特提出在教育顺序上应该遵循管理、教学、训育这一流程，对班级学生的系统化管理使班级教学的效率进一步提升。赫尔巴特的教育理论不但助推了班级授课制在我国的传播，更规范了我国的班级授课，使我国的班级授课在初步发展阶段能够有据可依、有理可循。

---

① 齐学红：《班级管理》，36页，武汉，武汉大学出版社，2011。
② 孙培青：《中国教育简史》，281~282页，北京，中国人民大学出版社，2021。
③ 胡成霞、李丹：《班级授课制在我国沿用不衰的原因探析》，载《教学与管理》，2006(36)。

自 20 世纪中叶，凯洛夫的教育学思想开始对我国基础教育的理论和实践产生重大影响。[①] 凯洛夫认为班级授课制是最基本的教学组织形式，倡导赫尔巴特的"教学三中心"，提出了课堂教学的一整套流程与模式。凯洛夫的教学模式具有系统性、程序性和易操作性。新中国成立后，带有凯洛夫印记的班级授课制因高效性、便利性在我国大范围推广开来，我国各级各类学校中的教育者纷纷采用凯洛夫教育学的通用教学模式。[②] 班级授课制在我国学校教育中的地位进一步巩固。

从国家管理角度看，教育的集中管理有其必然性。隋唐时期，国子监是国家的教育管理机构。宋代教育管理体制进一步完备，中央官学由国子监进行管理，地方官学则设立提举学事司进行管理。京师大学堂在初创之时，不仅是全国最高学府，更是全国最高教育行政机关，学校的管理作用被放大。班级授课制的规范化、制度化促使教育管理高效和便捷化，适应了我国的管理需要。从国家发展角度看，班级授课制的高效满足了我国对培养大量高素质公民和拥有全面知识背景的人才的需要。班级授课制逐渐成为我国学校教育的主要教学组织形式并沿用至今。

（二）班级在我国的变革

随着班级授课制的局限的逐渐显露，为了弥补班级授课制的不足，20 世纪以来，各国开始了不同程度的教学组织改革活动，使班级组织能够顺应时代的发展，保持生命力与活力。班级授课制对我国教育的影响深远，意义重大。我国紧跟时代步伐，积极探索，推陈出新，进行班级教学及管理的变革。我国的班级教学及管理朝着三个趋势发展：个性化、社会化和信息化。

为了充分尊重学生的差异性，真正实现因材施教，各国以教学的个性化为主题，不断创新，如分组教学、小组合作、分层教学、小队教学和学习个性化等，试图从学生的个体差异性出发，推动班级向差异化、个别化的方向发展。[③] 我国于 20 世纪 80 年代提出的"读读、议议、练练、讲讲"的"茶馆式"教学在本质上是班级授课下的个别化教学。"茶馆式"教学打破已有的一种教学方法"走天下"的局面，根据不同学科、年级和课型采用不同的教学模式，充分考虑每一个学生的个体差异性，给了学生较大空间和自由。[④]

---

① 和学新、田尊道：《论凯洛夫教育学中国化的经验及其启示》，载《西南大学学报（社会科学版）》，2015(6)。

② 胡成霞、李丹：《班级授课制在我国沿用不衰的原因探析》，载《教学与管理》，2006(36)。

③ 吴秋芬：《班级管理》2 版，12～13 页，合肥，安徽大学出版社，2005。

④ 张人利：《班级授课制下的个别化教学》，载《教育发展研究》，2013(12)。

中共中央办公厅、国务院办公厅于2017年印发的《关于深化教育体制机制改革的意见》指出：加强学校教育、家庭教育、社会教育的有机结合，构建各级党政机关、社会团体、企事业单位及街道、社区、镇村、家庭共同育人的格局。人们正在通过出台的各项政策来加强班级组织与学校、社会和家庭之间的联系。想要保持班级向前发展，离不开多元主体的参与。多元主体通过合作、沟通，积极参与班级各项活动，有助于建构全面、符合多方愿景的学生生命成长的核心素养。不同主体的相互配合，一方面能够帮助解决班级场域中人际关系疏离的问题，另一方面有助于提高班级育人的质量。[①]

自20世纪80年代以来，人们对信息技术在教育领域应用的探索就从未停止。信息化与教育的融合主要经历了三个阶段：数字化阶段，计算机和多媒体极大地提高了教学效率；网络化阶段，以互联网为代表的信息技术促进了优质教学资源的共享；智能化阶段，以人工智能为代表的信息技术促进了教育生态的重塑，全方位推进教育的转型。[②]2018年4月，教育部印发的《教育信息化2.0行动计划》明确指出，要打造智慧学习支持环境，积极推进智慧教育创新发展行动。信息技术已经与教育充分融合，智慧教育不仅是顺应时代发展的产物，更是满足学生个性化发展的新型教育形式。

第二节　班主任概述

一、班主任岗位与角色

（一）班主任岗位

班主任产生于班级授课制后，班级是学校进行教育教学活动的基本单位，班主任是班级的组织者、领导者和教育者。2009年，教育部印发的《中小学班主任工作规定》提出："班主任是中小学日常思想道德教育和学生管理工作的主要实施者，是中小学生健康成长的引领者，班主任要努力成为中小学生的人生导师。"

班主任在教学活动和管理活动中既要贯彻党的教育方针，又要将学校教育教学计划落到实处。班主任作为师生关系的主导者、家校社沟通的桥梁，要积极发挥自身的作用，肩负起促进学生全面发展的职责与任务。《中小学班主任

[①] 陈森：《我国学校未来班级建设的发展方向》，载《教学与管理》，2018(21)。
[②] 余胜泉、刘恩睿：《智慧教育转型与变革》，载《电化教育研究》，2022(1)。

工作规定》对班主任的职责与任务做出了明确规定。

【拓展阅读】

中小学班主任工作规定（节选）
第三章　职责与任务

第八条　全面了解班级内每一个学生，深入分析学生思想、心理、学习、生活状况。关心爱护全体学生，平等对待每一个学生，尊重学生人格。采取多种方式与学生沟通，有针对性地进行思想道德教育，促进学生德智体美全面发展。

第九条　认真做好班级的日常管理工作，维护班级良好秩序，培养学生的规则意识、责任意识和集体荣誉感，营造民主和谐、团结互助、健康向上的集体氛围。指导班委会和团队工作。

第十条　组织、指导开展班会、团队会（日）、文体娱乐、社会实践、春（秋）游等形式多样的班级活动，注重调动学生的积极性和主动性，并做好安全防护工作。

第十一条　组织做好学生的综合素质评价工作，指导学生认真记载成长记录，实事求是地评定学生操行，向学校提出奖惩建议。

第十二条　经常与任课教师和其他教职员工沟通，主动与学生家长、学生所在社区联系，努力形成教育合力。

从上述《中小学班主任工作规定》可知：班级管理的基本职责与任务主要集中于班级组织建设、班级日常管理、班级活动管理和班级育人管理四大方面。第一，班级组织建设是班主任管理班级的中心任务，也是班主任有效进行其他管理工作的前提。班级组织建设强调班级组织结构的形成和巩固，班主任通过将松散的个体聚集成一个集体来确立共同的班级发展愿景，设置合理的班级组织机构，建立完善的班级管理制度。第二，在班级组织建设中制定班级管理制度是班主任管理班级的有效手段。制度规范的实施有助于在班级日常管理中培养学生遵守纪律、自主管理的良好习惯。第三，班主任要在班级中开展各种各样的活动，通过主题多样、多姿多彩的实践活动来丰富学生的校园生活。班主任作为活动的主导者需要确保活动主题积极向上，弘扬爱国主义精神，在活动中培养健康积极的班风，营造良好的育人环境。第四，班主任要坚持把立德树人作为教育的根本任务，把育人为本、德育为先的思想落实到班级日常管理工作过程中，促进学生的全面发展。关心学生的全面发展，提高学生各方面的素

质，发挥学生的个性特长，充分发掘学生的潜能。班主任应充分发挥纽带作用，积极主动地与学校、家长和社会沟通，充分发挥集体教育的作用，形成育人合力，营造良好的社会育人环境。

（二）班主任角色

教育教学是一个复杂的活动过程，需要班主任担任不同的角色，发挥不同的作用。班主任要树立多角色意识，把握正式角色和非正式角色的边界，加强自身能力的培养。

1. 班主任的正式角色

（1）知识的传授者

"师者，所以传道受业解惑也。"班主任的基础工作是教学，需具备相关学科的专业知识，掌握科学的教学方法，为学生传授知识、答疑解惑。与任课教师不同的是，除教授学科知识外，班主任要有意识地培养学生的综合素养，在教学过程中渗透道德教育，使用育人智慧。班主任在传授知识的同时应引导学生养成良好的学习习惯，培养学生的思考能力。

【案例】

从"我得做"到"我乐做"

清晨的校园，花香四溢，学生到校后，打扫卫生，收交作业，一切井然有序。突然，六年级某班教室里传出小杨和组长的争吵声，班主任小莉老师立即上前制止。经询问得知，原来小杨没有完成昨晚的各科作业，组长批评他，他就和组长吵了起来。小莉老师把情绪激动的小杨单独带到办公室，耐心询问原因。小杨说："校长开学时讲了，咱们学校落实'双减'政策，减轻学习负担，我觉得昨天老师布置的摘抄、计算作业负担太重，我不想写，就没写。"

小莉老师听后，没有责怪他，而是请他先回去。随后，小莉老师与相关学科教师沟通后，将作业设计的理念搞清楚了。下午，她带小杨来到校园里的一棵海棠树下，问小杨："这棵树上的花好看吗？"小杨说："好看。"小莉老师说："那许多年后别人问你时，你会怎么形容这些花呢？"在小杨陷入沉思时，小莉老师用"好花不常开，好景不常在""花有重开日，人无再少年"带着小杨畅游了语文世界，告诉他这正是《匆匆》这篇文章想要告诉人们的道理，如果能在读书时摘抄到这些警句，那就具备了一双发现语文之美的眼睛。看到小杨恍然大悟的样子，小莉老师又告诉他，各科老师布置作业时一定有自己的思考，如果对作业不理解，一定要学会和老师沟通，这是学习的重要方法——勤学好问。但是在老师布置作业时不说，不与老师沟通就不写，还和同学发生矛盾，就像答应别人的事情不去做还要赖一样，这是缺乏学习责任感的表现。小杨羞愧地低下了头，随后主动向组长道歉。

事后，班主任认真反思事件中暴露出的问题，围绕"'双减'下的作业"这一主题，对班级学生和家长展开问卷调查，全方位了解学生作业情况。在调研的基础上，及时召开了"'双减'作业大家谈"主题班会，邀请各科教师参加。班会上，各科作业设计新思路不断涌现，特别是小杨提出的"名著人物表演秀"特色阅读体验作业受到了学生的一致欢迎。此后，一项项创新型、体验式作业让学生乐在其中，学生变"我得做"为"我愿做""我乐做"，综合能力不断提升。

"教是为了不教。"在这一案例中，班主任没有采用强制措施或简单处理，而是主动去思考小杨行为背后的原因，并从单纯的做不做作业、交不交作业的问题上升为该如何帮助学生掌握学习的方法、养成良好的学习习惯、学会正确的思考方法。她善于发现并最大限度地发挥平凡小事的教育效益，把握最佳教育时机，以点带面，利用问卷调查和主题班会的方式，不仅有效做到了减负不减质，还进一步推动了班级学生的发展。案例中的这位班主任面对冲突，真正做到了尊重学生，不仅有情怀和温度，而且有教育智慧，真正履行了班主任在传授知识的同时教会学生养成良好的学习习惯、培养学生的思考能力的职责。

（2）班级的管理者

管理班级是班主任的一项重要任务，良好的班级组织建设是班主任开展管理工作的重要保障。作为班级中的核心管理者，班主任要做好统筹工作，建立班级管理规范，维护班级良好秩序，培养学生的规则意识和责任意识，使班级形成良好的纪律风尚。

【案例】

"不速之客"带来的教育契机

一个晚春的傍晚，学生们一如既往在教室里自习，温暖的春风拂动青翠的绿萝叶，还调皮地翻动学生们的作业本，教室里安静得只听得见春风姑娘的喃喃细语和学生们的笔尖碰触纸张的声音。

突然，这静谧的氛围被"不速之客"——一只鸽子的闯入彻底打破。只见它扇动着翅膀，时而在屋顶盘旋，时而与墙壁来个"热烈拥抱"，仿佛闯入了迷宫。

学生们的好奇心瞬间被点燃，教室里沸腾起来了。学生们的眼睛随着鸽子的飞舞骨碌碌打转，嘴巴张得大大的，惊讶地叫道："鸽子！鸽子！鸽子飞进来了！"还有的学生从座位上站起来，追赶鸽子。

面对此时的状况，班主任选择耐心等待，满足他们的好奇心。大概三分钟之后，鸽子找到了出口，夺门而出。这时，学生们渐渐安静下来了。

这可是宝贵的三分钟啊，机不可失，失不再来。班主任灵机一动，问道："同学们，当鸽子飞进教室时它是怎样的呢?"有的学生说："它可能迷路了，一会儿撞到墙上，一会儿撞到窗户上，还差点儿撞入我的怀里。"有的学生说："它好像喝醉了酒，都不能飞直线了。"接着班主任又追问："班里的同学们又是怎样表现的呢?"学生们眼中闪烁着兴奋的光芒，有的说别人是怎样害怕地钻到桌子底下，有的说自己是多勇敢地去追鸽子。有一个学生说："老师，我觉得咱们班的康康同学就像一位超人，在大家乱喊乱追时，他在座位上说，大家别乱叫乱跑，这只鸽子可能和妈妈走散了，它内心肯定比我们还要害怕，它需要我们的帮助，请大家不要伤害它。"此时，班主任马上抓住育人时机，开展微型班会"关爱动物，和谐共存"。随着班会的进行，班主任发现越来越多的学生知道了该怎样正确对待小动物，该怎样正确面对突发情况，遵守课堂纪律。

"教学有法，教无定法。"这次意外，其实是一次教育的契机。在这个案例中，教师没有强势干预，而是因势利导，通过榜样的发现，开展学生教育，较好地发挥了班级管理的主导作用，展现了既严格要求学生遵规守纪又注重民主，同时不断提高学生遵守纪律、规范的自觉水平的班级管理艺术。

(3)活动的组织者

班级活动具有良好的育人功效，"双减"政策实施后，学生的课后时间增多，"活动育人"在教育教学中占有重要的地位。班主任要引导学生构建积极向上、有特色的班级文化，在活动中营造出良好的班级文化氛围，通过开展班会、文体娱乐、社会实践等形式多样的班级活动，调动学生的积极性和主动性，凝聚班级精神，充分发挥活动育人作用。

【案例】

有趣的班级义卖活动

一年级的小学生刚刚开始学习认识人民币，班主任发动学生把自己看过的书籍、心爱的玩具、手工作品等带到学校参加"学以致用，感恩有你"主题班级义卖活动。

班主任提前把场地划分为书籍区、玩具区、生活用品区、手工区、零食区五个区域，学生根据自己带来的物品到特定区域进行义卖。活动现场异常火爆，学生热情高涨地推销自己的物品，虽然言语很稚嫩，拿东西和收钱的动作看上去比较笨拙，但是每个学生的表情都非常投入。学生们的每一声叫卖，为的是卖出自己的心爱之物，为的是向山区孩子奉献自己的力量，奉献自己的爱心。响亮的叫卖声吸引了很多学生前来购买，连教师们也按捺不住纷纷加入购买的队伍中。学生们收钱、找钱，忙得不亦乐乎。义卖结束后，学生仔细盘点，认真核对。此次活动不仅帮助学生学会了正确使用人民币，还锻炼了学生的计算能力。活动最后大家将全部收入捐献给山区的孩子，用自己的实际行动将温暖与爱送给最需要的人。[①]

义卖有价，成长无价。学生在活动中收获体验、收获快乐、收获成长，这就是活动育人的独特魅力。活动是育人的载体，班主任要积极开展形式多样的班级活动，让学生在精彩纷呈的活动中释放潜能、开阔眼界，促进学生全面和谐发展。

（4）综合素质的评价者

评价素养是班主任核心素养的组成部分，评价学生是中小学班主任的基本职责，履行这一职责要求班主任具备良好的评价素养。中小学日常开展的综合素质评价寻求的是一种育人之道。教师应基于评价育人立场，深度把握综合素质评价的价值判断和价值创造特质，充分认识到综合素质评价是一个在不断突破旧有价值标准、寻求多方价值建构中持续促进学生全面而有个性地发展的过程。班主任应该打破凡是评价必须给出评判结论的习惯，把评价的主要精力投向如何让学生最大限度地获得有助于成长发展的信息，实现评价的最大育人效益。[②]

2. 班主任的非正式角色

（1）学生的朋友

当代师生关系发生了重大转变，传统的"师教生学"已不适应时代的发展，现代谋求一种动态性的"共生互学"。[③] 这要求教师以一种平等的眼光来看待学生，倾听学生的想法，成为学生的朋友，走进学生的内心世界。班主任可以充分了解学生，因材施教，实现好的教育效果。

【案例】

师生之间的书信

一次早读课，小朱指着自己书上的一行字向老师告状，说有人在他的书上

---

① 此案例来自驻马店实验小学。

② 张红霞、刘志军：《关于综合素质评价若干问题的再思考》，载《教育发展研究》，2022(8)。

③ 吴康宁：《学生仅仅是"受教育者"吗？——兼谈师生关系观的转换》，载《教育研究》，2003(4)。

乱写。有人说是小周做的，可是小周矢口否认。老师仔细查看字体，再观察小周那慌乱的表情，判断应该是小周所写。于是，老师以朋友的口吻给小周写了一封信。

小周：

一直以来，你都是那样懂事乖巧，聪明好学。你是我们班学习上的排头兵。每次背诵，你都能第一个背会，你超强的记忆力经常令全班同学为之惊讶。凭着你的聪明好学，你在学业上一定会越发优秀。但优秀不仅指学习，还包括品行。如果一个学习优秀的人做出的事情让大家难过，让朋友伤心，便不是真正的优秀。当然，优秀的人偶尔会犯错误，只要及时改正，就还是大家喜欢的榜样。

愿你成为我们班学习、品行上的双重排头兵。

×老师
××××年×月×日

很快，小周给老师回信了，承认这件事确实是自己所为，并交代了事情的缘由。

老师：

有一次课间，我走到厕所外面时，平白无故地被小朱踢了一脚。我一时气不过，就在他的书上乱写了。

老师，这件事是我做错了。我现在明白了我的错误，以后我再也不会做出这样的事情了。我以后一定会更加优秀的！我会一直记住您说的话。

小周
××××年×月×日[1]

很多时候，学生不愿意与教师交流，认为教师是权威，习惯于高高在上地说服教育。案例中的教师采用书信的形式，像朋友一样平等地与学生沟通和交流，引导学生主动反思自己的问题。身为朋友的班主任容易站在学生的角度看问题，客观地处理学生问题，减少师生矛盾，做好班级管理工作。

（2）学生的榜样

教育工作者的全部工作是为人师表。班主任是学生心目中崇高的榜样，其思想、道德和行为在班级管理和教育过程中对学生产生潜移默化的影响。学生是最具模仿力的一个群体，班主任的一举一动都有可能成为学生模仿的对象，

---

[1] 此案例来自驻马店实验小学。

因此班主任要注意自身行为，给学生树立积极的榜样。班主任的榜样作用同样有利于班级管理工作的推进。

【案例】

张老师的道歉

张老师经常强调早读时要专心。这天早读，她走进教室看到很多学生在交头接耳，有的则左顾右盼，顿时气不打一处来，对学生进行批评教育。经学生提醒，张老师记起，自己布置的早读任务是背会之后向组长"过关"。那些交头接耳者其实是在向组长"过关"呢。

张老师明白自己过于情绪化，误解了学生。张老师经常教育学生不要轻易下结论，做出行动前要先调查和了解。学生之间因为点滴小事发生矛盾时，张老师经常教育他们要主动认错，知错就改。于是，张老师向学生坦言自己不该在没有调查和了解之前，仅凭一眼印象就下结论。学生们笑了，纷纷说："没事，没事!"

对学生来说，教师自身行为的导向作用是很明显的。案例中的张老师率先垂范，开诚布公，赢得了学生的尊重。

（3）心理问题的疏导者

根据学校心理辅导"三层次介入"理论，心理辅导可分为发展性、预防性和治疗性三层次。教育是发展性的，注重了发展性就有了预防心理问题的作用。[①] 由于时代的急速变化等诸多因素影响，中小学生的心理问题日益增多。校园欺凌、网络成瘾、学业焦虑等是中小学心理健康领域存在的热点问题。[②] 针对这些现象，班主任要开展具有发展性和预防性的积极心理辅导。学生心理问题的严重程度不一，但都应引起重视。班主任要掌握一定的教育心理学知识，发现学生出现心理健康问题后，及时进行排解和疏导。

【案例】

帮小程找回自信

小程在课堂上听讲认真，目光炯炯，发言积极，踊跃参加各种活动，直到后来发生了一件事情。

为了激励学生，很多老师用星卡积分制。一次，班主任刘老师发现其他学

[①] 班华：《心育再议》，载《教育研究》，2001(12)。

[②] 熊昱可、骆方、白丁元等：《我国中小学生心理健康监测框架构建的视角与思考》，载《北京师范大学学报(社会科学版)》，2021(1)。

生大多有二三十张星卡，最多不超过四十张，小程竟有八九十张。在刘老师的印象中，自己并没有给小程发过这么多张星卡。经过调查发现，小程的一部分星卡其实是她趁大家不注意时偷偷拿的。刘老师对她进行了批评教育。

自这件事起，课堂上她依然认真听讲，只是不再像之前那样活跃，连课堂上发言的次数都少了很多。小程的妈妈说，她问及星卡的事时，小程总是默默流泪，低头不语。

察觉到了小程的变化，刘老师明白了这个学生心中的郁结。她有意识地找机会让小程协助自己，适时给予肯定和鼓励，帮其疏导心理。

"把这个帮我送到办公室吧！"

"我的课本忘在办公桌上了，你帮我拿一下吧！"

"小程，你坐姿端庄，听讲认真，来，上台领读！"

小程渐渐恢复了以前的状态，一下课又开始围在老师身边问这问那。

孩子毕竟是孩子，面对诱惑，难免犯错。因为一次犯错，小程认为自己失去了教师和同学的信任，变得孤僻少言，可见其心理压力之大。刘老师有一双善于发现的眼睛，她细心地洞悉这一变化，通过多种措施来对小程进行疏导，帮小程找回了信心。

（4）家校社沟通的艺术家

习近平总书记指出："办好教育事业，家庭、学校、政府、社会都有责任，谁都不是旁观者，谁都不能置身事外。"[1]首先，班主任要协调班级与学校之间的关系。班级是学校的最小管理单位，班级管理的目标与学校的管理目标一致，班主任只有深刻理解学校决策层的意图，并与学校管理部门的具体要求保持高度一致，才能卓有成效地做好班级管理工作。[2]其次，班主任要协调好学校与家长的关系，家校合作是促进学生全面发展的重要举措，但在以学校为主导的教育中，家长的参与度并不高，这就需要班主任从中沟通和协调，实现家校合作育人。最后，班级管理工作离不开社会各界的大力支持，社区可以为学生的发展提供文化资源、人才资源、物质资源支持，这就需要班主任协调好学生与社会的关系。

---

[1] 习近平：《论坚持党对一切工作的领导》，280页，北京，中央文献出版社，2019。
[2] 胡林：《班级管理》，8页，南昌，江西科学技术出版社，2010。

【案例】

班主任的一日常规

①早晨 7:30 必须进入教室，检查本班常规工作，包括教室走廊卫生、学生出勤情况、学生仪容仪表，发现学生有不符合仪表规范要求的要及时处理。

②组织本班学生做好课间操。组织除值日生外的其余学生到操场集中，做好监督工作，要求学生做到快、静、齐，协助体育老师提高课间操质量。

③组织学生做好教室的环境建设，安排好每天班级卫生值日生并进行检查督促。教室卫生要做到上下、左右、前后"六面光"，要保持"五无"（地上无痰迹、纸屑，墙上无污痕，桌上无刻画，门窗无破损，卫生无死角）。

④检查学生出勤情况，负责学生一天之内的病、事假的审批。遇学生无故缺勤，应向家长了解情况，及时做好家访、电访，并将处理情况汇总备案。

⑤做好学生日常行为规范的管理工作，及时对违反校规校纪的学生进行行之有效的教育。对班级的突发重大违纪事件应及时上报和正确处理。

⑥每天要对学生进行 5 分钟的安全教育，安全教育的内容要进行记录。加强学生的安全管理，杜绝学生的不安全行为。班级发生安全事故时要立即到场做好善后处理工作。

⑦班主任必须到教室，组织好班级的自习课。（有课的班主任除外。）

⑧凡是学校（含年级段、班级）组织的集体活动（竞赛、集会、参观、外出等）均应到场，负责组织。

⑨每天做好班务日记的记录，对班级一天的情况进行评估，对存在的问题提出整改措施。

河南大学附属中学学生处[①]

二、班主任制度与素养

（一）班主任制度

1. 班主任制度的内容

在我国，中小学班主任制度自 1952 年诞生以来，经过不断的转变、更新，最终形成了在各级教育中所实行的班主任制度。

纵观班主任制度发展史，可以发现它经过了三个阶段，分别是级任制、导师制、班主任制。班主任这一角色在这三个阶段所担任的职责不尽相同。级任制时期，级任教师的职责是教授学生功课，对学生进行管理和指导。导师制下

---

①　此案例来自河南大学附属中学。

导师的工作职责主要是以小组为单位，对学生的思想、行为、学业及身心保健进行管理和教育。班主任制下班主任的工作职责则广泛、重要得多，包含对学生的教学责任、教育责任、行政责任、组织责任，甚至社会责任。[①] 这一点从1978年教育部印发的《全日制中学暂行工作条例（试行草案）》（以下简称《条例》）中可以看出。该《条例》规定："班主任应该在其他教师的协助下，对本班学生进行思想政治教育，组织学生学工、学农、学军，指导学生的课外生活，指导共产主义青年团、少年先锋队和班委会的活动，进行家长工作，评定学生的操行。"

2006年的《教育部关于进一步加强中小学班主任工作的意见》规定："中小学班主任是中小学教师队伍的重要组成部分，是班级工作的组织者、班级集体建设的指导者、中小学生健康成长的引领者，是中小学思想道德教育的骨干，是沟通家长和社区的桥梁，是实施素质教育的重要力量。"它规定了班主任的角色和职责，为中小学班主任的工作指明了方向。中小学班主任在班级教师队伍中起着重要的引领作用，以至于在与其他教师的合作中发掘教育功能"最大值"，这一点符合1978年发布的《条例》的要求，即班主任应该在其他教师的帮助下，对本班学生进行各种各样的教育。

2009年，教育部印发的《中小学班主任工作规定》（以下简称《规定》）包括总则、配备与选聘、职责与任务、待遇与权利、培养与培训、考核与奖惩、附则七章内容。该《规定》对班主任制度的各项内容都做出了指示，为各级各类学校内班主任工作细则的制定、班主任工作的开展指明了方向。

2. 班主任制度的意义

（1）价值方面：培养学生的集体主义精神

第一，班主任的管理对象是班集体，即在班集体中，通过集体来对学生进行教育和管理。第二，我国中小学教育遵循集体主义教育原则，在班级授课的组织形式下，班主任采取通过集体教育来影响个体和通过对个体的教育来影响集体相结合的方式开展教育活动。第三，班主任的工作任务之一是构建团结的班集体。从这三点可以看出，我国教育的作用之一是培养学生的集体主义精神。集体主义教育在中小学教育中是不可缺少的一部分，社会上常常出现"舍小家，为大家"的人，为了国家安全、人民安全，人人都要具备集体主义精神。中小学生要有这样的意识，班主任作为班级凝聚力的核心在其中发挥着重要作用。

---

① 杜时忠：《"班主任制"走向何方？》，载《教育学术月刊》，2016(11)。

（2）组织方面：提升学校管理效率

通过梳理孙培青的《中国教育史》可以发现：唐朝时期教育管理体制日益健全，中央官学由国子监管理，地方官学由地方长官（长史）管理；宋朝时，中央依旧由国子监进行统一管理，而地方设置了提举学事司进行管理，并且在崇宁兴学时期蔡京提出了建立县、州、太学三级相联系的学制系统；到了明朝形成了"社学—府、州、县学—国子监"这样一种从地方到中央相衔接的学制系统。① 我国现行教育行政体系由教育部、教育厅、教育局三级构成。班级作为制定教育政策、研究教育方法、实施教育工作最基本的单位，使教育管理成为紧密相扣的环节链条。教育部、教育厅、教育局颁发文件，学校根据实际情况落实或制定学校教育制度，形成班主任工作规程，在各个方面指引班主任工作，提升学校管理效率。

（二）班主任素养

1. 思想品德素养

高尚的思想品德素养是教师素养的根本，班主任是学生的引路人，要注意自身思想品德素养的培养。

首先，班主任要以身示范，坚持正确的政治方向，清晰地认识到教育与政治息息相关，培养学生的爱国情怀。

其次，班主任要具备社会公德。2019 年，中共中央、国务院印发的《新时代公民道德建设实施纲要》对社会公德进行了说明，社会公德包括文明礼貌、助人为乐、爱护公物、保护环境、遵纪守法五个方面。无论是班主任还是学生，首先都是公民，这就要求师生在社会中都要遵守社会公德。

再次，班主任要具备职业道德。《中小学教师职业道德规范（2008 年修订）》要求教师具备以下六种职业道德：爱国守法、爱岗敬业、关爱学生、教书育人、为人师表和终身学习。

最后，班主任要形成良好的个人品格。其身正，不令而行；其身不正，虽令不从。班主任只有严格规范自身、做好表率，才能起到润物细无声的作用。

2. 知识文化素养

（1）精深的专业知识

每个行业、每个职位都有自己的专业特殊性，需要我们学习相关的专业知识才能胜任，班主任的工作也是如此。2006 年，《教育部关于进一步加强中小

---

① 孙培青：《中国教育史》3 版，161～249 页，上海，华东师范大学出版社，2009。

学班主任工作的意见》所提出的中小学班主任的工作职责之一是"要做好班级的管理工作。加强班级的日常管理，维护班级良好的教学和生活秩序"。这要求班主任有管理学知识，知道如何建设班级、如何管理班级。班主任要努力增强班级凝聚力，做到在教育集体时教育个体、在教育个体时教育集体。

（2）广博的科学知识

学生处于复杂的信息环境中，能够通过大众传媒获得丰富的信息，越来越多地获取到了教师未传授的知识。面对这种情况，教师要不断地充实自己，不断地学习和吸收新知识。教师是先进文化的代表，但是这不代表教师就可以故步自封。2016年9月，《中国学生发展核心素养》总体框架在北京发布，以培养"全面发展的人"为核心，从文化基础、自主发展、社会参与三个维度阐明了新时代中国学生应具备的核心素养，具体表现为人文底蕴、科学精神、学会学习、健康生活、责任担当、实践创新六大素养。班主任如若要培养学生的人文底蕴，必要先打好自身的基础。

（3）相关的理论知识

中小学班主任是学校中和学生联系最紧密的人，所以班主任要构建和谐班集体、把握好和学生的关系，就一定要储备大量的教育学和心理学的理论知识。

【案例】

"夸夸贴"的力量

刘老师是一位班主任，也是一位心理咨询师。作为班主任，她希望孩子们向阳而生，于是"夸夸贴"应运而生。

虽然这是一张简单的便利贴，可是它上面隐藏着每个当下闪光点被捕捉的魔力。这一场大型"夸夸贴"活动由刘老师启动。"你弯腰捡起校园里纸张，那身影晃动在光线中，真美！""上课时，同桌没带橡皮，你悄悄递了过去，那微笑胜过千言万语！"……随着一张张"夸夸贴"飞到一个个学生的桌子上，班里的空气都变得温暖了。

顺着这股暖流，刘老师召开了班会，让大家念念自己的"夸夸贴"，谈谈自己获得"夸夸贴"的感受。有学生说，那感觉像是光照进了冒冒失失地从地下河流出的溪流上，喜悦的波光层层跳动。刘老师顺势告诉学生们："给予和得到是相互的，想不想用你闪亮的眼睛去发现别人美好的瞬间，去感受赠予玫瑰后手上留下的清香？"学生用期待的小脸和响亮的应和声把活动推向了高潮。从此班级里每个人的手里都得到了形状各异、字体各异、词句各异的"夸夸贴"。他们珍藏着每一张，在每一期的班会"夸夸说"上，大声读出最心爱的那张，那神态自信极了。

随着"夸夸贴"活动的进行，班里告状的事越来越少了，刘老师这个班主任越来越轻松了。她喝着茶，微笑着看着学生送给她的"夸夸贴"："您今天讲课时读到小鸟害怕时的句子，真生动，您很棒哟！"在刘老师的积极带动下，家长们加入了制作"夸夸贴"的行列，变着花样地夸自家孩子，捕捉孩子真实、美好的行为，家庭关系变得和谐了。①

案例中的刘老师善用心理学专业知识，赋予"夸夸贴"一种健康美好的心理动力机制，创新使用"夸夸贴"的评价形式并积极辐射到家庭教育中，使学生不仅在每个夸赞动作背后获得持续向好的动力，而且收获了来自家长、同学、教师的"爱的看见"。正是这种正面关注的力量，使得学生的生命获得了真正的内驱力。

知道教育的概念，班主任就能知晓自己所从事教育工作的意义；知道教育的目的，班主任就能知晓自己所从事教育工作的方向；知道教育的制度，班主任就能知晓自己所从事教育工作的界限。班主任只有打好理论基础，才能很好地完成工作。比如，课程实施的取向有忠实取向、相互适应取向和创生取向，鉴于我国中小学班主任大多由学科教师担任，这些知识又是教师专业必备知识，所以教师都知道这一理论。班主任的有效管理在于灵活运用这些知识，将这些理论知识由僵硬转变为灵活，在自己的工作中实现迁移和创新，在管理中使自己的计划、想法与实际情境相结合，不断调整、改变、适应。班主任应争取营造民主型班级氛围，让学生想说、敢说、会说，而非专制型或放任型班级氛围。班主任对心理学的把握在教育中同样很重要，把握学生心理才能更好地走近学生。教育心理学告诉我们，表扬比惩罚更能激励学生，表扬、鼓励、夸奖在师与生相处中发挥着重要作用。此外，在学业压力、家庭压力、人际压力的作用下，当代青少年的心理问题频出，这需要班主任及时发现从而进行开解。

（4）必备的法律知识

正所谓"无规矩不成方圆"，班主任在教育管理过程中需要具有法律意识和法律知识。班主任要履行遵守法律与职业道德、完成教育教学工作、进行思想

---

① 此案例来自驻马店实验小学。

品德教育、尊重并关爱学生、保护学生合法权益和提高自身业务水平的义务，要捍卫教育教学、科学研究、指导评价、进修培训、获得报酬、参与管理的权利。另外，由于学生法律意识尚且薄弱，班主任还有捍卫学生权利的责任。例如：在义务教育阶段学生辍学，班主任有责任劝其返学或上报有关部门，捍卫学生的受教育权。

3. 职业能力素养

(1)科学管理能力

班级管理是教育管理的最基础环节，班主任对各种教育管理政策和理论的领悟都对学生发展有直接影响。班主任在工作中要不断学习管理理论知识、积累管理实践知识，持续提高自己的科学管理能力，使各方面都井然有序。

【案例】

将班级管理与学生教育融入课程与活动

L教师从一年级带到现在的这个班级，已经是六年级了，她见证了学生从懵懂稚子到翩翩少年的成长过程。教学相长，L教师从学生表现和班级管理中，有针对性、选择性地学习相关教育理论，不断调整教育策略，使得她的班级始终保持着蓬勃向上的生命力。

《中小学德育工作指南》指出，德育工作格局是全员育人、全程育人、全方位育人。在这一理论指导下，L教师挖掘课程和教学方式中蕴含的育人资源，实现全员、全程、全方位育人。L教师利用课余时间学习家庭教育知识，并通过家长会、家访、座谈会等把先进的家庭教育理念分享给家长，指导家长扣好孩子的人生第一粒扣子。在班级里，L教师发动任课教师，共同管理班级，真正实现了全员育人。从低年级到高年级，L教师根据学生的年龄特点和身心发育规律，开发了一系列卓越的课程，如迎新课程、读写绘课程、感恩课程、爱国课程、劳动课程、梦想课程等，找到了学科教学和班级管理之间的契合点，依托学科教学发展班级特色活动，探索生命幸福之道。[①]

全员、全程、全方位育人是相互促进、有机统一的整体。在班级建设中，L教师将班级管理与学生教育融入课程和活动，将教室建设成学习场、生活场和精神场。L教师尊重教育规律、教学规律和学生成长规律，落实立德树人的根本任务，把立德树人贯穿于人才培养全过程和各环节。

---

① 此案例来自信阳市第一实验小学。

(2)教育研究能力

班主任工作繁杂，涉及班级的方方面面。在繁多的事务中有条不紊地开展工作，班主任需要发挥教育研究的作用。教育研究有助于提高班级管理效率，营造良好的班级氛围。班主任应摒弃只有专家学者才能开展研究的思想，从班级管理活动出发，以提高班级管理效率为目标进行研究工作。基于此，班主任应该学习研究理论，掌握研究技术，提升研究能力，得出研究成果，从而实现自主提升和发展。

(3)交流沟通能力

班主任是社会、学校和家庭沟通的桥梁和枢纽，具备交流沟通的能力对其来说十分必要。在管理体系内，班主任作为直接管理人员有举足轻重的作用。班主任不仅要做到信息的上传下达，还要及时管控、更新第一手信息。班主任在班级的各个任课教师之间是润滑剂。由于班主任是班级的直接负责人，其他任课教师有时会有"想管不敢管"的心态。在这种情况下，班主任应该和任课教师进行交流，消除任课教师的心理障碍，做到共同致力于学生发展。

学生在学习过程中总会出现这样那样的问题，有些情绪障碍或者人际关系问题是学生自身无法排解的。这就要求班主任及时洞察，在班级里进行集体教育或者是与个别学生进行谈话。在谈话过程中，班主任要注意沟通技巧，避免词不达意或冷言冷语，出现"说者无意，听者有心"的局面，使得师生关系出现裂缝。

【案例】

班主任的及时引导

班里有人在传两个学生的"悄悄话"，也就是我们常听到的"某某喜欢某某"。下课后，这两名学生一起来找班主任"告状"，班主任简单地说了一句：谣言不攻自破。但他们对这样的答案并不满意。

于是，班主任决定在班会课上聊聊这个话题。班会一开始，班主任就直奔主题，说他发现最近班里的空气中总是飘浮着两个字——喜欢。学生一听这话，便炸了锅。等他们安静下来，班主任让"心有所属"的学生举个手，结果没有一个人举手。

班主任接着问他们，喜不喜欢自己的老师，喜不喜欢自己的朋友，学生们异口同声地回答：喜欢！这时的他们已经没有了刚才的拘谨和害羞。

班主任平静地给学生解释着"喜欢"这个词的含义，举了一些班级中让人喜欢的学生的事例，又告诉他们在青春期这个年龄阶段，心里对某个同学有好感是很正常的事情，那是因为同学身上的闪光点吸引了自己，不是什么奇怪的事情。同时，班主任进行了进一步引导。经过这节课，学生的脸上都出现了释然的表情。[①]

面对类似的青春期问题，教师不能一再回避，而是要正确地去面对、引导。像一位平等的朋友，没有责备，没有嘲笑，告诉学生该如何去做，告诉他们其中的道理。在这样的引导下，学生会用积极正确的态度面对"喜欢"这个词，会从广义的角度去理解这个词，用一种健康的心态面对喜欢的人、喜欢的事。同时，对这样的教育引导方式，学生会易于接受，师生关系会在这样的过程中得到升华。

学校教育对个人成长固然重要，同时家庭教育的作用不可忽视。在教育中可能出现"5+2＝0"的状况，就是因为家校沟通出现了问题。班主任作为家校沟通的桥梁应当避免这种状况的出现。班主任可以通过开家长会、建家长群或家访来加强家校沟通，使家校教育理念一致化。

（4）终身学习能力

随着科技的发展，社会日新月异。一方面，学生可以通过媒体学习各种知识，教师不再是唯一的知识来源。这种情况下班主任要及时汲取新鲜知识，做到突破年龄、环境、内容地学习，在提升自我的同时又能更好地对学生进行教育。另一方面，教师的专业化发展是指教师在专业知识、技能、情意等方面不断提升，从非专业人员逐步成为专业人员的过程。随着知识更新加速，社会各领域的科学知识不断由单一走向多元，不断向更细、更深的层面发展。"拿到毕业证就可以教一辈子书"的教师职业生涯的观念，已经完全落伍于教育教学实践的新要求。[②] 社会上的每一位教师都应认识到终身学习的必要性，利用一切可利用的资源为自己的教育观和知识库注入新的力量。

三、班主任工作的新挑战

随着我国教育进入高质量发展阶段，班主任面临的挑战越来越多。2021年中共中央办公厅、国务院办公厅印发了《关于进一步减轻义务教育阶段学生作业负担和校外培训负担的意见》，"双减"正式开始实施。做好学校课后服务，提升课堂教学质量等新要求不可避免地给班主任工作带来新的挑战。

---

① 此案例来自驻马店实验小学。
② 覃玉荣：《终身学习与教师职业生涯发展》，载《中国教育学刊》，2015(S1)。

（一）新形势下班主任工作面临的挑战

1. 工作时间延长，活动组织能力亟须提升

作为校内教育教学的重要延伸环节，在延时服务的内容上，《关于进一步减轻义务教育阶段学生作业负担和校外培训负担的意见》要求提升课后服务水平，满足学生多样化需求，增强课后服务的吸引力。这需要教师发挥创造性，针对不同类型的学生，拓展学习空间和开展丰富多彩的兴趣活动、社团活动等。

2. 工作内容增加，家校沟通能力有待提高

《中华人民共和国家庭教育促进法》的正式颁布与施行，进一步明确了家长在家庭教育中的责任与义务。"双减"政策的实施为学生减轻了校内、校外的负担，增加了学生和家长的相处时间，这就要求家长具备一定的家庭教育能力。作为家庭教育的重要同盟，学校为家长提供一定的家庭教育指导既有其必要性，也有现实可能性。家庭教育指导在班主任的职责中凸显出来，家长对家庭教育指导的需求强烈，但有的班主任在开展家庭教育指导时面临一定困难。

3. 教学组织形式改变，班级管理方式有待创新

全面发展、素质教育等概念的提出促进了新高考改革。招生考试制度发生变化，势必要打破之前的固定班级制度。以 2014 年新高考改革为起点，走班制教学开始在全国范围内推广，少部分地区出现了跨年级、跨学科的教学组织形式。统一的课程表不复存在，固定的行政班也不复存在。在新的教学组织形式下，学生由原先的固定转变为流动，这给班主任掌握学生的学习情况和管理学生带来挑战，班主任的管理模式应随之改变。

（二）新时期班主任工作的基本要点

1. 加强专业素养，创新育人模式

新时期的教育变革给班主任工作提出了新的要求。"双减"政策的出台和课后延时服务的实施为教师开展丰富的课外实践活动提供了机会。班主任要不断提高自身的专业素养，设计并组织学生开展有趣的活动，从而提高学生的综合素质。班主任要充分认识到活动育人的重要作用，创新育人模式。

2. 加强家校共育，创新日常事务管理模式

苏联著名教育家苏霍姆林斯基曾说过，没有家庭教育的学校教育以及没有学校教育的家庭教育，都不可能完成培养一个人这样极其细微的任务。[①] 良好

---

① 《湖南教育》编辑部：《苏霍姆林斯基教育思想概述》，110 页，长沙，湖南教育出版社，1983。

的家校合作模式能够提高家庭教育和学校教育的育人功效，更好地促进学生的全面发展。"双减"政策的实施，旨在为学生减负，但同时加重了班主任的工作负担。班主任应在思想上重视家庭的育人作用和育人职责，积极搭建家校合作平台，厘清育人边界，创新日常事务管理模式。

3. 加强班级管理建设，创新学生自我管理模式

由于工作的特殊性，班主任往往被要求统揽班级大大小小的各项事务，班主任工作日益呈现出难、繁、乱的状况。班主任如果想要突破班级秩序的维护者这一角色，应该学会从领导的角度进行管理。管理追求的是可预知性和秩序，而领导追求的则是推动组织变革，依靠一种影响关系而不是权威关系来指引方向，为成员构建目标和愿景，激发其内在的积极性。管理向领导的转变使班主任从繁杂的事务中解脱出来，在保证基本方向正确的前提下，给予学生充分的自我发展与自我管理的空间与自由。班主任的任务是为学生预备种种机会，让学生组织起来，从而形成自己管理自己的能力。[①]

新时代背景下，伴随着新课程改革的推行，教育领域出现了"以生为本""尊重学生的个性化差异""尊重学生主体地位""充分张扬教育的个体目的性价值"等理念。[②] 教育理念的更新提高了对班主任工作的要求，需要班主任关注每个学生的发展，关注教育教学中的细节和差异，关注学生思想活动变化。面临这些挑战，不仅需要学校、家庭、社会的支持、帮助与理解，还需要班主任自身转变教育观念，适应时代变化。

【思考题】

1. 班级授课制存在很多问题，但为何能够经久不衰？在倡导新型教学组织形式的背景下，如何协调班级授课制和其他教学组织形式以便发挥最好的效果？

2. "双减"政策的实施给义务教育阶段学校和教师提出了新的要求，给班主任工作带来了新的挑战。班主任在这一背景下怎样创新工作方式才能更好地应对新挑战呢？

---

① 马健生、李朝霞：《论班主任工作的领导本质》，载《现代教育管理》，2022(9)。
② 徐洁：《回归生命的意义世界——关于学生观的追问与省思》，载《中小学教师培训》，2016(6)。

【推荐阅读】

1. 吴康宁. 教育社会学[M]. 北京：人民教育出版社，2019.

2. 吴秋芬. 班级管理[M]. 2 版. 合肥：安徽大学出版社，2005.

3. 王晋. 班级管理与心理辅导[M]. 郑州：河南大学出版社，2021.

4. 李屹，陈韵妃. 带班方略[M]. 南京：南京师范大学出版社，2022.

5. 黄正平. 主题班会[M]. 南京：南京师范大学出版社，2022.

6. 齐学红. 育人故事[M]. 南京：南京师范大学出版社，2022.

第二章　班级组织与文化

章前导语

　　本章从社会学角度考察班级，将班级视为一种组织，并结合班级组织的概念、特点、功能、结构、构成要素及建设过程，全方位动态把握班级管理的精髓。其中，班级文化在班级管理中的重要性日益凸显。在一定意义上，班级文化成了班级管理的重要内容。因此，对班级文化理论与实践的认识就成了班级管理的重要学习内容。

　　班级组织是随着班级教学的产生而形成的。[①] 最初的班级组织出现在中世纪末期，其出现与当时社会生产的发展和科学技术的发展密切相关：社会生产的发展需要更多的人接受教育来满足其对人的知识能力的需求；科学技术的发展则使教学必须具备固定的结构与模式，同时为这种固定的结构与模式的实现提供了条件。于是，教育者便将年龄相同、知识经验水平相近的学生组织起来开展教学。

第一节　班级组织

　　最早使用"班级"一词的是文艺复兴时期的尼德兰人文主义者伊拉斯谟。我国使用班级这一组织形式进行授课始于 1862 年的京师同文馆。此后，班级组织逐渐成为学校开展教育教学和管理活动的基本单位。

一、班级组织的概念

　　在学界，对班级的界定可谓众说纷纭，大体包含以下三个层面：其一，班级的编排有一定的功能指向性，为了实现一定的教育目的；其二，班级的编排和分级不是盲目的，而是依据学生的年龄和知识水平来进行的，且班级规模有一定的限制，不能过小，否则容易造成教育资源的浪费，也不能过大，否则容

---

① 全国十二所重点师范大学：《教育学基础》3 版，282 页，北京，教育科学出版社，2014。

易影响教育质量的提升；其三，班级是学校的基本组织单位，是学校依据一定的任务和规章制度，有目标、有计划地组织起来的最基本的教育教学单位和行政管理单位。[①]

在关于班级属性的研究中，分别形成了班级的社会体系说、社会群体说、社会组织说和折中论四种观点。其中，社会体系说的代表人物是美国社会学家帕森斯，他之所以认为班级是社会体系，一是因为班级存在师生这两大进行交互行为的基本角色，二是因为发生交互行为的师生双方都处于班级或课堂这一相同情境之中，三是因为师生交互行为受班级教育教学目标的指引和制约。[②]社会群体说认为，班级是受班级制度及其宏观社会关系制约的社会群体[③]，沃勒、马卡连柯等是这一观点的支持者。在此基础上，谢维和提出班级是社会初级群体，其特殊性表现为：在互动方式上具有情感和理性的双重性，具有较统一的目标，在行为上具有较强的整合性，在形式上具有较为正式的群体结构。[④] 吴康宁提出的社会组织说认为班级是社会组织。[⑤] 在关于班级属性的争论中，这三种观点最为经典。有研究者提出了班级属性的折中论，认为班级是介于初级群体和社会组织之间的一种社会群体形式，且随着教育阶段的不同而不同，因教育改革发展而变化。[⑥]

事实上，这几种观点的差异主要是分析视角和内容的区别。社会体系说是从班级的功能视角来看待班级的，着重关注班级的社会化功能和选择功能[⑦]；社会群体说主要从班级的构成要素角度对班级这个存在进行解析，认为班级是由学生及班级结构组成的；从班级管理的角度看，将班级视为一种特殊的社会组织有利于班级目标与功能的实现。此外，班级群体和班级体系是在班级组织这一属性基础上形成的，当社会群体具有明确的目标、健全的组织结构、严格的组织规范时，就成了社会组织。

二、班级组织的特点

班级作为一种社会组织，其特点主要可以从以下几个方面来理解。

---

① 全国十二所重点师范大学：《教育学基础》3版，287页，北京，教育科学出版社，2014。

② 董泽芳：《教育社会学》，273页，武汉，华中师范大学出版社，1990。

③ 唐迅：《班集体教育实验的理论与方法》，23页，广州，广东教育出版社，2000。

④ 谢维和：《班级：社会组织还是初级群体》，载《教育研究》，1998(11)。

⑤ 吴康宁：《教育社会学视野中的班级：事实分析及其价值选择——兼与谢维和教授商榷》，载《教育研究》，1999(7)。

⑥ 但柳松：《班级到底是什么——也谈班级的社会属性》，载《天津市教科院学报》，2002(3)。

⑦ 齐学红：《班级管理》，7页，武汉，武汉大学出版社，2011。

(一)社会性：班级组织是一种特殊的社会组织

一方面，班级组织是以社会化学习为中心，且根据社会需要培养人才的社会组织。影响学校发展的社会因素、学校要实现的社会功能、社会中蕴含的教育因素及社会的教育功能都最直接、最集中地反映在班级组织之中。也就是说，班级组织的一切活动和班级活动的一切环节无不反映着社会对受教育者知识、技能和能力的期望与要求，班级组织环境无不体现着社会环境、社会文化的渗透和影响。另一方面，班级组织中存在师生、生生间的互动，存在一定的群体角色、人际关系和群体氛围，构成了一个小社会。这个小社会的存续不仅要通过规章制度来维持，还要借助各种非正式手段来维持。

(二)教育性：班级组织的目的是育人

班级组织不只是学校最基本的管理单位，更为关键的是，班级组织是一种教育性组织。首先，班级组织是学校基本的育人单位。作为学生个体社会化与个性化的基本场所，班级组织自身是一种无可替代的教育因素，具有重要的教育价值。班级组织的一切活动和所有环节都服务于学生自身奠基性发展这一教育目的。其次，学生被编排到某个班级内部，其首要的任务是进行实现自身的奠基性发展目的的学习。在班级组织中，学生的首要角色是学习者，其基本任务和首要任务是学习。这种学习既包括对课程、书本显性知识的学习，也包括对社会规范、人际关系、社会技能等隐性知识的学习。最后，班级组织的管理目标指向教育目标的实现。班级管理的一切要素和各个环节都服从并让步于培养人、塑造人这一目标。班级管理的过程主要在于创设良好的学习环境与教育环境，培育和谐的班级文化，构建和谐的家校关系，最终帮助学生实现德智体美劳全面发展。

(三)生命性：班级组织是一个有生命的组织

班级管理的最终旨归是服务于班级成员的生命性成长，这使得班级组织超越了主要的管理机构。在科层制之外，班级组织需要关注学生和教师的生命成长需要，服务于班级成员的生命力焕发。"让课堂焕发出生命的活力"[①]作为基础教育改革的重要理念之一，在班级组织当中同样适用，理应成为班级组织的基本特点。第一，班级作为师生生命中重要的存在空间，是教师和学生学校生活的最基本构成，班级生活、学习的质量直接影响学生的当下生活和今后发展，对个体的生命质量意义深远。对教师而言，班级生活的质量直接影响其职业感受、专业发展和生命价值的实现。可以说，班级是关于生命、依据生命和

---

① 叶澜：《让课堂焕发出生命活力——论中小学教学改革的深化》，载《教育研究》，1997(9)。

为了生命的成长而存在的组织。第二，班级组织的存在应超越知识的传递，是师生共同参与和相互作用的生命意义探索过程。为此，班级教学与实践活动的设计，要时刻关注师生的生命体验和多方面发展。班级活动的开展要改变传统的"见书不见人，人围着书转"的现象，自觉超越以往强调权威与服从的班级师生关系，构建对话、理解和共享的班级和谐师生关系，并且对班级各种问题的处理都应使师生感到愉快，感受到生命的涌动和成长。

三、班级组织的功能

班级作为学校的基本育人单位，是个体社会化和个体个性化的重要媒介。在班级中，学生通过共同的学习与生活，养成行为规范，学习知识技能。班级既是集体教育的重要阵地，也是学生个性发展的重要舞台。班级既具有社会性功能，又具有个体化功能。[①]

（一）班级组织的个体社会化功能

帕森斯将班级的功能概括为社会化功能与选择功能。他认为，社会化功能是指班级能够将成人社会中胜任工作的能力内化于学生，帮助培养学生的能力与责任感。[②]可见，班级组织具有个体社会化功能。社会化是指个体由自然人向社会人转化的过程。学生主要是通过班级生活来实现社会化的。在班级组织中，班主任和任课教师按照一定的社会要求，借助课程、文化规范、人际关系等载体，向学生传授社会经验，教导社会规范，培养社会责任。学生则通过在班级组织中的学习掌握科学文化知识，形成社会价值观，掌握社会技能，习得社会规范。[③]在班级的这种双向交互过程中，教师对学生的身心发展进行引导，本质上就是个体社会化的过程，也就是实现学生从班级人向社会人的转化。具体而言，班级组织对个体社会化的功能体现在两方面：一是传递社会价值观，促进个体思想观念的社会化。在班级组织中，课程、教学、教材等都具有一定的价值指向性，代表一定社会的要求，通过学校和班级有计划、有组织地对学生施加影响，将社会的世界观、人生观、价值观等传播给学生，使其形成符合社会期望的人生理想和生活理想，促进其思想观念的社会化。二是促进学生个体行为的社会化。班级组织通过师生交往、生生互动、班级制度、学习纪律等不断向学生传递社会规范，于无形中对学生产生同化力和约束力，不仅

---

① 谌启标、王晞等：《班级管理与班主任工作》，11～15页，福州，福建教育出版社，2007。

② 陶双宾、林李楠：《班级：初级群体还是社会组织——一个教育社会学论争的实证性解释和结论》，载《河北师范大学学报（教育科学版）》，2007(2)。

③ 谌启标、王晞等：《班级管理与班主任工作》，94页，福州，福建教育出版社，2007。

促进了个体思想观念的社会化，而且在一定程度上为个体提供了判断是非善恶的社会标准。这种标准的习得能够让个体知道什么该做、什么不该做，将个体的行为规范在社会期望的轨道之内，促进个体行为的社会化。

（二）班级组织的个体个性化功能

人的发展是社会化和个性化的有机统一，班级组织在促进个体社会化的同时，往往促进了个体的个性化。真正的教育是个性化的教育，促进人的个性发展是教育最根本的功能。[1] 班级组织作为有目的的教育单位，在活动设计、课程选择等方面都为学生的个性发展创造了条件，其基本功能是促进个体的个性发展。班级组织对个体个性化的功能体现在两方面：一是促进人的主体意识的形成和主体能力的发展。在现代班级组织中，班级组织的活动以学生为主体，以培养班级成员的主体性为目的，通过自主、合作、探究等活动发挥学生的主体性，培养学生的主体意识和品质，实现班级组织培养人的主体意识和主体能力、促进人的主体意识形成和主体能力发展的功能。二是促进个体差异的充分发展，形成人的独特性。因材施教是班级组织进行任何活动设计都需要遵循的基本准则，能够帮助不同的学生充分开发其内在潜力，扬长避短地实现个性化发展。

四、班级组织的结构

根据组织的概念，可以将班级组织分为：正式的班级组织与非正式的班级组织，动态的班级组织互动和静态的班级组织结构。

（一）正式的班级组织与非正式的班级组织

正式的班级组织一般是指组织中体现组织目标所规定的成员之间职责的组织体系。正式结构往往指向组织中的工具性角色，也就是为完成班级工作而服务的角色。[2] 我国中小学中班级的正式组织一般有三个层次：一是以班长、学科代表和学习委员等为代表的班干部，他们对班级整体工作负责；二是小组长，他们对小组内部工作负责；三是小组成员，他们主要负责履行作为个体的自身职责。[3] 在这三个层次的正式组织中，成员间保持形式上的协作关系，以完成班级组织目标为行动的出发点和归宿点。班干部、小组长和小组成员这三个层次拥有明确的组织目标，讲究效率，力求以最有效的方法实现目标，同时建立具有约束性的班级规章制度。

---

① 全国十二所重点师范大学：《教育学基础》3版，44页，北京，教育科学出版社，2014。

② 吴康宁：《教育社会学》，281~282页，北京，人民教育出版社，1998。

③ 全国十二所重点师范大学：《教育学基础》3版，289页，北京，教育科学出版社，2014。

非正式组织是在班级活动中自发产生的，是班级成员出于某些情感或共同的兴趣爱好而自然形成的。这种组织人数较少，因志趣相同、感情融洽而对学生具有较强的吸引力。[①] 非正式组织没有明确的组织形态，基于交往需要和归属需要而开展非正式的交往和互动。[②] 以体育活动小组为代表的积极的、娱乐性质的非正式班级组织的存在有利于满足个体成长需要、创设和谐的人际关系，有利于班级组织整体目标的实现；但消极型、破坏型的非正式组织则会对班级组织产生破坏作用。因此，在班级组织建设过程中，要注意保持非正式班级组织与正式班级组织在目标上的一致性。

（二）动态的班级组织互动和静态的班级组织结构

就班级组织的存在状态而言，班级组织可以划分为动态的班级组织互动和静态的班级组织结构。

动态的班级组织互动是指班级组织内部的互动。根据互动的主体，班级组织中的互动可以分为师生互动和学生互动。互动一词最早由美国学者米德提出，互动是一种相互作用的过程。[③] 师生互动是指班级中师生之间发生的作用和影响。在班级这个组织中，教师作为社会文化的传递者，其言谈举止均对学生产生潜移默化的影响。学生作为文化的学习者和未成熟者，在实现自身的个体社会化和个性化的过程中，有意无意地均会受到教师的影响。因此，教师在与学生的互动和交往过程中，务必要注意自身的示范作用。对师生互动，较有代表性的分类有教师中心式、学生中心式和知识中心式。无论哪种类型，都可以看出师生互动的重要性，只有师生间进行密切、顺畅的互动，才能实现共同发展，班级这一组织才有生机。学生互动一是基于兴趣爱好、价值取向、性格能力等方面的相似性，二是基于互动对象与自身的互补性。

静态的班级组织结构是指建立起来的班级组织框架，包括作为一个组织必不可少的四个要素，即组织成员、组织目标、组织结构和组织管理。

五、班级组织的构成要素

班级组织作为组织的一种，其构成主要有以下几个要素[④]。

---

① 吴康宁：《教育社会学》，285 页，北京，人民教育出版社，1998。
② 全国十二所重点师范大学：《教育学基础》，290 页，北京，教育科学出版社，2002。
③ 成艳：《初中英语课堂师生互动高效策略研究》，载《甘肃教育研究》，2022(9)。
④ 区别于家庭等社会群体，班级具有所有组织所共有的三大要素：明确的组织目标、正式的组织结构和清晰的组织规范。详见吴康宁：《教育社会学视野中的班级：事实分析及其价值选择——兼与谢维和教授商榷》，载《教育研究》，1999(7)。

（一）能动性要素——人

组织必须由两个或两个以上的人组成，这些人为了共同的目标聚集在一起。人是构成组织的最基本要素，也是唯一具有主观能动性的要素。这里的人包括两方面：一方面是学生，班级主要是由担负着学习任务的学生构成的特殊社会组织，作为一种社会组织的建立，不仅要完成学校管理的外部目标，还要按照现代教育原理完成自身的学习目标；另一方面是班主任和其他教师，学生和教师二者缺一不可，这是由班级组织的半自主性决定的。所谓半自主性是指由于班级绝大多数成员的未成熟性，班级组织并不能实现完全自主，学生很难完全凭借自身力量实现对班级所有方面的管理、解决班级中的所有问题，也就是说完全依赖学生群体的力量并不能保证班级的正常运行。因此，这就需要班主任在组织调控方面进行介入，对班级运行和班级管理给予相应的规范和指导。

（二）前提性要素——共同愿景和目标

共同愿景和目标是组织存在的前提性要素。组织往往拥有一个或多个目标，且这些目标是被组织中的人共同认同的。班级作为一种组织，其组织目标有特殊性。与其他社会组织相比，班级组织的目标不是物质财富的生产，而是教育人、培养人、促进组织成员的个性发展。①

通常，班级并非学生自愿结合的产物，而是外部力量作用的结果，尤其是义务教育阶段的班级。对学生而言，无论是否愿意上学，到了一定的年龄，都会进入学校并加入某个年级的某个班，这是我国教育管理系统根据一定的教育目标而设定的。可见，班级是为实现一定的教育目的而组织起来的群体。在社会学意义上，这种群体就是社会组织，其核心特征就是为实现特定目标而专门组建。鉴于此，组织目标是班级作为社会组织的前提性要素。班级的结构、规章制度等都是围绕班级目标而设定的。

（三）载体性要素——结构

结构的存在是为了让组织中的人有相互协调的手段，是保证人们能够分工协作、有效沟通、互动交流的前提。一般而言，班级内部往往会划分为几个学习小组，并且会设定小组长、班长、学习委员、学科代表等，以及少先队组织和共青团组织，便于班级事务的管理。其往往得到学校的支持，由班主任和任课教师指导，任务明确，有一定的工作计划和组织纪律，能够将松散的班级管理得井井有条，团结班级全体成员共同进步。好的班级组织结构能够有效地提高班主

---

① 鲁洁：《教育社会学》，416 页，北京，人民教育出版社，1990。

任的班级管理效率，达到"管而不死，理而不乱"的境界。

(四)维持性要素——管理

为了实现组织目标，组织应该拥有一套计划、组织和协调的流程，以计划、执行、监督、控制等手段来保证组织目标的实现。为了管理方便，班主任会组织班级成员制定一系列的规章制度，如考勤制度、作业制度、考试制度等，这些制度对维护班级教育教学活动有重要意义。

六、班级组织建设的过程

班级组织的建设并非一蹴而就的，而是从低级到高级、从简单到复杂的螺旋上升的过程。具体包括三个阶段：从班级到松散组织到形成稳定组织，再到班集体(见图 2-1)。[①]

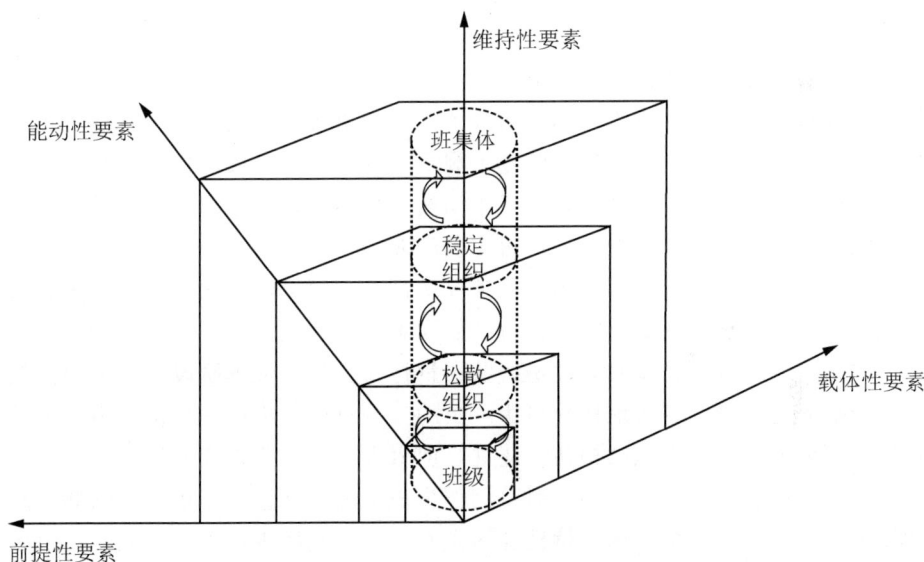

图 2-1　班级组织建设过程

(一)从班级到松散组织

将数十名学生编排到一起，一个班级就产生了。但此时的班级并不能被称为组织，因为此时班级内部的学生和教师之间并未建立起耦合关系，尚处于松散个体的阶段，这个阶段的班级缺乏群体共同认可的目标和行为方式。也就是说，这一阶段的班级只是具备了被称为能动性要素的组织的人，但尚缺乏构成

---

① 胡林：《班级管理》，46～47 页，南昌，江西科学技术出版社，2010。

组织的前提性要素、载体性要素和维持性要素。由于这些要素的缺乏，这个时期的班级及其成员尚未形成理念和行动的自觉。当然，这种松散性为组织其他要素的建立提供了良好的条件。这一阶段是建立组织的最佳时期，班主任应做到以下三方面：其一，班主任应在此时抓紧了解班级学情、学生的基础信息和身心健康状况等，掌握班级的整体情况，为有针对性地建立班级成员共同认可的班级目标奠定基础；其二，在掌握基本的班级信息之后，班主任应积极开展班级活动，根据学生在班级实践活动、教学活动中的表现初步遴选出班级积极分子，为班级组织结构的建立奠定基础；其三，在民主参与的情况下建立班级管理制度，将班级成员的学习、生活等纳入制度规范之下。在此基础上，积极开展班级活动，促进班级成员之间、师生之间、教师之间的沟通和交流，加强班级凝聚力。

（二）从松散组织到稳定组织

班级成员在初步的接触和了解后，依据班主任的规划和指导，初步建立了被班级成员共同认可的班级目标，形成了基本的班级组织结构，同时在班级成员的共同参与之下，制定了班级的基本规章制度，这使班级从松散的班级走向了初建的组织。但由于初建性，班级组织尚且不够稳定，原因在于：首先，从构成组织的能动性要素来看，虽然班主任的领导地位明确了，但是班级成员对班主任不甚了解，对班主任提出的各项要求都处于简单的服从阶段，在思想层面尚未完全领会班主任的精神，在行动层面难免出现偏差。其次，从构成组织的前提性要素来看，初步确立的班级共同目标暂且处于文本阶段，尚未完全被班级成员内化，难以有效地指导班级成员的言谈举止。再次，从构成组织的载体性要素来看，班级组织结构初步建立，但班委会、学科代表、值周班长、值日班长都还在适应自己的角色，对自己作为班干部的角色职责还在摸索和实践阶段。最后，从构成组织的维持性要素来看，班级制度规范虽已确立，但班级规范对班级成员而言还是外在的约束而非内化的行动自觉，班级成员尚不能主动、自觉地用规范来约束自己的言行。基于此，班主任要把握时机，开展如下工作：一是在树立班主任权威的同时，还应当管理育人、活动育人、实践育人[①]，在履行自身管理职责的同时，不忘自身的教育功能，在进行班级管理时注意深入学生，亲近学生；二是要对班干部的工作进行精心指导，让班干部尽快融入班级角色、精准把握自身角色的职责，同时指导班干部融入班级的学习生活，在与班级同学的互动中掌握职责履行的最佳方式和尺度；三是

---

① 李家成、熊华生：《中国班主任研究：第二辑》，4页，上海，上海交通大学出版社，2019。

在班级管理工作中注意"留白"，给班干部一定的锻炼机会，提高班干部独立组织活动和开展班级活动的能力；四是重视班级规章制度的落实和执行，关注规章制度执行的奖惩，培养学生自觉遵守班级行为规范的习惯。

（三）从稳定组织到班集体①

随着班主任工作专业化程度的提高、班干部对自身工作的熟练掌握、班级成员对班级制度的集体认同和自觉遵守、班级活动的有序开展，班级逐渐从稳定组织走向完全意义上的组织，班级成员能够在这个组织内共同学习和生活。就班级组织的形成阶段而言，稳定组织并不是班级组织发展的终点，班级组织还需要班级成员的共同努力和进一步凝聚，以形成班集体，这是班级组织的高级形态。社会主义社会的集体，是集体主义原则指导下的集体。与稳定的组织不同，首先，作为班集体的班级拥有集体主义精神。这种集体主义精神通过将班级内不同个体的思想情感和目标逐渐聚合从而形成班级这个集体的共同的思想情感和目标。② 至此，班级有了班级成员共同认可和自觉追寻的奋斗目标。其次，班级组织有稳定的领导核心。在领导核心的指引下，每个班级成员对班集体都有了一定的认知，在班集体中找到了自己的位置，明确了自身的责任与义务，尤其是班干部对自身在班集体中的职责有了清晰的把控，能够协助教师高效、有序地开展班级活动。最后，班级成员将班级规章制度内化于心、外化于行，能够根据班集体的需要调整自己的步调。班级制度在班级组织中无形地发挥着规范和引导的作用，班级成员在班级制度的规约下能够自觉维护班集体的荣誉和形象，良好的班风已然形成。

第二节　班级文化

班级文化是相对于学校文化而言的，学校文化又是深受文化尤其是社会文化形塑的。因此，对班级文化的认识，需要建立在对文化、学校文化概念的清晰界定的基础上。

---

① 我国对班级的认识受苏联班级集体的影响，认为班级与班集体是等同的。事实上，班级只是学校教学和管理的基层组织，而班集体则是班级这一学生群体发展的高级形式和高级阶段，具有一定的价值取向性。同时，班级管理与班集体建设不一样。详见徐明波、王明：《高校班集体建设的困境及其化解——基于个体化理论的视角》，载《教育理论与实践》，2022(21)。

② 杨凯：《新时期农村中学优秀班集体建设的内涵和策略研究》，载《试题与研究》，2022(18)。

一、文化与学校文化

对什么是文化，泰勒认为，从广泛意义上来说，文化是包括全部的知识、信仰、艺术、法律、风俗以及作为社会成员的人所掌握和接受的任何其他的才能和习惯的复合体。①

（一）文化

文化是人类在发展长河中不断创造、持续积累的生活方式的总和。文化与历史、传统密切相关，能够给人类行为提供规范性调控和方向性指引。文化是对行为的抽象，能够对行为进行规范性调控，并且往往与传统、历史密切相关。

文化通过对社会生活的渗透和引导，对社会和个人都具有凝聚和导向作用。对社会而言，文化作为一种精神力量，能够为社会运行提供判断是非善恶的标准，并且通过社会教育将其内化为人们的行为准则，提高人们的道德情操，凝聚社会力量。此外，文化能够在人们的社会实践中转化为物质力量，进而对社会发展产生深刻影响。对个体而言，文化能够丰富其精神世界，并以特定的文化环境与文化活动，对个体的行为范式与思维方式产生影响。

（二）学校文化

美国学者沃勒在《教育社会学》中首次使用"学校文化"一词，认为学校文化就是学校中形成的特别的文化。这是"学校文化"这一概念首次见诸文端。关于学校文化的定义，主要形成了以下观点。

一是生活方式说，这种观点倾向于将学校文化视为人们共同遵守的行为模式或人类群体的生活方式，这与拉德克利夫-布朗关于文化的"属"的定义②是一致的。这是我们开展学校文化建设的基本立场，即认为学校文化是学生群体在学校的生活方式。

二是价值取向、思想信念说。这种观点认为学校文化是为全体师生共同认同的价值取向，反映着人们在价值取向、行为规范等方面与其他社会群体的区别。这能够有效地将师生凝聚在一起，进而对外界发挥其文化影响。可以认为，学校文化是学校全体成员或部分成员习得且共同拥有的思想观念和行为方式等。价值观是学校文化之"本"。

三是总和说。这种观点认为学校文化是在学校这一场景中，在学校长期的

---

① ［英］泰勒：《原始文化》，连树声译，1页，上海，上海文艺出版社，1992。

② ［英］拉德克利夫-布朗：《原始社会的结构与功能》，潘蛟、王贤海、刘文远等译，5页，北京，中央民族大学出版社，1999。

发展过程中所形成，由师生共同参与的教育实践活动方式与物质形态的总和[①]，是学校规范性和传承性的价值观、思维和行为方式的总和，包括精神文化、制度文化、行为文化与物质文化。

良好的学校文化能够从价值取向、行为目标和规章制度三个方面对师生产生积极的引导作用，亦能够从环境调适、人际调适和心理调适三个角度影响学校师生的言行。学校建设过程中的很多问题归根到底是文化的问题。[②] 在我国学校文化建设过程中，我们可以坚持的基本立场是：学校文化就是教育生活本身的全部，学校文化就是学校日常管理过程，学校文化建设就是学校循证改进的过程，学校文化就是学校特色形成的过程。[③] 班级是学校文化内部的基本育人单位，在以文化人方面发挥着不可替代的作用。

二、班级文化

班级作为学校最基本的育人单位，是构建学校文化的关键。班级文化能够以润物无声、潜移默化的方式对学生的言行产生影响。因此，必须重视班级文化。

（一）何谓班级文化

班级文化是班级全体成员或部分成员共同坚守的思想信念、价值取向、道德品质、思维方式等方面的复合体。这种文化是班级成员在外部适应和内部融合过程中、在学习和交往过程中形成的获得普遍认同的、具有独特价值的思想观念、价值取向和行为准则及其物质表现形式的总和。理想的班级文化应该含有良好的班风、和谐的人际关系、浓厚的学习氛围、文明的生活方式、丰富的文化生活、共同的信念和价值观念。

（二）班级文化的特征

根据上述对班级文化的界定，班级文化具有以下几种属性。

1. 教育性

班级文化作为一种文化，具有文化的多种特征。但是区别于其他文化类型，班级文化首先具有显著的教育性。一方面，班级文化建设总是体现着一定的教育理念，并服务于教育目的。班级文化的建设是服务于育人的，其根本目的在于培养人。2006 年，《教育部关于大力加强中小学校园文化建设的通知》

---

① 王晋：《班级管理与心理辅导》，46 页，郑州，河南大学出版社，2021。
② 薛晓阳：《乡村学校文化责任的历史变迁与教育回归》，载《教育研究与实验》，2022(1)。
③ 张东娇：《学校文化驱动模型：一项完整的中国学校改进经验的报告》，载《清华大学教育研究》，2022(1)。

强调，要充分利用一切可以利用的媒介，如板报、橱窗、走廊、建筑等来体现教育理念。2016 年，《教育部关于新形势下进一步做好普通中小学装备工作的意见》提出，教育教学装备是教书育人的必要条件，是培养学生创新精神和实践能力、促进学生全面发展的重要载体。2019 年，《中共中央　国务院关于深化教育教学改革全面提高义务教育质量的意见》指出，要完善德育工作体系，深化课程育人、文化育人等举措。文化育人已经是全面开展素质教育的重要组成部分。其中，班级文化建设作为文化育人的重要环节，可以展现班主任的教育理念和班级特色。另一方面，班级文化建设是学校德育工作的重要组成部分。班级文化是学校文化的重要组成部分。班级文化通过学风班风、多种形式的班级文化活动、温馨的班级环境给学生带来潜移默化的影响。良好的班级文化以强大的力量凝聚学生，以独特的氛围影响学生，对增强德育工作的针对性和实效性，帮助学生树立正确的人生观、价值观，加强学生思想道德建设具有重要意义。

2. 规范性与引导性

班级管理的最高境界是班主任以文化治班[①]，这背后彰显的便是班级文化所具有的规范性与引导性。这里的规范性与引导性即班级文化能够对班级成员的价值取向和行为举止进行指引，使其符合班级的共同目标。班级文化代表了班级群体所共同认同的理想、愿望和利益，班级成员个人的心理和行为，应该基本与班集体的目标、理想、价值理念相符，也就是要大体上与班级文化相一致。当班级成员的言行与班级文化发生矛盾时，班级成员必须自觉服从班级文化的规范。这种规范性不仅仅是对学生而言的，对教师亦是如此。班级文化反映了为班集体所共同认可的价值取向、道德规范和行为趋向，为班级成员提供了基本的行为准则和心理定式，引导着学生的行为，促进其行为习惯的养成。

班级文化通过对班级成员的规范和引导，能够对班级成员产生强大的同化和凝聚力。文化最初始的含义即以文化人，班级文化通过班级成员之间的从众、服从、感染、认同、模仿和暗示等心理效应来实现对班级行为的规范。[②]在从众心理作用下，大多数班级成员会倾向于服从符合班级利益的行为规范。也就是说，当班级的核心价值观被班级成员认可后，就会成为一种黏合剂，产生巨大的向心力和凝聚力。为此，班级成员就要自觉调整自己的言谈举止，以适应班集体的生活方式和行为规范，进而得到班级这个集体的认同。另外，班

---

① 戴礼章：《教师培训供给侧改革要关注四个焦点》，载《人民教育》，2017(23)。
② 张典兵：《班主任与班级管理》，266 页，徐州，中国矿业大学出版社，2018。

级规范和氛围会对学生产生一定的感染作用，主要通过暗示的心理作用使学生产生与班级文化相符的行为。

当然，需要注意的是，班级文化有可能是积极的，也可能是负面的、消极的。积极的班级文化能够对班级成员产生正向的引导、规范、约束和辐射作用，促进班级成员的发展。消极的班级文化则会阻碍班级成员的个体成长。

3. 多元性与主导性

班级文化的多元性不仅表现为不同的班级有不同的班级文化，同一班级在不同的发展阶段呈现出不同的班级文化特征，还表现为班级文化体现在班级学习和活动的各个方面，且受到社会文化、学校文化、家庭、个体心理等多元因素的影响。尽管班级文化无论在内容上还是在形式上都具有多元性，但并不是没有边界的。我国学校的性质及根本任务决定了班级文化必须具有主导性，即要导向培育社会主义事业的建设者和接班人，导向集体主义价值观的确立[①]，这就是班级文化主导性的表现。

4. 动态性与稳定性

班级文化不是一成不变的，是在班级成员的互动和交往中逐渐丰富和发展起来的，其内涵和表现形式是不断积累和完善的。这不仅因为班级文化受到学校文化和社区文化的影响，社会潮流以及人们的价值取向的变化反映到学校和班级当中，构成了班级文化的新特点，还因为班级成员的价值观念、思维方式、言谈举止在不同时期有不同的特点，这就使得班级个体文化个性化和多元化，班级文化的动态性越发凸显。班级文化的动态性总是围绕着立德树人根本任务而上下波动，总是与社会整体环境所倡导的诸如公平、效益、人本等正向的、积极的文化气氛相符合，这就使得班级文化具有相当的稳定性。

(三)班级文化的分类

按照不同的标准，班级文化可以分成不同的类型。这些类型构成了我们认识班级文化的整体景象，形成了班级文化的内容之维、主体之维和形式之维。

1. 内容之维：物质文化、制度文化、精神文化、行为文化

从班级文化的内容来看，可分为物质文化、制度文化、精神文化和行为文化。物质文化主要指班级文化中以物质形态表现出来的部分，如班级教室的布置、设施设备及其文化意蕴。制度文化是具有班级特色的各种规章制度与行为规范的总和。精神文化是班级成员在长期交往和互动过程中形成的价值取向和

---

① 柳清秀：《大学班级管理》，103 页，武汉，武汉出版社，2003。

思想观念，反映着班级成员所共有的价值追求，是班级文化的核心，如学生的信念、价值观和态度。行为文化是班级成员在生活、学习及其他实践活动中产生的文化现象。[1]

2. 主体之维：教师文化、学生文化和课程文化

从班级文化的主体来看，可分为教师文化、学生文化和课程文化。教师文化是学校文化的重要组成部分，教师文化和学校文化具有同质性。教师文化是指学校教师共同的价值体系与行为规范的综合[2]，包括教师团体的信念、态度、习惯以及行为规范，也包括教师之间的关系形态以及集体成员的合作方式。教师作为社会文化和学校文化的主要传播者，其文化素养深刻地影响着班级文化的构建。学生文化是学生群体所具有的独特的行为规范、言语表达和价值观念所构成的生活方式。[3] 在班级文化建设过程中，尤其要注意对学生精神文化和行为文化的了解和引导，特别是对青春期和叛逆期的学生而言，适时的引导有利于构建积极进取的学生文化。与前两者不同，课程文化以群体间的关系和活动为载体。狭义的课程文化是针对教材文化而言的，广义的课程文化则是学生在学校情境中获得一切经验的过程。前者主要关注静态的积累，后者则侧重于动态发展。因此，课程文化的育人价值不仅体现在课堂教学中，而且体现在课外实践活动中。

3. 形式之维：外显的班级文化和内隐的班级文化

从班级文化的表现方式来看，可以分为外显的班级文化和内隐的班级文化。外显的班级文化是班级文化的外在表现形式，是人们看得见、摸得着的文化，属于班级文化的表层结构，是班级文化的物质载体、表现形式和传播方式，主要指班级的物质文化和制度文化，如班级的标识、设施设备、教室环境布置、班级成员的言谈举止、班级规章制度等。内隐的班级文化是班级文化的内层结构，是用来指导班级成员行为的精神面貌、各种价值观念、人际关系、道德规范和班风等，如班级成员在精神方面具有创造精神、在意识形态方面具有集体荣誉感等。[4]

---

[1] 陈宇：《班级制度文化的意义与特征》，载《班主任》，2019(4)。

[2] 郭芹、方来、高春艳：《现代教学管理与校园建设研究》，30 页，长春，吉林人民出版社，2020。

[3] 谭娟：《生态与生长》，16 页，上海，上海三联书店，2020。

[4] 裴娣娜：《现代教学论生成发展之思》，125 页，北京，人民教育出版社，2012。

三、班级文化建设

班级文化建设是学校文化的建构过程，具有潜移默化的教育作用，引导着班级整体的发展方向，能够为班级和学生的可持续发展提供必要的内驱力。班级文化建设以教师为主导、学生为主体，师生在长期的集体生活中共同磨合、彼此适应、协同建构，最终形成具有班级特色的物质文化、制度文化、德育文化以及行为文化的文化共同体。具体而言，包括以下几方面。

（一）充分挖掘班级空间①价值，创设班级物质文化

苏霍姆林斯基曾说，无论是种植花草树木，还是悬挂图片标语，或是利用墙报，我们都将从审美的高度深入规划，以便挖掘其潜移默化的育人功能。②可见，高雅、生动的班级物质文化，对班级成员的学习和生活有潜移默化的教育感染力。从根本上来说，班级物质文化的建设主要是挖掘班级空间的利用价值。

1. 改造传统的教室空间，建设和谐的班级环境

从广义上来说，从课堂到草坪，包括教室、实验室、自习室、宿舍等在内的任何校园空间都属于学习空间。从狭义上来看，教室内部空间才是学习空间。教室首先是真实存在的物理空间。鉴于此，一方面，在班级座位安排上，要充分体现学生的自主与合作，可以采用模块式、马蹄式等座位排列形式，淡化黑板—讲台的空间中心感，促进师生、生生之间的多维对话。另一方面，优化教室设施布局，凸显班级空间的多功能性。在进行教室布置时，应配置可移动和可调节高度的书包柜、课桌椅、储物柜等，方便师生根据教学需要移动座位和相应的设施。例如，在阅读课时，就需要将书柜移动至教室中间，方便学生以书柜为中心进行圆形位置排列。如此，便可改变班级教室空间布局，增加教室的功能，提高教室的空间使用率。

【案例】

小书桌上的文化力量

新学年，徐老师接手了初一年级新班。开学不久，徐老师就发现学生课前准备往往不充分。有的上课了还在找书本，有的上课五分钟了还没找到要讲解的试卷……书桌上物品的摆放更是杂乱无章，严重影响学习效率和效果。

要解决这个问题，必须让学生意识到，书桌内外的物品摆放不仅与学习时

---

① 关于学校空间的研究，出现了学校空间、学习空间、课堂空间、教室空间的相关研究。与班级文化中的物质文化相关的有教室空间、走廊空间。在这里，空间作为一种物理层面的教育资源，与物质文化有一定的重合。

② 魏晓红：《中小学班级管理典型案例》，178 页，天津，天津大学出版社，2019。

间管理有关，还体现每个人不同的性格特点、做事风格，以及价值观与行为方式，而价值观与行为方式就是文化的体现。针对这一问题，徐老师选择建设书桌文化，意在从小书桌中找到文化的力量。

于是，徐老师让班长发出倡议，每天午检，每个学生抽出两分钟时间整理书桌。整理后，卫生委员挑选有特色、有风格的书桌拍照记录并在大屏幕上展示。学生看到同学摆放得独具特色的书桌时，都为之惊叹。展示个性书桌一周后，徐老师让班长在网络上发起"书桌挑战"，其规则是发一张自己家里书桌的照片，再@挑战的同学。"书桌挑战"一周后，徐老师又让学生寻找名人书桌照片和相关介绍，在班会上展示。最后，徐老师引导学生深入分享这一系列书桌活动的感受。基于此，大部分学生开始重视自己的书桌，自觉将书桌当成自己的文化标识，主动、欣然地去整理。[①]

2. 创设主题空间，充分挖掘班级空间的文化资源

第一，充分利用教室墙壁。教室是学生学习和活动的主要场所，对教室进行精心布置能够很好地为学生的学习和活动营造良好的外部环境。例如，将国旗、班训、班徽、班旗悬挂到教室的醒目之处，可以很好地勉励学生，激发学生的班级凝聚力和爱国、爱校、爱班情怀。同时，可以将班级获得的奖状、锦旗悬挂至醒目的位置，这既是全体班级成员共同努力的结果，也是激发学生班级荣誉感的有效方式。第二，积极开发走廊空间。将历史伟人、民族英雄、科学家、思想家以及其他杰出人物的画像、生平事迹、治学格言张贴到走廊适当位置，可以很好地激发学生的内在学习动机，在学生的学习和生活中很好地发挥示范和激励作用。此外，还可将学生的学习成果陈列于走廊上，展现班级风格。第三，要充分利用好班级传媒。黑板报、班报是学生施展才华，接受美育的重要方式。作为班级传媒，班报能够向外界展示班级的特色文化。文字编辑、版面设计、图画设计等系列过程，能够有效地培养学生的写作、书写、设计能力及其创造力。同时，黑板报、班报等载体可以培养学生对热点话题和热点问题的敏感度。另外，可建设相应的卫生角、植物角等，美化班级环境。

【案例】

以创意命名开发班级教育空间

"入班即静"是很多班级文化创建中重要的目标和口号，但是学生落实得并不完美。开封市县街小学三年级(2)班的殷老师观察了很长时间，决定和学生

---

① 此案例来自徐欣悦：《小书桌上的文化力量》，载《班主任》，2021(1)。收入本书时有改动。

共同协商解决问题的办法。

殷老师看着教室座位的布置，目光落在桌凳之间的过道上，由衷地感叹："要是你们一走到这里，就像进入了某个磁场，在磁力作用下立刻能纠正自己的不良行为就好了！"一个学生说："老师，我们给教室过道拐角处都贴上标语不就行了！"另一个学生说："每个过道都贴一样的标语多没意思呀。要是根据过道不同的位置选择不同的标语就更好了。"殷老师脑海中闪现一个念头：如果能给这些过道起有导向作用的名称，学生一走上这些过道，就能想到该怎么做，效果如何呢？

学生对"格调过道"命名活动很感兴趣，纷纷向班委会提交自己设计的创意名称。经过票选，班级确定了有文化创意的"格调过道"名称。进入教室的横过道被命名为"静心路"，提醒学生入班即静，要从操场上的体育锻炼过渡到安静学习的状态。教室后面的过道被称为"反思路"，意在为一时冲动犯了错误的学生提供冷静思考、反思自己行为的空间和情境。作为教室前后通道的两条过道则拥有了"求知路"和"谦让路"两个动听的名字。排队找老师批改作业、请教问题的过道突出了"求知"的功能。在教室最内侧，每次出行最不方便的过道则用"谦让"两个字强调了学生应遵守有秩序、不拥挤的行为准则。

原本普普通通的小小过道被冠以名称后发挥了强大的作用，在一遍遍的称呼和叙述中，过道名称所代表的行为指向性愈加凸显。过道的名称彰显了班级的共同价值观念，教育的"磁场"逐渐形成了。①

3. 优化班级装备配置，满足学生学习与闲暇生活需要

班级具备良好的装备条件是班级物质文化建设的重要组成部分，能够为班级文化建设提供物质条件和技术支持。"互联网＋教育"、人工智能、虚拟现实的快速发展与普及为班级装备工作的开展提供了便利。具体而言，在班级文化建设过程中，要保质保量地为学生配置好图书，配备形态各异的可升降且拼接式的桌椅、高低柜与书架。高低柜上可摆放常用的学习用具，为学生自主学习提供便利条件。同时，根据班级教学活动需要，班级应配备相应的多媒体教学和终端设备，并根据技术发展适时进行更新。

【案例】

当虚拟现实与教育亲密接触

以往的教学是在课堂上，教师教，学生学。即便是得到提倡的多元化课

---

① 此案例来自开封市县街小学。

堂，也仅仅是把教室搬到操场、博物馆等在通常情况下能够进入的空间。但有了虚拟现实就不同了。小学生可以畅游在深海中，与各种鱼类等海洋生物为伴，认识奇妙的海底世界，也可以像鸟儿一样自由自在地在天空翱翔，以鸟类的视角俯瞰世界，加深对动物的保护意识。中学生可以不需要真实的蜡烛、透镜和光源，完成初中物理课的凸透镜成像实验。大学建筑系的学生可以看到书本上的公式变成立体的桥梁。医学院的学生可以看到血液怎样在血管里流动，癌细胞怎样在人体里生长、变异。[①]

（二）完善班级制度建设，创设班级制度文化

有什么样的制度，就有什么样的秩序。任何秩序的存续都离不开制度对个体行为的约束。制度的关键功能是增进秩序[②]，所有的制度从产生、存在、变迁到终止，都旨在建立某种秩序。[③] 一般而言，人们对秩序的强烈需求往往会转化为对相关制度的需求。班级制度是班级秩序的重要保障，班级制度文化是班级文化的中层，是建设特色班级文化的保障。班级制度文化是党和政府的有关方针政策、社会主义道德规范、是非标准等在班级日常学习、生活中的具体体现，是具有班级特色的各种规章制度、行为规范的总和。从构成要素层面来讲，任何一个制度都必须具备理念、对象、规则和载体四大要素。[④] 以此为依据，班级制度文化的建设亦可以从价值理念、权益分配、行为规则和表现载体四个方面展开。

1. 以"成人之道"价值理念为引领，开展班级制度文化建设

价值理念是制度规则所表现出来的价值判断和目标定位，不同理念引导下的制度会表现出不同的性质。班级制度必须有科学的、理性的价值导向，价值理念所要解决的正是制度价值的合理选择与定位问题。真正的班级制度文化建设不能仅仅停留在技术性层面，还要深化到理念的创新。班级文化建设过程必须深入贯彻"人"的理念，就是将班级制度从作为一种提高效率和绩效的"驭人之术"转变为以促进人的成长为根本旨趣的"成人之道"。这种"成人之道"具有积极的人性假设，以人为视域，以人的成长为聚焦，以人的互动生成为行动逻辑。在班级制度建设过程中要将关注人的成长以及全面自由发展作为班级制度

---

① 此案例来自黄蔚、魏婳侃：《当虚拟现实与教育亲密接触》，载《中国教育报》，2016-07-16。收入本书时有改动。

② ［德］柯武刚、史漫飞：《制度经济学：社会秩序与公共政策》，韩朝华译，33 页，北京，商务印书馆，2000。

③ 周作宇：《大学治理行动：秩序原理与制度执行》，载《清华大学教育研究》，2020(2)。

④ 辛鸣：《制度论——关于制度哲学的理论建构》，85 页，北京，人民出版社，2005。

文化建设的根本追求。在人的主体性日益高涨的浪潮下，"人"理应作为制度文化建设的逻辑起点。研究者们常提到的"人性""完整的人""自我实现"，尤其是"生命·实践"教育学派的创生更是将"人"以及"人的生命"放在了至关重要的位置。

具体而言，所谓"成人之道"有两方面的含义：一方面是"成学生之道"。"成学生之道"意味着在班级管理过程中学生的成长需求应得到充分尊重，班级管理须遵循学生的生命发展特点，应着眼于促进学生全面可持续发展，每一个学生的健康发展都应该成为班级管理的共通价值取向，以此凸显制度建设对人们"有学上""上好学"的价值诉求的满足。另一方面是"成教师之道"，这就是力求在班级制度建设过程中关注教师专业成长的需要，将教师从"圣化""匠化"的传统角色中解放出来[1]。班级管理过程中的实践、反思、学习、研究、重建，使得班级管理成为促进教师专业成长的基地和研究型变革实践的源泉。因此，在班级管理过程中，应将"成人之道"作为班级制度建设的价值引领，使之成为班级管理任何环节都一以贯之的"道"，成为渗透在班级管理、班级制度建设、班级文化建设过程中的须臾不可离开的魂。

【案例】

教育无痕　花开有声

陆老师是我小学三年级时的班主任。她十分干练，走起路来昂首挺胸，腰杆挺得笔直，如女兵般英姿飒爽。我记忆最深刻的是她的目光，课间温柔又慈祥，课上严厉又充满力量……

在我的脑海中，那件事虽然已过去很久，却仿佛在昨天……三年级的作业本从方格本换成了单线本，为了让字能够写在同一横线上，我养成了垫着直尺写字的习惯，结果速度虽是越写越快，可字越写越差，越写越不成形。这时，我才后悔没有听陆老师的话——写字时不要垫尺。有一堂课，陆老师拿着一本作业给大家传递着看，我坐在前排一下子就看到那即将"出丑"的作业正是我的。我的脸立即红了起来：天哪，我可是班长啊！班里那么多同学写字垫着直尺，为什么陆老师拿我开刀啊？那一瞬间，我感觉后背有几十双眼睛在注视着。可当作业本传到我手中时，我发现封面上的姓名被老师用一张纸片给盖住了。

课后，我看到陆老师在我作业本上留言："优秀的孩子从不向困难和缺点低头，不向困难和缺点低头的人才能成为大家学习的榜样。"简单的一句话激起

---

① 叶澜：《立场》，198 页，桂林，广西师范大学出版社，2008。

我内心的斗志，我一定要改掉这个坏习惯。从此以后，我对待学习再也没有掉以轻心，就连我现在批改学生的作业也是如此。①

2. 以权益分配为抓手，明确班级管理的主体角色

制度是调节人与人之间、人与社会之间关系的中介性存在。② 在班级管理过程中，无论是班主任、任课教师还是学生，都有自身的权责。班级管理的过程就是推进他们合理发挥自身的职能，承担相应的责任，并在参与过程中实现自身的诉求的过程。班级制度必须对班主任、任课教师和学生的权益和职责进行明确回应，以此来调动班级成员的主动性和能动性。随着学校制度的发展，我们应逐步转向重视"权益导向"的班级制度，突出制度的人文性，弱化制度的技术性。具体应做到以下两方面。

一是明确职责。班级制度要对班级成员在班级管理过程中的职责有清晰的划分，并同时对相应的激励手段进行明确的描述。具体包括三个方面的内容：①从班级管理的目标出发，设计贯穿整个班级管理过程的职能分配和责任承担清单，如建立班级承包责任制，具体可以建立班级物品承包责任制和专项承包责任制。前者将班级日常用品的维护和清扫进行分工，将班级每个学生都吸纳到班级管理过程中，保证人负其责、物有所属。可以设立检修员，负责班级桌椅板凳等装备的管理；设立电教员，负责多媒体设备的维护等。在专项承包责任制下，专门的学生负责专门的任务，如设立班规记录员，对违反班规的学生进行记录和监督。②设计相应的班级结构与组织来支撑权责分配的落实，明确设立包括班委会、团支部或少先队、学科代表等常任班干部，以及值周班长和值日班长在内的非常任班干部在内的班级组织机构。③对不同成员、不同机构与组织给予和所承担责任成正比的实质性激励与惩罚。奖惩制度的建立在于通过相应的手段帮助学生形成组织期望的行为。总体来说，班级制度的建设必须在制度层面明确班级成员的职责分配、建构组织机构和激励机制。

【案例】

班干部也兴"人事改革"

内蒙古师范大学附属中学实行全面的学生自我管理，即把学生的管理交给学生自己。自我管理的目的是发挥每个人的能动性。例如：该校高一年级一个班策划了一个废旧电池回收活动，预备由班级推广到全校，就是学生自己拟出

---

① 此案例来自葛金花：《教育无痕　花开有声》，载《班主任》，2021(6)。收入本书时有改动。

② 辛鸣：《制度论——关于制度哲学的理论建构》，89页，北京，人民出版社，2005。

主题，制定活动内容，组织知识讲座，制作工具，只需报告教师或团委。带头人是几名环保爱好者，参与者则是自愿报名，完全是兴趣所至。其他活动如助残、文艺表演等，都是与教师商量，自己办。在班级某一课程的学习中，学生采用"会员制"，小范围内互助，互相督促，交流学习心得，共同提高。

可以说，这种变革把班干部变成了某一项目的带头人，把班干部从少数变成了多数，符合素质教育的要求。班干部民主选举和学生自我管理使校园气氛变得生动活泼。[①]

二是维权，即维护权益。班级制度的建设不仅在于强调班级成员在班级管理及其他活动中的责任，还在于维护他们的合情合理的权益与诉求。只有找到班级成员参与班级管理的利益点且在此过程中充分考虑其利益诉求，班级管理目标才能顺理成章地达成。因此，在班级制度建设过程中，要做到以下两点：①突出责任共担的权益驱动机制。参与班级管理是班主任、任课教师和学生的共同责任，但具体到每个主体的责任担当是有所区别的。班级制度需按照公平原则和权责一致的原则，明确不同主体在班级管理中的利益诉求，促成不同主体的通力合作。②突出制度保障利益的建设目标，建立并完善相关班级制度，确保不同主体参与班级建设的基本利益。只有将一定程度上矛盾的利益关系统一起来才能实现更深层、更持久的合作。[②]

3. 以行为规则为依据，为班级成员提供行动框架

规则是一些基本的准则、标准和规定，它赋予某种事实状态以意义而具有约束力。斯科特认为，制度是一套或多或少达成共识的行为规则，它具有意义并制约着集体的行为。[③] 制度的作用在于为班级成员提供合法性依据和框架，所谓规则即制度的内容。制度通过规则来规定集体成员的权利、义务或责任。作为制度构成要素的规则需要符合两个要求：一是民主性，二是科学性。

所谓民主性，就是要求班级制度的制定要建立在师生共同讨论并确定的基础上，以此明确班级日常学习和生活的标准，形成相应的规范条例，供班级管理所用。民主性原则的确立能够为日后公平、公正的班级管理奠定基础。一般而言，班级制度文化的形成需要经过树立、服从、认同、内化四个阶段。其

① 此案例来自周承英、田振山：《班干部也兴"人事改革"》，载《中国教育报》，2002-12-27。收入本书时有改动。

② 俞慧刚：《政府介入下校企合作的利益博弈与利益分配格局演化》，载《高等工程教育研究》，2020(5)。

③ 赵文平：《现代学徒制企业课程制度建设探析》，载《中国职业技术教育》，2020(24)。

中，树立阶段要求班级成员依据班级的实际情况，经过充分的提议和民主讨论后确立制度内容；服从阶段要求班级成员自觉遵守民主讨论后确立的班级制度，依据民主协商后的班级制度自觉调整自身的言谈举止；在认同阶段，班级成员在服从班级制度的基础上把群体的规范、舆论吸收过来，在心理上与其保持一致；在内化阶段，个体将认同的制度纳入自己的心理与行为结构体系中。可见，民主性是班级制度文化建立的基础，也是形成班级制度文化的关键。

【案例】

班级规章制度的形成

开学后的第一周，育红中学初二年级（3）班的教室里，班主任赵老师在开修订班级规章制度的讨论会。赵老师告诉学生，每个人都是班级的一员，不仅是班规的执行者，而且是班规制定的参与者。良好班风的形成，离不开班规和班规的遵守者。在赵老师的组织下，学生就班级规章制度建设充分发表自己的观点和意见，畅所欲言。班长逐条记录学生的建议，形成了本班的班规初稿。在此基础上，赵老师对班规进行了修改。赵老师提出"班规面前人人平等"的理念，学生都很认同赵老师的观点。在班规制定过程中，赵老师倾听每个学生的建议，像朋友一样与学生交换意见。这不仅提高了赵老师的威信，更增进了他和学生的感情，减少了代沟和距离感，而且使学生自愿遵守班级规章制度。之后，赵老师又让班委组织学生集体修改了两次班级规章制度。这项活动不仅完善了班级管理规章制度，还锻炼了班干部的组织和管理能力。[①]

所谓科学性就是要求班级制度的建立必须遵循和符合学生的身心发展规律，有利于促进学生的全面发展。为此，应做到以下两点：第一，要在规范条例制定之前就对学生各方面的发展状况、需求进行全面了解，深入掌握学生的"学情"，合理诊断和把握学生的需求；第二，制度不仅需要具有约束性，还需要具备激励性。约束性是通过相应的惩罚来减少学生不良行为的发生，激励性则是通过正面强化来引导学生发生积极的行为，调动班级成员的积极性，进而实现班级管理的目标。

【案例】

不要忙着立规矩

作为班主任，对新学期新接的班级，常态的思维是：先把规矩立起来。没

---

① 此案例来自魏晓红：《中小学班级管理典型案例》，82 页，天津，天津大学出版社，2016。收入本书时有改动。

有规矩，不成方圆。有了规矩，就有了治班的"抓手"。但是南关小学二年级(1)班的王老师并没有这么做，他接了新班后静静地观察了好一段时间才行动。观察什么呢？观察学生的个性、家长的心态、班级的长处和不足，找出亟须解决的和可以慢慢解决的问题。他让这个班在以前的轨道上按照惯性滑行了一段时间，让每一个学生充分展示自己真实的一面，让班级充分展现本性，也让学生有足够多的时间来观察新教师，适应新教师。

所以，王老师在接班33天后，才拿出了新的班规。从整体情况来看，因为有足够多的铺垫，有足够长的时间，学生接受得比较好，家长也支持。很快，班级面貌就发生了不小的变化。[①]

4. 以表现载体为支撑，完善班级制度形式

载体是制度的表现形式，有什么样的载体就有什么样的制度形式，如果没有制度的载体，我们便无法把握制度的现实样式。[②] 诺思认为，制度由正式的规则、非正式的约束和实施机制构成。[③] 为了研究方便，正式制度、非正式制度和制度实施机制构成了制度的载体。就班级制度而言，大体也存在这三大类的制度载体，具体包括以下三个方面。

一是以班规为代表的正式制度载体。班级管理过程中的正式制度载体包括班级民主生活会制度、作息制度、卫生制度、学习制度、文体活动制度、出勤与请假制度、奖惩制度、家校合作制度、干部职责与工作制度等文本载体，也包括班委会、团支部或少先队等在内的机构载体。这些都构成了班级制度的表现形式和现实载体，为班级管理提供了基本的行动框架和制度保障，规范着班级管理的基本框架。

【案例】

让每个班级都成为健康"细胞"

没有规矩，不成方圆。沈阳工业大学制定了《学生班级建设暂行规定》，要求每个班都实行"四簿一志一册"的班务记录制度，即考勤簿、班费收缴使用明细簿、班级活动记录簿等。全校649个班级，班班都有一本详细的班级日志，由专人负责，认真、如实地记录班级工作和活动。

过去，班费的使用是笔"糊涂账"，实行班务记录制度后，每个班的班费一

---

① 此案例来自魏晓红：《中小学班级管理典型案例》，170页，天津，天津大学出版社，2016。收入本书时有改动。

② 辛鸣：《制度论——关于制度哲学的理论建构》，91页，北京，人民出版社，2005。

③ ［美］诺思：《制度、制度变迁与经济绩效》，杭行译，4页，上海，格致出版社，2014。

笔一笔记录详细，一分一角去向清楚。信息学院测控 0501 班的张同学说："现在有了班费收缴使用明细簿，大家的心里都敞亮了。"①

二是以管理理念等为标识的非正式制度载体。正式的规章制度显然只能规范和约束班级建设的一部分，在班级管理过程中形成的"成人""达人"的理念普遍存在于班级管理过程当中。这些在教育领域、学校、班级、班主任身上形成的传统、行事准则、价值信念、行为规范等作为正式班级制度的延伸，往往成为班级建设行为的合法性来源。这种潜在的、隐性的制度存在对班级管理行动有深远和长久的影响。

三是以治理机构为代表的班级制度实施机制载体。仅有以上两大类载体并不足以构成制度的现实形式，制度的落地离不开相应的实施机制。研究表明，治理体系是组织运行的制度载体和机制保障，且任何制度都需要通过相应的组织来体现，班级组织机构依据班级制度设立，是班级制度的载体和化身。② 离开这些组织机构，任何班级制度都将形同虚设。前文提到，班级组织机构包括常任班干部和非常任班干部，前者包括班委会、学科代表，后者包括值周班长和值日班长。需要注意的是，班主任在班级组织机构的设立过程中，应树立学生自我管理的意识，避免班干部的固化及班干部与班级同学的分化，应使班级组织机构的建设过程成为学生民主参与、能力养成的社会化过程。③

(三)探索班级思想文化建设，创设班级精神文化

班级精神文化是班级成员在长期交往过程中形成的群体心理定式和价值取向，反映着班级成员的共同追求和认识，是班级文化的核心和深层内容。④ 班主任和任课教师在班级管理过程中，应以班级特色名称、口号、班训为载体，创设具有特色的班级精神文化。

1. 从载体入手，清晰呈现班级精神文化

班级精神文化的呈现离不开一定的载体，载体是将内隐的班级精神文化外显化的重要中介。也就是说，只有通过合适的载体，学生才能清晰地了解和知晓班级的精神文化。班级文化的载体包括以下几个方面。

一是温暖有爱的班风建设。班风是在班主任带领下，班级学生在长期的学

---

① 此案例来自刘玉：《让每个班级都成为健康"细胞"——沈工大加强班级制度建设促校园和谐》，载《中国教育报》，2007-11-03。收入本书时有改动。

② 和学新、张丹丹：《论学校课程制度》，载《全球教育展望》，2011(2)。

③ 齐学红、黄正平：《班主任专业基本功》4 版，210 页，南京，南京师范大学出版社，2021。

④ 董蓓菲：《小班化教育的中国模式：实现教学过程公平的理论与实践》，314 页，上海，上海教育出版社，2014。

习和生活中逐渐形成的行为风气，良好的班风构成了学生成长的有效动力和强大支撑。

【案例】

让班级有温度

在建筑设备 0601 班，每一个学生的生日都被班长和团支部书记记得一清二楚。会计 0502 班里有一个坐轮椅的残疾学生，该班班规的第一条就是如何照顾她。哪位同学负责为她买饭、买书……生活学习中的每一件事都有同学负责。班主任说，我们班班风建设的目的就是力求将班级建设成充满爱心的集体，使每个成员都感到家的温馨，找到归宿，从而升华对班级的热爱。[①]

二是要有彰显内涵的班训。班训是班级精神文化最为直观的体现。教师要引导学生认识到每个班级都应该有独特的班级精神，依据校训自主设定班训。班训既可简洁明了，如"好好学习，天天向上"；也可内涵丰富，如从古诗词等经典著作中取用思想深刻的班训。班训制作完成后，可以悬挂在黑板上方，让学生耳濡目染，内化为自己的行为准则。

三是彰显班级特色的班徽。班徽是班级的标识，是建立在班名、班训基础上的图片表示形式。此外，还可以有激奋人心的班歌。班歌要朗朗上口，体现正能量。

四是要有弘扬个性的班名。大多数学校的班级以数字序列为名字，如三年级(1)班、六年级(4)班等，但班名的命名方式可以另辟蹊径。例如，可以从中外经典名句、古诗词中寻求依据，如此不仅可以使班名有个性，还可以让其有内涵。

五是积极向上的学风建设。学风是在班级中长期存在和发展形成的学习风气，是一个班级风气、群体素质的重要表征。

【案例】

人人学习成绩有进步

电子科学 0602 班学生上网现象比较普遍，学风建设是一项非常艰巨的任务。为此，班级成立了一个专门小组，负责规劝上网学生回到教室。当一个个沉迷于网络的学生陆续回到自习教室的时候，这个班逐渐变成了令人羡慕的集

---

① 此案例来自刘玉：《让每个班级都成为健康"细胞"——沈工大加强班级制度建设促校园和谐》，载《中国教育报》，2007-11-03。收入本书时有改动。

体。上学期，该班33名学生中有29名获得了校、院各种荣誉证书。[1]

2. 从活动入手，逐步培育班级精神文化

第一，设计主题班会活动，帮助学生树立正确的价值理念。主题班会是在班主任引导下，以学生为主体，围绕一定主题，在班级内部对学生进行教育的一种形式。具体而言，可以从以下三个方面入手开展主题班会：①依据传统节日设计主题班会。传统节日内含诸多教育因素，班主任可以在植树节、劳动节、国庆节、中秋节等节日适时开展主题班会，设计专题活动，将这些节日背后蕴含的保护环境、热爱劳动、热爱祖国等精神融入班会，帮助学生树立正确的价值观念。②依据学生的发展需求设计主题班会。学生在不同的发展阶段呈现出不同的身心发展特点。为此，班主任可以根据学生发展的不同特点，如交往冲突、青春期心理、逆反心理、亲子关系等发展问题，利用入学、毕业、入队、入团、成人仪式等有特殊意义的日子，以问题为导向，贯彻立德树人的教育目标，开展主题班会，破解学生成长中的疑惑。③在"九一八"事变等重要纪念日，开展理想信念教育。爱国主义教育要从娃娃抓起，理想信念教育同样要从小抓起。在这些重要纪念日，班主任应通过组织学生观看纪录片、参观纪念馆等方式，开展室内、室外相结合的主题班会，帮助学生从小树立起正确的世界观、人生观和价值观，将学生培养成有理想、有信念的时代新人。

【案例】

致二十年后的我

清华大学附属中学的熊老师所带的初二年级(11)班，共有学生37名，绝大多数是老师眼中的乖孩子、好孩子。

学生升入初二年级两个月后，本班召开了一次"致二十年后的我"主题班会。班会上，每个学生都给未来的自己写了一封信。熊老师惊讶地发现，这些外表乖巧懂事的学生，其实内心充满了各种纠结、迷茫，甚至痛苦。例如：在学习上存在困惑、内心痛苦，表面却要装作满不在乎；和父母冲突明显，但心里很体贴他们；等等。这些描述反映出学生在对自我以及对自己和集体、自己和他人、自己和父母之间的关系等方面的认识存在很多困惑和苦恼。乖孩子、好孩子的这些问题最容易被学校和家庭忽视。针对本班学生显现的问题，熊老师在一个月后又召开了一次"致二十年后的我"主题班会。

---

[1] 此案例来自刘玉：《让每个班级都成为健康"细胞"——沈工大加强班级制度建设促校园和谐》，载《中国教育报》，2007-11-03。收入本书时有改动。

首先，熊老师通过朗读信件，让学生以旁观者的角度，跳出自身来看待自己的问题。其次，学生对信件进行文本分析，讨论信中的内心纠结。熊老师则引导学生深入分析和总结，引发学生对自我和谐问题的发现与思考。最后，熊老师总结解决学生内心纠结的各种方法。[①]

第二，开展形式多样的读书活动，丰富班级精神文化。班主任可以设定"每日读书""诗词大会"等多种多样的读书活动[②]，这不仅需要班主任和学校的努力，还需要家长的配合，在家校合作中促进学生阅读习惯的养成。班主任也可以通过趣味性的诗词比赛，如"对句成诗""按图索骥猜诗词"等游戏活动，将诗词学习变成有趣的游戏，让学生在游戏活动中感受诗词的魅力和阅读的乐趣，提升学生的文学修养，增强班级的文化氛围。

【案例】

收获颇丰的读书活动

逸夫艺术小学四年级(1)班的班主任蔚老师为了提高班级学生的阅读能力和培养学生的阅读习惯，设计了班级读书活动。读书活动分为"三个一""两个共读"和"三个读书时间"。"三个一"为：每月一书，学生自由阅读，参加班级举行的每月一次"我读过的一本书"班级读书交流会；每周一文，各任课教师推荐阅读文章，张贴在班级"书香阵地"中，学生选择一篇文章阅读；每日一诗，要求学生每天课前读一则古诗。"两个共读"为：同伴共读，在午间或课外活动时间进行阅读交流，把好书推荐给同学，把读书感受说给同学听；师生共读，教师和学生同读一本书，相互交流读书感受。"三个读书时间"为：晨间交流读，每周利用一个晨间，进行读书交流；午间休闲读，可以在班中，也可以在学校图书室阅读；睡前放松读，每晚在睡觉前读一会儿书。学生在读书活动中把阅读书目、读书方法、精彩句子和读书心得等记录下来。

经过一段时间的读书活动的开展，学生逐步养成了利用空余时间阅读的习惯，并在开展活动的基础上有意识地积累资料(班级书架图书借阅归还记录表、交流的资料、优秀作文集、读书摘记、读书记录卡和读书交流会心得等)。学生一致反映此项读书活动使自己收获颇丰。[③]

3. 从评价入手，反复强化班级精神文化

班级精神文化的建设离不开监督和评价。通过以评促改，以评促教，可以

---

① 此案例来自熊学勤：《我的心结，我来解》，载《班主任》，2021(1)。收入本书时有改动。

② 纪文剑：《S小学Z班班级文化建设的实践研究》，硕士学位论文，浙江师范大学，2019。

③ 此案例来自魏晓红：《中小学班级管理典型案例》，142页，天津，天津大学出版社，2016。收入本书时有改动。

较好地强化班级精神文化建设效果，真正促进班级精神文化建设提质增效。

第一，对班级精神文化建设的内容进行评价，避免班级精神文化建设的形式化与趋同化。班级精神文化作为一种相对隐性的存在，很容易出现形式化、趋同化的问题。一方面，班级精神文化建设很容易走向形式化。有些时候，学校安排的事务过于繁杂，班级精神文化建设容易存在班主任疲于应付的问题，更谈不上丰富多彩了。班集体要关注班级实践活动等精神文化建设的开展情况，安排相关人员对精神文化建设的情况和效果进行监督，促使班级活动与学校活动有效结合，从整体性的层面对班级精神文化活动进行设计与规划，力求班级精神文化活动保质保量地开展。另一方面，班级精神文化建设很容易走向趋同化。基于对优秀经验的学习，以及上级组织对班级精神文化的统一要求，班级精神文化建设很容易出现趋同化的问题，导致班级特色彰显不够。因此，班级精神文化建设过程中要注意结合班级特点进行适时创新，在彰显班级特色的同时，增强班级精神文化建设的实效。

第二，对班级精神文化建设的方式进行评价，实现班级精神文化与时代发展的深度融合。在部分学校，班级精神文化建设采取传统的板报、班会的方式进行，学生的参与度不高，班级精神文化建设的效果不佳。这与班主任素养密切相关。为此，一方面要提高班主任的信息素养。信息时代改变了人们的交往方式，在班级精神文化建设过程中要主动运用和考虑互联网等新技术因素，积极挖掘网络的教育要素，开发精神文化建设与德育的创新点，紧跟时代步伐，让班级精神文化建设取得事半功倍的效果。另一方面要提高班主任的理论素养。理论与实践是互通的，很多实践中的问题能够在理论中寻求到答案。作为班主任，尤其要重视自身理论素养的提升，尤其要通过阅读经典教育著作或者从专家身上寻求经验的积累，如杜威的《民主主义与教育》、苏霍姆林斯基的《给教师的 100 条建议》等。同时，可以通过听教育学、心理学或学科专家、名班主任的讲座和报告来进行学习。此外，在班级精神文化建设过程中，要关注和强调学生的参与度，避免出现任课教师和班主任的绝对权威化[①]，促进师生在班级精神文化建设过程中的共生共建。

【案例】

量化评价，精细管理

金阳小学四年级(2)班的班主任陈老师虽然年轻，但在班级管理上独具匠

---

① 王晋：《班级管理与心理辅导》，63 页，郑州，河南大学出版社，2021。

心。对学生的平时表现、课堂学习等，她采用量化积分制的方式，把班级管理得井然有序。

在评价学生的平时表现方面，陈老师实行的是"小组积分制"，即与学生共同把诸如自觉遵守学校纪律、文明礼貌、互助友爱、认真值日、积极参加班级活动等平时表现细化，并给出分值。在课堂学习方面，采用加分规则，凡是认真听讲、积极发言、与同学积极合作完成学习任务的学生均加1～5分。陈老师把学生每5人分为一个小组，小组成员轮流当小组长。小组长每天给本组成员记分，小组成员每周五下午一起计算每人本周的总分，然后写在教室后面的"我是最棒的"墙报栏上。纪律委员在班委会的协同下，每个月合计一次每个同学的分数和各组的平均分数，只要分数超过90分，就给该小组插上一面小红旗。在这一制度的鼓励下，全班学生自觉地规范个人行为，他们相互鼓励，共同进步，逐渐形成了积极向上的班风。[①]

（四）以活动方式创新为抓手，建设正能量班级行为文化

行为文化是班级成员个体行为的具象表征，是班级全体成员思维和做事的方式，以及承载这些行为的全部活动的总和。作为一种"活"文化，行为文化是人们在日常生活中表现出来的特定的行为方式和行为结果的积淀。班级行为文化既是对班级精神文化的诠释，又是对班级制度文化的检验。班级行为文化主要体现在班主任、任课教师和学生在主体和主体间互动过程中的行为表达上。[②] 按照管理对象来划分，班级行为文化建设可以从教师行为文化建设和学生行为文化建设入手；按照行为内容来划分，班级行为文化可以从道德行为文化和学习行为文化来理解。具体而言，可以从以下两个方面入手。

1. 重视榜样与参与的力量，强化班级成员良好道德行为的养成

道德行为是班级成员在一定的班级文化中形成的道德观念、道德原则和道德规范的支配下，在班级生活中开展的道德实践。[③] 道德行为文化活动的开展要以社会主义核心价值观为核心，以传统美德为支撑，以榜样示范为主要方式。具体而言，第一，可以把社会道德楷模的先进事迹作为主要学习内容，帮助班级成员认识自身存在的不良道德行为，培养正确的道德行为。第二，教师

[①]　此案例来自魏晓红：《中小学班级管理典型案例》，106页，天津，天津大学出版社，2016。收入本书时有改动。

[②]　林丹：《显性与隐性结合：班主任开展社会主义核心价值观教育的径路分析》，载《中国特殊教育》，2019(9)。

[③]　曾庆亮、岳佳：《高校班级行为文化建设的困境与路径》，载《重庆科技学院学报(社会科学版)》，2015(2)。

在平时的教学生活中要注意言传身教。教师的仪容仪表、一言一行以及思想态度，对学生的行为有潜移默化的影响。因此，教师需要时刻注意自己的言行，实现"其身正，不令而行"的榜样教育。第三，在班级学生当中树立榜样，评选出各方面都优秀的学生，引导和激励全体学生向其学习。

【案例】

榜样引领成长

开始于 2005 年的"中国大学生年度人物"评选活动，每年举行一次，通过大学生喜闻乐见的方式，挖掘、培育和宣传优秀大学生典型，展现当代大学生的精神风貌，充分发挥先进典型的导向作用，激励广大学生励志图强、提升素质、奉献社会。担任过"中国大学生年度人物"评委的北京大学社会学系教授夏学銮表示，大学生年度人物的产生离不开现实的社会环境，英雄集体的出现，不是偶然的，也不是孤立的。大学生中的各类优秀典型层出不穷。在成就英雄的道路上，他们并不孤单。在弘扬社会主义核心价值观的浓厚氛围中，榜样经常出现在我们的身边。[1]

要积极组织班级成员参与实践活动和志愿者活动。在学校的有效组织下，班主任可以适时引导学生走出教室，参与社区服务和公益活动。例如：让学生走进养老院、福利院，引导学生养成乐于助人、尊老爱幼的道德品质；组织学生参与交通指挥、环卫清洁工作，将交通安全、环境保护等理念根植于学生的意识行为中，培育学生的实践能力和社会责任感。此外，也可以鼓励学生积极参与大型赛事的志愿者服务工作，深化学生的道德认知，提升道德素养。

【案例】

半天工作记

浙江杭州江南实验学校的徐老师组织班上十多名学生走进温馨社区居委会，尝试处理居民日常琐碎问题。学生进入会议室，就有居民来反映小区乱停车问题。于是，居委会干部带领学生去查看了现场，根据车牌号码找到了车主住址，并上门做通了车主的思想工作，让车主移走了车。半天时间，看到居委会干部忙进忙出，从组织党员报到到慰问孤寡老人，从垃圾分类到小区文明宣传，虽然头顶烈日、汗流浃背，却没有一点怨言，脸上还洋溢着幸福的笑容，学生深有感触。小林在日记中写道："担当社会责任并不容易，别看是一件小

---

① 此案例来自杨晨光：《英雄就在身边　榜样引领成长——典型引路推进大学生思想政治教育工作》，载《中国教育报》，2010-05-26。收入本书时有改动。

事，有时处理起来也挺复杂。我们需要在平时不断积累经验，锤炼过硬本领。这既是一种付出，也是一种收获。"①

2. 以家校合作为抓手，帮助学生形成良好的学习行为

学习行为文化是班级行为文化建设的重点，表现为课堂学习行为、课后学习行为和考试行为。学生学习行为的养成不仅需要教师不断提升自己的教学技能，还需要借助家长的力量，以"学校＋家庭"的复合模式，让家长成为孩子学习的重要参与者和指导者。具体可从以下两点入手。

一是要丰富家校合作的内容。就班主任而言，在家校合作过程中，主要关注和总结学生在学习态度、学习方法方面的现状、成就与问题，将重点放在提高学生学习能力、帮助其掌握正确的学习方法方面。就家长而言，在家校合作过程中则主要关注学生在家庭中的学习习惯的养成、独立能力的提升等方面。在进行初步合理的分工和目标设定之后，以家校合作为依托，共同督促学生形成专注的学习态度、良好的学习习惯和多样的学习方法，真正持续强化学生学习效果。

二是搭建家校合作的平台。无沟通不合作，家校合作的进行建立在有效的沟通和交流基础上。为此，班主任和其他教师可以借助现代信息技术，积极搭建家校合作的沟通平台，让家长及时掌握孩子在学校的学习情况，以便调整家庭教育方案，实现家校合作的动态调整。通过建立家长微信群等平台，将家校合作的管理方法、注意事项、学生学习视频等分享给家长，扩大家长对学校教育的知情面。同时，平台的建立为家长和学校及教师的沟通提供了便利。

【案例】

从微信群到家长委员会

以前，一提到家长会之后与家长沟通交流的环节，很多班主任的第一反应是"乱，非常乱"。教室里，几十位家长在交流时经常是你一言我一语地提出各种各样的问题，场面无比混乱。

随着信息技术的快速发展，班主任与家长的交流有了"新花样"。在世界路小学五年级(1)班，家长与班主任李老师之间的主要沟通渠道是微信群。在群里，家长每天下午都会收到当天的作业和孩子在学校的表现。李老师会在晚上给家长发送作业答案，方便家长指导孩子，也便于学生发现问题，并带着问题在第二天的课上认真听讲。逐渐地，这个微信群成了家长与教师、家长与家长

---

① 此案例来自徐晓莉：《巧用社区资源做好学生教育》，载《班主任》，2021(6)。收入本书时有改动。

之间相互沟通的平台。不久，他们还成立了家长委员会，遇到问题，由家长委员会讨论，再与教师协商。后来，家长从微信群参与班级管理到走进课堂。在学校开展公开活动日的时候，李老师邀请家长委员会成员去听公开课，对课堂教学提出意见。这种方法与传统的班主任一个一个联系家长谈话的做法相比，提高了班主任的工作效率，达到了家校合作共同育人的目的。①

【思考题】

1. 如何理解班级与班集体这两个概念的关系？

2. 你认为班级文化建设过程中有哪些问题需要规避？

3. 如果你是班主任，你认为班级规章制度的制定需要遵循哪些原则？

4. 阅读下面的文字，设计符合主题的班会活动。

一年一度的五一国际劳动节如期而至，学校要求每个班级举办一次"劳动最光荣"主题班会。假如你是该校三年级的班主任，你将如何设计此次主题班会活动？

【推荐阅读】

1. 齐学红，黄正平. 班主任专业基本功[M]. 4版. 南京：南京师范大学出版社，2021.

2. 齐学红. 今天，我们怎样做班主任：优秀班主任成长叙事[M]. 上海：华东师范大学出版社，2021.

3. 张东娇. 建设价值驱动型学校[M]. 北京：教育科学出版社，2020.

4. 李家成，熊华生. 中国班主任研究：第二辑[M]. 上海：上海交通大学出版社，2019.

5. 鲁洁. 教育社会学[M]. 2版. 北京：人民教育出版社，2001.

---

① 此案例来自魏晓红：《中小学班级管理典型案例》，122页，天津，天津大学出版社，2016。收入本书时有改动。

第三章　班级活动与运行

章前导语

　　班级是学校教育的基本单位，是教师和学生开展各项活动的最基本的组织形式。班级活动作为班级建设的重要组成部分，是学校课堂的延伸，是实现教育目标的中介桥梁，对学生的成长和班集体的建设具有非常重要的作用。班主任要重视班级活动的组织与开展，理解班级活动的内涵和类型，掌握班级活动组织的原则和实施流程。为了让班级活动更好地发挥育人的功能，班主任应组织与开展丰富多彩的有意义的活动，促进学生全面而有个性地发展。

第一节　班级活动的概述

　　班级活动是开发班级成员身心素质潜能的有利途径，对学生个人的成长、班级良好人际关系的建立、班集体的形成有重要的意义。2017 年 8 月，教育部印发的《中小学德育工作指南》提出了活动育人的具体要求：要精心设计、组织开展主题明确、内容丰富、形式多样、吸引力强的教育活动，以鲜明正确的价值导向引导学生，以积极向上的力量激励学生，促进学生形成良好的思想品德和行为习惯。赞科夫曾经说过：只有儿童集体的丰富多彩、生气蓬勃的生活，才是每一个学生开花结果的条件。如果认为只要对学生进行个别工作就能使他得到多方面的发展，那是一种很大的误解。① 组织开展班级活动是班主任工作的重要内容，班主任应充分发挥班级活动的功能，使其达到育人的效果。

一、班级活动的内涵

（一）什么是班级活动

　　班级活动是指由班级成员参加的集体活动，有广义和狭义之分。广义的班级活动是指班级内有组织地开展的各项活动，包括各科的教学活动。狭义的班

---

　　① ［苏联］赞科夫：《和教师的谈话》，杜殿坤译，31 页，北京，教育科学出版社，1980。

级活动指的是在班主任指导下，有目的、有计划地为实现教育方针和培养目标而组织的各种教育教学实践活动。本章所指的班级活动既包括学科教学活动，又包括班级管理活动、德育活动、社会实践活动、体育活动、文艺活动、科技活动、劳动、知识竞赛、游戏、春游等。

班级活动是班主任对学生进行思想、政治、道德、心理教育的基本形式，是通过学生集体来教育和影响学生个体的较为普遍采用的教育形式，也是学生个体进行自我教育行之有效的方式。班级活动是以班级为单位开展的活动，它不是小组活动或个别活动。班级活动是动态、开放的，它既可以在校内开展，也可以在校外开展。校内活动主要是由学校领导、教师、班干部等组织开展的活动；校外活动则是由学校领导、教师和校外教育机构负责人组织指导的，直接领导相关机构对学生进行教育的活动。班级活动与学校的少先队活动、共青团活动以及社团兴趣活动等共同组成学校课外活动体系。[①]

（二）班级活动的特点

班级活动同课堂教学一样，都是促进学生健康成长和发展、实现学校教育目标的重要途径。但与课堂教学不同，班级活动的内容更加丰富、形式更加多样，具有自身的一些特点。

第一，班级活动的广泛性。班级活动的内容十分丰富，符合教育要求，又有条件开展的教育活动，都可以纳入班级活动之中，这体现了班级活动的广泛性特点。例如：可以组织开展各种科技兴趣小组、举办科技讲座、组织学生参观科技展览，也可以开展各种文艺活动和体育活动。班级活动类型、形式、内容、方式等多样。可见，班级活动具有广泛性。

第二，参与对象的主体性。学生是班级活动的主体，应以学生为主，人人参与、人人有责，让学生在参与的过程中实现成长。班级活动主题的确定、活动方案的制定、活动的准备过程以及开展过程等，都应该让全体学生参与。班主任还需要起到引领作用，要使班级活动整体运转起来，最大限度地调动学生的积极性和主动性，自主地投入班级活动中去。

第三，活动过程的灵活性。班级活动的内容、规模、形式、活动评价等灵活多样，不受教材和各类教学文件等的限制。班级活动不拘形式，活动规模可大可小，内容丰富多彩，并且紧贴学生生活实际，从学生个性发展的实际需要出发。活动内容覆盖面广，涉及科技活动、社区实践、学习等领域。可以根据学生的年龄特征、活动目的、资源条件等开展多种形式的班级活动，如做模

---

① 王晋：《班级管理与心理辅导》，66～67 页，郑州，河南大学出版社，2021。

型、演讲、书评、讲座、报告等。即使是同样的活动内容和目的，也可以通过不同的活动形式来实现，根据各学校的具体情况、地区特点、学生情况等，创造出具有自身特色的各种活动。活动评价不应局限于等级或者评分制，应多采用文艺表演、娱乐竞赛、作品汇展、报告会等形式。[①]

第四，班级活动的针对性。班级活动的开展具有针对性的特点，针对性越强，效果就会越好。班级活动的针对性主要体现在以下方面：首先，班级活动针对班级发展中存在的实际问题。例如，学生刚升入初中，不懂得学习方法的转变，教师可开展初中学习方法的相关班级活动。其次，班级活动针对学生的年龄特点和身心发展需要。同一内容的教育在各个年龄阶段都可以进行，但具体的内容层次和方法应有区别。[②] 班级活动的开展要因年级而异，低年级开展的班级活动要活泼、趣味性强些，而高年级开展的班级活动应该知识性、创造性强些。最后，班级活动还针对社会上对学生有影响的现象。社会上的一些"热点"现象，有些是积极的，有些是消极的。教师通过活动来引导学生辨别现象的本质，分清是非，进而促进集体和每个成员的发展。

二、班级活动的意义

班级活动对促进学生个体的发展以及班集体的建设具有不可替代的作用。班级是学生发展的重要场所，有效开展的班级活动具有强大的教育力量。一般情况下，班级活动作用有三个层次：第一，技术层次，只是为了完成任务或争夺胜利，以任务的完成情况来评价活动的作用；第二，精神层面，以活动呈现并构建班级精神，看到学生的努力和班级建设特点；第三，价值层次，挖掘活动的价值，看到学生成长的内在需要，培养其成长品质。[③] 班主任开展丰富而有意义的班级活动，挖掘班级活动的价值，对学生的成长、班集体建设具有非常重要的作用。

【案例】

让校园生活丰富多彩

一些学生产生厌学情绪，一个很重要的原因就是觉得校园生活单调乏味，除了学习就是学习。其实开展一系列有意义的活动，不仅能激发学生的热情，还能提供展现才情的大舞台，提供广阔的赛场，使他们能公平、合理、适度地

---

① 姚玉香、张作岭：《班级管理实用案例教程》，135页，北京，清华大学出版社，2021。
② 张作岭、宋立华：《班级管理》3版，144页，北京，清华大学出版社，2019。
③ 方海东：《提高班级活动效度的三个策略》，载《新班主任》，2021(5)。

竞争，激发他们拼搏向上的精神。同时，一系列有意义的活动可以密切师生、生生之间的关系，为班级成员之间搭起友谊的桥梁，使大家相知、相容、相助、相亲、相爱。[1]

（一）促进学生的全面发展

班级活动是促进学生全面发展的重要途径。班级活动与学科教学相比，主要定位在学生身心健康发展上。它更多地站在学生的立场上，从学生主体发展的需要出发，为学生身心全面健康发展营造宽松和谐的教育氛围，发挥学生主体作用，促进学生德智体美劳全面发展。作为班级主导的班主任，如果只是通过课堂教学来实现培养全面发展的人的目的，是远远不够的。我们只有寓教育于活动，通过一系列丰富多彩的活动，才能实现促进学生全面发展的目的。

班级活动是促进学生全面发展的最好方式，是开阔学生视野、陶冶学生情操、促进学生团结协作的重要法宝。丰富多彩的文体活动、科技活动等班级活动需要由学生自己来设计、组织、管理。即使是班主任组织、领导的班级活动，同样需要学生积极参与设计、管理，这有利于培养学生的实践能力、创新精神和良好品德。与此同时，各种形式的人际交往能够促进学生自我意识的发展和健康个性品质的形成。班主任在班上开展丰富多彩的活动，给学生提供展现自我的平台，让学生在班级活动中获得锻炼的机会。比如，中队活动中的主题队会、国旗下讲话、新闻广播、清明扫墓，学校活动中的广播体操比赛、拔河比赛、球类比赛、作文竞赛等。

【案例】

在班级活动中让学生获得锻炼的机会

每个班级中，总有一部分学生比较胆小，不敢发言，不愿参加班级活动。我有意识地为这部分学生创造锻炼的机会，为他们创造读课文的机会、发言的机会，鼓励他们参加各种活动，从而让学生在活动中得到锻炼，提高素质。比如，我班的小萌、小花、小波等学生和三年级时比较，在各方面都取得了很大的进步。他们由不敢发言，不敢参加任何活动，说话低声细语变得落落大方，读课文有声有色，每次活动都积极参与。看到他们的变化，我从心底感到高兴。事实证明，锻炼能使人不断进步。[2]

---

[1] 此案例来自张万祥、席咏梅：《破解班主任工作难题》，133 页，福建，福州教育出版社，2006。收入本书时有改动。

[2] 此案例来自权淑兰：《让学生在班级活动中成长》，载《学周刊》，2014(5)。收入本书时有改动。

（二）推动学生良好个性的形成

学生的个性品质、兴趣、才能等在集体活动中能得到表现，也能在活动中得到巩固、发展和调整。[①] 丰富的班级活动为学生发展提供多种选择的机会，适应学生的兴趣、爱好和特长，发挥学生主体地位，调动学生积极性和主动性，从而促进学生个性的充分发展。海阔凭鱼跃，天高任鸟飞。不同兴趣、爱好和特长的学生，比如爱唱歌、跳舞的，好体育的，善绘画的，他们的兴趣爱好可以沿着正确的方向发展，进而使其个性得到优化，特长得到发展。同时，根据学生实际情况，针对性地培养学生，如性格内向的学生，班主任应善于发现这些学生的特长，在班级活动中多提供锻炼的机会，使他们变得活泼、开朗，喜欢与别人交往。总之，班主任有意识地组织、策划、安排好一次次的活动，不仅使活动过程充满快乐的元素，还使学生能在这些活动中找到自己的价值。

（三）建设良好的班集体

班级活动是班级教育活动的重要形式，是建设良好的班集体的有效途径。班集体是通过丰富多彩的班级活动发展起来的。如果一个班级不开展或很少开展班级活动，是很难成为一个真正的班集体的。班级目标是班集体发展的方向和动力，而组织相应的具体活动则是班集体向着既定目标前进的重要形式。[②] 班级活动的有效开展，可以促使班级目标得以实现。好的班级活动赋予班级奋斗目标，依靠班级每个成员的参与而实现。好的班级活动，可以影响学生的一生。马卡连柯的平行教育理论认为，教师要影响个别学生，先要影响学生所在的这个班级，然后通过这个集体与教师一起去影响学生，这样才会产生巨大的教育力量。

班级活动是形成班集体的基本体现，是学生学校生活的基本形式，没有活动就没有真正的班集体。只有在班级活动中，学生才能正确认识个人与集体、个人与他人的关系，形成集体主义精神和对集体的责任感、义务感。[③] 学生在活动中可以感受班集体的存在，如果没有班级活动，学生就很难感受到集体的存在，也不会主动地关心集体。有智慧的班主任会借助各种活动，在活动中培养学生的主人翁意识，使学生在愉快的活动中增强对学习的兴趣和上进心。

[①]　姚玉香、张作岭：《班级管理实用案例教程》，139 页，北京，清华大学出版社，2021。
[②]　姚玉香、张作岭：《班级管理实用案例教程》，140 页，北京，清华大学出版社，2021。
[③]　张作岭、宋立华：《班级管理》3 版，140 页，北京，清华大学出版社，2019。

（四）形成正确的集体舆论与良好的班风

集体舆论是指在集体内占优势的，为大多数学生所赞同的言论与意见，通常以议论、褒贬等形式肯定或否定集体的动向和集体成员的言行。[①] 正确的集体舆论促进班集体健康发展，引导学生努力向上、积极进取，增强每个集体成员的群体意识和集体荣誉感。健康发展的班集体具有巨大的教育力量，能为学生个性发展提供参照群体，有助于形成正确的集体舆论和良好的班风。心理学研究表明，环境影响着一个人的成长。一个具有良好班风的班级对学生有极其重要的作用，可以培养学生的团队精神，增强学生对班级的责任感和凝聚力，易于形成人人为我、我为人人的班级风气。

开展富有创新特色的班级主题活动可增强班集体的凝聚力，同时给班级建设带来勃勃生机，形成良好的班风班貌。在班级活动中，学生会认识到互相尊重、互相支持、互相关心、互相帮助的重要性，必须按应有的道德规范去处理好自己与他人、自己与集体的关系。不良的行为为大家所不齿，而正确的、合理的行为会得到认可、肯定，进而逐步形成正确的集体舆论与良好的班风。

三、班级活动的类型

班级活动异彩纷呈，按照不同维度可划分为不同的类型。班主任只有明确班级活动的类型，才能较好地设计和组织班级活动。

（一）按照班级活动的时间分类

1. 日常班级活动

日常班级活动指例行的活动，主要包括班级纪律的管理、班级文化的建设、班级卫生的打扫、班级学科竞赛、学生自主管理的小组量化考核、值日班长的选拔、值日班长的管理、学校集体组织的广播操活动、每周的班会、每学期的春季运动会和秋季运动会、每年一次的秋游等，还有根据重大事件而组织的演习、参观展示等活动，如校园防震、防火、防水、防电、防校园欺凌、禁毒、防艾、交通安全等活动。班级需要有目的、有计划、有顺序地组织活动，活动后还需要组织学生进行总结，谈活动感受。班主任可以为了开发学生思维、启发学生想象而开展小活动[②]，如辩论赛、历史话剧表演、英语角、"带你游世界"、手抄报大赛、手工制作灯笼展、体育类的各种竞技赛、歌咏比赛等。

---

① 张作岭、宋立华：《班级管理》3 版，140 页，北京，清华大学出版社，2019。
② 潘玉峰、赵蕴华：《班级活动管理与活动设计》，5 页，合肥，安徽人民出版社，2012。

2. 特殊时期的专题性班级活动

特殊时期的专题性班级活动主要指具有很大教育和警醒反思意义的特殊时期的相关活动，如："我的春节我的家"摄影展，三八国际劳动妇女节的为女教师画像比赛活动或写颁奖词活动，植树节开展的"春种一棵苗，收获满枝头"的种树活动，"为你献出一片爱"多种多样的学雷锋活动，五一国际劳动节的"学做一道菜"厨艺大比拼活动，"火热的青春，飘扬的旗帜"五四青年节活动，"九一八"事变纪念日当日开展的"不忘国耻，砥砺前行"小型演讲比赛活动，中秋、国庆节歌咏比赛活动。

3. 寒暑假班级活动

寒暑假班级活动主要包括：社区帮扶活动、敬老院和孤儿院慰问或者共建活动、"小小交通志愿者"活动、"我爱我家"争做城市小卫士活动、各种参观瞻仰活动、五彩缤纷的手工制作学习活动、各种义卖活动、为献爱心而开展的捐献活动等。

（二）按照班级活动的地点分类

1. 班级内活动

班级内活动主要指有目的、有计划、有主题、有系列的活动。这种活动与日常班级活动交叉并行，主要地点在教室内。可以按照学校的整体安排进行，如班会、观看电影、迎新年文艺会、听讲座、学习经验交流等活动，也可以是班主任或任课教师根据学科或自身的需要有序进行的班级内活动，如每天的值日班长总结、"张张照片传真情"拍摄活动、"每日一星"评比活动、每月一次的墙壁文化布置大比拼活动，以及课堂上开展的各种讨论、演讲、竞赛、情景剧表演等活动。

2. 校园内活动

校园内活动是指根据学校整体安排，活动地点主要在校园内的活动场、多媒体教室、各种功能教室的活动，如广播操、阳光大课间、课外活动等日常活动，还有各班级有特色的学雷锋、打扫卫生活动，或者历史、地理、生物、美术、音乐各学科开展的丰富多彩的学科类社团活动，还有各种兴趣班相关活动，如摄影、劳技、书法、创客、合唱、茶艺、围棋、啦啦操、健美等活动。

3. 校园外活动

校园外的活动主要指社会上的活动。教师引导学生有组织地走出校门，接触社会、了解社会、服务社会。这种活动可以引领学生走进社会，走进生活，受到思想品德教育，产生丰富、健康的情感，提高社会适应能力。[1] 这种活动

---

① 潘玉峰、赵蕴华：《班级活动管理与活动设计》，5页，合肥，安徽人民出版社，2012。

形式多样，可以充分调动各种社会资源，开展社会调查、远足锻炼、社会考察、勤工俭学、帮扶农工、拥军优属、参观瞻仰等活动。

（三）按照班级活动的目的分类

1. 知识文化类的活动

这类活动是指针对学科教学所进行的活动，如各种知识竞赛、演讲、小发明制作、生物生长观察记录、课题设计等。这类活动可以有效地调动学生学习的积极性，既有益于学生将知识与方法融合，又能促进学生获得独立探索的能力，合作的能力，发现问题、解决问题的能力，还可以培养学生的社会责任感和担当精神。[①]

2. 精神引领类的活动

这类活动旨在帮助学生形成积极健康、奋发向上、乐观向善的道德风尚，主要包括：健康的心理、向上向善的思想、高尚的道德情操[②]，如励志、爱国、安全、读书等活动。这类活动的重点在于使学生在过程中体验某种情感，在潜移默化中改变，并在日常生活中通过行动表现出来。

3. 技能方法类的活动

这类活动旨在提高学生的动手能力，增强学生的劳动意识。根据教育部的要求，在中小学开展的劳动课很好地把这类活动加入必需的行列里来，它可以培养学生正确的劳动观点，使学生形成良好的劳动习惯，并初步掌握劳动知识和技能，让每个中小学生学会生存、学会生活。班级开展的这类活动是除了劳动课以外，根据自身情况量身打造的特色综合性实践活动，包括各种强身健体类活动，如"家人一日骑"活动、"健美之星"活动、跳短绳打卡活动等。

【案例】

王老师所开展的班级活动

王老师是一位优秀的初中班主任，在他所带的班级中，三年内共开展了下列有代表性的、丰富多彩的班级活动：班干部竞选、班级布置、批评与自我批评会、课外阅读、文艺联欢、游园活动、文艺比赛、科技制作、跳绳比赛、足球比赛、象棋联赛、手工制作、乡俗调查、社区服务、听讲座、观影视、参观访问等。这些活动丰富了学生的生活，成为他们成长过程中宝贵的基石和不能磨灭的记忆。[③]

---

① 潘玉峰、赵蕴华：《班级活动管理与活动设计》，7页，合肥，安徽人民出版社，2012。
② 潘玉峰、赵蕴华：《班级活动管理与活动设计》，6页，合肥，安徽人民出版社，2012。
③ 张作岭、宋立华：《班级管理》3版，142页，北京，清华大学出版社，2019。

王老师带领学生开展的班级活动丰富多彩，许多活动属于不同的类型和系列。班干部竞选、班级布置属于班务活动，批评与自我批评会属于民主生活会，课外阅读属于学习活动，文艺联欢、游园活动、文艺比赛属于文娱活动，科技制作属于科技活动，跳绳比赛、足球比赛、象棋联赛属于体育活动，手工制作属于劳动活动，乡俗调查、社区服务属于社会实践，听讲座、观影视、参观访问属于主题教育活动。各种班级活动的作用侧重点不同。例如：跳绳比赛、足球比赛等，可以增强学生体质，使学生热爱生命、热爱运动；游园活动，可以陶冶学生的情操，让学生欣赏美、感受美；课外阅读活动，可以开阔学生的视野，培养学生热爱读书的习惯。

四、班级活动中教师的角色定位

教师主导、学生主体已经成为现代班级活动的理念。这就要求班级活动既需要班主任的主导，又需要学生的自我管理，两者共同发挥作用。班主任要认清自己的角色定位，既不能越俎代庖，又不能放手不管。班级活动应该是学生的舞台，活动的主题往往来源于班主任对学生特点的把握以及学生对现实问题的关注与思考。但是由于学生经验的缺乏和身心发展的不成熟，班主任需要对班级活动进行必要的组织、协调。班主任的角色定位包括以下两个方面。

一是策划者。班主任是整个班级活动的策划者，是策划团队的核心力量。做一个有思想的班主任，要确立自己的带班理念、班级的发展计划和为此要开展的系列活动。班级活动如果老套、俗气，就远远跟不上学生发展的脚步。班主任不能一味套用老方法解决新问题，应根据情况创造性地研究、开展各种形式灵活、内容新颖的活动。内容上可以与时代同步，与学生的心理同步，与班级的特点同步，这样的活动，学生喜欢。

二是引导者。没有活动，就没有真教育。班主任作为班级的顶层设计者，设计出了一个个精彩的活动，还要高瞻远瞩地引导着学生一步步实现设计的初心。在活动中，班主任绝不能袖手旁观，让结果脱离预设的轨道，也不能亲力亲为，步步包办，让学生成了看客。班主任要有目的地引导学生的思想，一点点暗示，一点点推进，一点点鼓励，一点点帮助，使学生成为班级活动的主体，把班级还给学生，进而才能使学生更自觉、更主动地成为生命的发展主体。每一个大小环节，班主任都应该有预想，做到心中有数。在实施过程中，允许学生有争议，经过热烈讨论后的方案往往适合他们自己，也容易培养学生的团队精神、担当精神、奉献精神。

【案例】

放手把活动交给学生

很多班主任不敢放手让学生自己组织活动，每次活动下来，自己总是累得半死，而学生感到索然无味，怨声阵阵。这是由于班主任没有考虑学生的思想、心理状况，只依照自己的主观愿望行事，往往事与愿违，达不到预期的活动效果。班主任要相信学生的能力，充分发挥学生的智慧，从活动的策划、组织到开展都尽可能地交给学生，使学生感受自身的成就和价值。当然，对学生提出的但没被采纳的方案，班主任要及时处理，可以进行鼓励，并建议他们积极协助活动的开展。在活动中班主任应尽量多鼓励、少批评，多指正、少指责，多参与、少旁观，发挥学生的个性才能和创造能力，调动学生的参与激情，使他们乐于开展各种班级文化活动。[①]

三是点评者。班主任对班级活动的点评往往会起到画龙点睛的作用。任何班级活动最后都需要班主任的点评，其主要的作用就是强化活动的育人功能。班主任不能仅仅当个"欣赏者"，不应该仅仅关注活动的准备和各环节的设计等方面，还应该注重对学生的思想引领。[②] 班主任应该比学生站得高、看得远，应该挖掘出学生所看不到的一些东西，不能为了活动而活动。班主任的点评可以使活动主题得到升华，达到好的育人效果。

第二节　班级活动的组织与实施

一、班级活动组织的原则

组织有效的班级活动是建设班集体的重要渠道，也是衡量班级发展水平的重要标准。为了开展丰富有效的班级活动，班主任需要遵循教育性原则、时代性原则、计划性原则、民主性原则、实效性原则等。

（一）教育性原则

班级活动是一种有目的的行为，以促进学生的发展为根本目的，富有教育

---

① 此案例来自张万祥、席咏梅：《破解班主任工作难题》，125～126 页，福州，福建教育出版社，2006。收入本书时有改动。

② 齐学红、袁子意：《班主任工作十日谈 新手上路》，69 页，北京，教育科学出版社，2015。

性是班级活动的内在追求。① 班级活动的教育意义是多方面的，它可以是提高学生思想道德水平，可以是开发智力，可以是提高实际操作能力，也可以是增强审美情趣、强身健体等。好的班级活动应发挥教育的综合功能。班主任在组织班级活动时，要寓教于乐，最大限度地发挥班级活动的教育作用。班主任要注意活动内容健康，格调高雅，避免庸俗、不健康的内容，防止对学生产生不利影响。

对班级活动的设计与组织，班主任既要考虑内容的教育性，又要考虑形式是学生所乐于接受的，班级活动应面向全体学生。比如，带领学生离开教室，深入社区，身体力行地宣传环保知识，在宣传的过程中学生能够学习并加深对环保的认识。又如，开展"电脑与人脑"的主题讲座，让教师与学生自由交流，学生用自己的切身经历去分析为什么一些人会出现沉迷游戏世界、忽视学习的做法。再如，组织"爱心大使"活动，让学生日常生活中的小小善举得以宣传并温暖每个人的内心。班级活动远远不止这些，无论是铿锵有力的爱国演讲、令人捧腹大笑的笑话大赛，还是比拼自立能力的野餐郊游、强身健体的跳绳比赛，都能让学生在快乐中学习到知识，在他们的记忆中埋下一粒种子，而那粒种子终会在某日开出绚烂无比的花朵——这便是班级活动的教育性原则。

（二）时代性原则

班级活动中的时代性原则是指在设计、组织和实施班级活动时，应充分考虑社会的政治、经济和文化等时代背景，以及班级成员的年龄、认知水平、兴趣爱好和生活经验等因素，使活动具有时代特征，符合班级成员的实际需求和兴趣。教师要有时代敏感性，把握时代的脉搏，引进时代的活水，选择有时代感的主题。世界之大，无奇不有；世界之变，随时随地；教师之思，日新月异。这就要求教师能够及时了解国内外的大政方针、发展变化，同时反思这些内容对学校教育会产生什么样的影响，在教育中应该及时利用哪些有用的东西，既让学生有兴趣，还能产生共鸣，实现教育的目的。

总之，贯彻时代性原则有助于提高班级活动的吸引力和影响力，促进班级成员的全面发展。班主任要善于从时事中抓住有教育意义的题材。比如：在进入流感多发季时，开展科普知识小讲座活动，或者开展"假如我是白衣战士"演讲活动，会激发学生的学科精神、责任心和担当精神。党的二十大的召开，为我们指明了方向，鼓舞了斗志，及时开展"我骄傲，我是中国人"摄影展，学生观察、拍摄生活中令大家自豪的细节变化，展现祖国发生的变化。学生有调

---

① 王晋：《班级管理与心理辅导》，80 页，郑州，河南大学出版社，2021。

查、有访问、有畅想、有决心、有学习热情。学生家里已普遍有电脑，班主任如能组织一些电脑水平高的学生向大家讲解、演示自己制作的网页，就会鼓励更多的学生在网页制作中学习新知识。

（三）计划性原则

班级活动不是盲目的，更不是随心所欲的，而要有计划性、系列性。遵循计划性原则，既要根据学生身心发展的特点，还要根据学校的整体安排，更要结合学期中各阶段的特殊性。如果没有计划性，班级活动就不能彰显它的连贯性，从而使得学生的成长呈片段式，而不是拔节式螺旋成长。久而久之，班级活动就变成了昙花一现，失去了原有的意义。

班主任应抓好每个月的主题教育，针对每个月的实际情况确定主题。例如，将1月定为"读书快乐收获月"，2月定为"行为规范强化教育月"，3月定为"学雷锋专项教育月"，4月定为"革命传统教育月"，5月定为"劳动及青春教育月"，6月定为"励志奋斗教育月"，7月定为"爱党月"，8月定为"学前教育月"，9月定为"尊师重教及信念毅力教育月"，10月定为"爱国月"，11月定为"长征精神月"，12月定为"勿忘国耻、振兴中华宣传月"。

此处我们以德育活动为例进行说明。和学科教育一样，各个年级德育活动侧重点有所不同，注重活动的整体性、衔接性。根据学生的身心特点、教育发展规律以及课题组的长期研究，中小学各阶段班级活动可设定以下任务。小学一至三年级的主题是习惯养成教育，四至六年级的主题是理想信念教育。初一年级的主题是成长系列教育：一是告别童年，走进初中；二是建立和谐班级；三是集体主义教育；四是安全教育；五是文明礼仪教育；六是心理安全教育。初二年级的主题是青春期系列教育：一是感恩师长教育，二是心理健康教育，三是社会课堂教育，四是情绪调节教育，五是异性交往教育，六是正能量人生观教育。初三年级的主题是成才系列教育：一是理想信念教育，二是奋斗教育，三是责任教育，四是自强不息教育，五是终身学习教育，六是抗压、抗挫折教育。不同阶段的学生需要接受不同内容的教育，亦如建筑工人修建高楼那样，只有先打好地基，才能够向上修盖房屋。倘若搞错了顺序，或是计划不合理，那么所带来的结果自然不尽如人意，甚至会起到反作用，造成"惨不忍睹"的局面。

（四）民主性原则

学生是班级活动的主体。如果说教师是负责指挥班级活动这首交响乐的指挥家，那么学生自然就是负责演奏各类乐器的乐手了。学生的参与度对班级活动的重要性自然不言而喻。班主任应让学生成为班级活动的创造者和体验者，真正地成为班级文化的主人。班主任只有给予学生身份认同，建设民主参与的班级文化，学生内心的自我责任意识才能苏醒，体内的人格才会得以健全，焕发出独属于他自己的光芒。

【案例】

民主管理在班级活动中的闪光

为了充分调动学生参与班级管理的积极性，王老师别出心裁地给学生拍了一个关于如何组织环保活动的短视频。短视频开场，镜头滑过校园的绿树，停留在一个充满活力的班级教室里。画面里，一群学生围坐在一起，热烈讨论着什么。镜头拉近，原来是学生们在参与一场班级活动的策划。

大家全情投入，积极献计献策，有的说到公园捡拾垃圾，有的说到广场发放宣传单，有的说到小区门口演讲。但是，很多学生觉得形式不够新颖，教室突然静了下来。大家都想不出更好的方法了。这时，只见铮铮举手发言："我们可以举办一场主题派对，既能增进友谊，也能传播我们的环保理念。"他的提议得到学生们的热烈响应。

镜头切换到班级活动当天。学生分工合作，有的负责装饰，有的准备食物，有的准备节目，一切都有条不紊地进行着。派对的高潮部分，学生们表演各种与环保有关的节目，如关于环保知识的演讲、关于环保主题的歌曲表演及环保材料服装秀等。

视频结束时，镜头拉远，学生们欢声笑语，热闹非凡，背景音乐缓缓响起，画面定格在欢庆的氛围中。配以旁白："这就是我们的班级，一个充满民主与活力的地方。我们用行动证明，民主管理不仅可以在班级活动中得以实践，更能激发出我们的无限潜力。"[1]

这个案例充分展示了民主管理在班级活动中的实践。在这个过程中，学生们通过表达意见、团队协作等方式，实现了自我管理和自我教育，不仅增强了班级凝聚力，而且增强了每个人的参与感和归属感。这不仅是一次活动，更是学生们民主精神的锻炼和提升。

（五）实效性原则

有的学校的班级活动如同流水线，存在严重的形式主义，要么是为了应付上级检查，要么与家庭教育、社会教育相脱节，很少顾及学生的实际情况以及各种需求，导致学生无法在活动中获得真正触动内心的成长。这样的班级活动，如同鸡肋。所以，班级活动必须以学生的年龄特点和发展需求为着眼点，

---

[1] 此案例来自开封市第五中学。

追求高效、实用。

班主任要把班级活动打造成接地气、有人脉，有内涵、有温度、有深度、有力度的活动。增强班级活动的实效性，有助于焕发学生的能动性和激发学生积极向上的精神。例如，我们可以从父亲节、母亲节这些很具有人文情怀的节日入手，让每个学生深刻体会家长的不易，学会理解家长，学会用实际行动感恩父母、报答父母，在心中种下一颗孝敬的种子。同时，要针对班级的现实状况组织和开展班级活动。例如，针对学生中出现的浪费食物、学习不专心等情况，或想让家长配合和支持班主任工作等，均可以组织相应的班级活动。

【案例】

校园公开日

一提到上课，大部分人的眼前会浮现这样的画面：教师在讲，学生在听，或者师生在互动。在世纪路小学的校园公开课活动中，有这样一节"特殊"的课：六年级(3)班的教室里，坐着一些家长代表，他们此时的角色是学生。课堂上，家长认真地听讲，回答问题，与学生一起讨论一起提问，一起解决问题。下课后，家长跟教师交换了意见。有的家长还感叹道："当老师真不容易啊！我的孩子在这样的学校学习，我真的放心了!"之后，班主任发给每位家长自己孩子的作业，让大家检查孩子的作业完成情况。他非常认真地批改学生的作业。这一上午，家长们过得很快乐，不仅当了学生，还当了老师。[①]

班主任在学校公开日邀请家长们来到学校进入课堂，让他们不仅当了一次学生，还当了一回老师。家长代表们真正了解了学校的管理和上课模式，目睹了孩子在学校的表现，对教师和孩子多了一份理解，多了一些交流。这种方式不仅拉近了学校与家长的距离，促进了家长与教师的沟通，而且有助于家长对孩子的家庭教育。需要注意的是，班主任在选家长代表时，要考虑到家长的个人情况，并且要具有代表性。

二、组织班级活动的基本环节

班级活动的教育性不仅体现在活动内容上，也具体体现在活动的过程和方法上。班主任不仅要了解班级活动开展的基本程序和方法，还要关注班级活动开展过程中的资源和价值，这样才能实现班级活动的最佳效果。[②] 一般来说，

---

① 此案例来自魏晓红：《中小学班级管理典型案例》，127页，天津，天津大学出版社，2019。收入本书时有改动。

② 姚玉香、张作岭：《班级管理实用案例教程》，152页，北京，清华大学出版社，2021。

班级活动的组织主要包括确定班级活动的主题、制订班级活动的计划、开展班级活动和总结班级活动四个环节，由于活动类型不同，在具体环节上会存在一些差异。

（一）确定班级活动的主题：火眼金睛寻问题

活动主题需要班主任根据学校教育计划和教育活动安排，充分考虑学生身心发展的特点和班集体的现实情况进行选择，也可以根据重大节日或社会、学校、班级突发事件进行选择。班级活动的主题是班级活动的核心，好的主题能够彰显班主任的带班理念、班级规划、教育特色和用心程度，更能有目的、有计划地提升学生核心素养。班级活动要从对学生的调查着手，将学生成长和发展的现有状态、问题以及班级的现有状态作为确定活动主题的依据，通过访谈、调查、观察等形式，明确班级群体存在的问题。

班主任要善于发现与众不同的问题，要有超前性和预见性，在细枝末节处发现蛛丝马迹，并敏感地触摸到问题的症结所在。很多常见的、琐碎的问题，班主任凭借经验就能解决，研究的价值不大。同时，对于有些活动，可以征求任课教师、学生家长的意见。班主任在广泛采纳多方意见的基础上，通过归类、分析、比较和总结等，最终确定有价值的问题。

（二）制订班级活动的计划：未雨绸缪从长计

制订班级活动计划是开展班级活动的关键环节。制订合理的班级活动计划，是顺利开展活动的前提和保障。因此，在开展班级活动之前，班主任要指导学生撰写活动方案。活动方案，是根据活动选题，对活动要求、活动内容、活动分工、活动准备、活动过程、活动总结等环节进行的策划。[①] 具体的班级活动设计方案可以参考各类班级活动设计与实施的案例。

班级活动的长远计划既定，就要思考如何实现这些计划，用哪种形式的活动落实这些计划。班级活动计划的制订需要全员的参与，这既锻炼了学生的统筹安排能力，又增强了学生的积极性和参与的责任心，这样才能保证这项活动顺利进行下去。策划活动需要详细到小组成员的具体分工，包括领导者、记录者、实践者、拍摄者、设计者、执笔者、汇总者、后期制作者、监督者等，还包括活动的时间、地点、参与方式、参与人员、活动形式、外部沟通、交通安全等细节。班级活动计划的制订需要教师和家长共同参与，包括活动的场所、形式、安全保障、经费保障、活动完成的深入程度都需要提前与家长沟通好，得到家长的大力支持，活动才能够完美进行。

---

① 姚玉香、张作岭：《班级管理实用案例教程》，153 页，北京，清华大学出版社，2021。

（三）开展班级活动：形式多样拓影响

班级活动的开展是实现活动目的、落实班级活动要求的基本手段。每次活动的开展，除了突出一部分学生的能力，更多的时候要考虑到学生群体的参与度，让每个学生都能够受益匪浅。此外，毕竟学生还不够成熟，能力有限，遇见问题时会惊慌失措。为保证学生的生命安全，各方面要通力合作。在活动过程中，教师随时参与指导，随时调整，并在每个参与者活动之后都要分析、阐述，使班级活动获得最好的效果。

教师在开展班级活动时应通过学生喜闻乐见的活动形式来激发学生参与的热情，实现提升学生素养的目的。活动形式应有艺术性、有创造力，要在平常之中见新、奇、妙、趣，如独唱、独舞、相声、小品、个人朗诵、器乐演奏、情景表演、模仿秀、故事比赛、辩论赛、趣味运动、团队游戏、心理疏导、热点话题讨论、百家讲坛、读书沙龙、社会综合实践、爱心帮帮团、主题展示、班级售卖会、大型合唱、大型朗诵、话说校园等。班级活动的主角应该是每一个学生，不能让任何一个学生掉队。

（四）总结班级活动：评价巩固促完美

班级活动结束后，班主任应对本次活动做好总结工作。教师可以用富有激情又有针对性的讲话，实事求是地评价本次活动的优点和不足，以激发、鼓励学生，为组织好下一次活动做准备。同时，对本次活动的意义作一个富有鼓舞性和号召性的言简意赅的总结，使学生的认识得到深化。[1] 总结的方式多种多样。最基本的方式是在班级活动结束时，班主任对活动进行评价、升华。学生是班级活动的主体，教师可以选择开小范围的座谈会、开全班总结大会、写活动总结等形式。在参观、劳动和服务等活动后，学生记日记、写作文、出墙报交流体会和收获，是很好的活动总结形式。同时，每次活动后的总结，需要家长献计献策，力求达到完美。其实，学生的教育本身就是学校、家庭、社会三位一体，密不可分的。家长参与学生的活动，可以促进亲人间的感情升华，让学生懂得亲情的厚重，这对学生的成长非常有利。

三、各类班级活动设计与实施案例

班级活动多种多样，有班级例会、主题班会、文体活动等，以下就教师经常开展的班级例会、主题班会、劳动活动进行介绍。

（一）班级例会

班级例会是班级组织实行民主管理的例行班会，属于班级的常规活动，主

---

[1]　姚玉香、张作岭：《班级管理实用案例教程》，158 页，北京，清华大学出版社，2021。

要有一般性班会和晨会两种。其中，一般性班会是常见的一种班级活动，主要围绕班级运行中的常规问题而展开。比如，学期初制订班务工作计划，每月或期中进行班级建设评价，或讨论班级中大家关心的问题。晨会则是在每天早晨上课前进行的活动，主要安排当日活动，如值日生讲评、简短的表扬或批评、通报重要信息等。晨会形式不限，可以是班主任主讲，也可以是值日生汇报或学生三分钟演讲等。每次晨会虽然时间较短，但是它的意义是不能忽视的，认真地组织好晨会能促进班级的建设和管理。

在班级例会中，教师和学生要共同确定好班级例会的主题。以"生命教育"主题班级例会为例，假如班主任和学生共同敲定了"生命教育"的例会主题，那么就要关注"生命教育"主题涉及哪些方面，并且以"生命教育"为中心，围绕着它以及相关方面开展班级例会。教师和学生可以相互讨论一下，作为不同的群体可以做哪些与该主题相关的事情。例如，教师不仅需要关注和疏解学生面临的压力，协助学生分析和应对挫折，还要引导学生学习正确的生命课题。学生则要珍爱生命——不仅要珍惜自己的生命，而且要尊重他人的生命，爱护自然中的生命，尊重并完善人的生命存在。在讨论之余，班主任可以举办相关的珍爱生命活动。比如，举办消防演习、安全讲座、知识竞赛等班级活动，让学生在生动活泼、形式多样的活动中学习自救知识，维护自己的生命安全。在班级活动中，要引入真实的道德案例，创设虚拟的道德情境，让学生在真实可感而又具体、复杂的情境中分析、甄别、选择、检验，进而体验真切的道德感受，形成践履的道德习惯。

（二）主题班会

主题班会需要班主任依据自己学生的年龄、爱好、成长问题等方面拟定出一个大家感兴趣的主题。主题班会的主题既可以是独立的主题，也可以是系列主题。我们依然以"生命教育"为主题，围绕它便可延伸出"自尊自爱""关爱他人""热爱生命"等子主题。主题班会的形式多种多样，既可以采用主题报告会的形式，也可以采用讨论会的形式让大家各抒己见。主题班会需要经过充分的准备才能够召开，一般来说，每个学期召开一到两次即可。

【案例】

以青春之名　向阳花开
——生命类主题班会案例

今天，我要呈现的班会主题是"以青春之名　向阳花开"。

青春的生命应该是强健、茁壮、挺拔、伟岸、有活力的，然而有些学生缺乏对生命的正确认知，或恐惧或焦虑。作为育人者，我们要培养学生积极向上的人格，让每一个学生都能够真切地感受生活的意义和美好，以饱满的热情投入生活和学习中。

本次班会的目标有三个。

认知目标：引导青春期的学生懂得呵护生命，认识到只有珍惜现在、自强不息，才能收获生命的美好未来。

情感目标：引导学生感悟生命的美好，激发学生热爱生命和生活的情感。

行为目标：让学生懂得珍惜生命中的点滴，学习模范人物的事迹，热爱生命，向阳而生。

班会前需要做四项准备。

第一，学生手绘"我眼中多姿多彩的生命"。

第二，师生做好素材准备。

第三，邀请家长参加本次班会。

第四，准备心愿清单卡。

班会分为四个部分，分别是"识·生命之美""敬·生命之威""惜·生命之贵""绽·生命之光"。

本次班会以访谈的形式进行，让学生在相对自然、放松的氛围中思考，在思维的碰撞中体会、探究生命的意义。

一、识·生命之美

(一)科学定义

生物课代表带着学生们回顾生物课本中对生命的定义，从科学意义上定义生命。

(二)生命之我见

学生展示自己手绘的"我眼中多姿多彩的生命"。有的学生说生命是世间万千美好汇聚的小小萌芽，也有的学生说生命是文学作品中的一蔓常春藤叶，一场逐梦之旅。

设计意图：让学生认识生命的客观起源，分享自己眼中多彩的生命之姿，引导学生发现生命之美。

二、敬·生命之威

教师呈现图片和视频，让学生直观地看到生命是何其脆弱和渺小。

学生在主持人的引导下，思考讨论，各抒己见，最后一致认为，面对世间万物，都应该报以一颗平等、敬畏、尊重、仁善的心。

设计意图：与前边生命的多彩和盎然形成对比，学生看到了生命的脆弱和渺小，通过观点碰撞达成作为青少年的自己应以何种态度对待生命的共识。

三、惜·生命之贵

"如果被告知生命只剩一周，你将如何度过这一周?"面对这一问题，学生将自己要做的事写在心愿清单上，如陪伴父母、享受美食、环游各地等。总之，太多的美好值得大家留恋。

设计意图：通过情境设置让学生切身感受生命的短暂和宝贵。我们想要完成、需要完成、值得完成的事情还有很多，学生从中感悟到应珍惜当下的每一刻，热爱生命。

四、绽·生命之光

（一）化身后的赞颂

学生通过第一人称分别讲述失聪女孩江梦南的逆袭人生，讲述"六战"法考（全称为"国家统一法律职业资格考试"）的物业小哥刘政的传奇人生，讲述"中国的保尔·柯察金"朱彦夫的极限人生。

设计意图：学生将自己带入故事中，感受主人公对生命的热爱。

（二）我的生命

主持人引导学生自由发言，讨论什么可以让自己的生命更充实和美好。有学生说"读书可以让我的生命更充盈"，也有学生说"运动使我的生命更健康"，还有学生说"画画让我的生命更充实"。

设计意图：让学生寻找自己生命的那束光，从而更好地认识自己，向阳而生。

五、班会总结与反思

本次班会通过情境设置和访谈交流，让学生对生命进行认知，并没有刻意渲染生命的无常和悲壮，更多的是让学生感受生命的蓬勃向上和丰满充盈，引导学生树立积极的生命价值观。如果班会能充分地利用现代化手段，效果会更佳。[①]

（三）劳动活动

劳动活动能够很好地帮助学生树立劳动观念，培养劳动习惯。劳动活动的展开有多种形式，包括：自我服务性劳动，如洗衣做饭、清扫房屋等家务劳动，饭厅值日、宿舍值日等校内的自我服务性劳动；社会公益劳动，如打扫公共区域卫生、探望并帮助孤寡老人、为残疾人提供志愿服务等；组织服务性劳

---

① 此案例来自开封市第十四中学。

动小组，如学雷锋小组、理发小组、土木维修小组等。

在学校根据有关规定安排的劳动课、生产劳动和社会实践活动中，班主任一定要激发学生的兴趣与热情，组织学生积极投入劳动，并达到规定的要求。班级活动的形式没有参照，它本就灵活多样，班主任和学生应当开动脑筋，共同思考，为班级活动增添色彩。

【案例】

爱劳动，学本领
——劳动活动案例

一、活动背景

学校地处农村，结合中队的实际和《少先队活动课程指导纲要（2021 年版）》中关于少先队活动课成长取向的内容，为培养队员爱劳动的好品质，组织队员参加力所能及的劳动，使队员懂得劳动创造财富、劳动最光荣的道理，进而尊重他人的劳动，尊重每一位普通劳动者，珍惜每一份劳动果实，热爱劳动，学会劳动，积极劳动。

二、活动目标

本次活动的目标，是让队员懂得财富是劳动创造的，幸福生活是劳动创造的，人类的进步也是劳动创造的。培养队员爱劳动的习惯，使其懂得劳动最光荣。

三、活动准备

①安排队员做一些力所能及的家务事，成为家务小帮手。学习一些种地、养殖、栽培等方面的技能。

②组织队员找资料、看影视、听讲座、去参观，让他们动手做、认真学、做记录、写体会、争奖章，通过自编小品、快板等多种形式来展示这次活动成果。

③活动课由队员自编自演的情景剧导入。情景剧中的一个孩子怕脏怕累，不愿跟妈妈去干农活，引发队员的思考。

四、活动过程

板块一：农技实践劳动，队员乐在其中

一小队开展了"跟爸爸干农活，跟妈妈做家务，跟庄稼交朋友，跟动物谈谈心"的一系列实践劳动。活动的开展使队员了解到干农活并不是想象中那么简单，庄稼都是有生长规律的，必须按时节播种。队员们一起了解了西瓜是怎么种出来的，即起穴、散苗、栽苗、浇水、覆地膜、支拱、覆上膜，并完成了种瓜的整个工序。

二小队开展了我是家里"小当家"活动。在活动中，队员学当一天家，即在家做一天一家之主，包括洗衣服、扫地、收拾房间、做饭、洗碗等。队员们深深体会到：平时看着爸爸妈妈做得得心应手，自己实践起来却手忙脚乱。在爸爸妈妈的指导下，他们把房间打扫得干干净净、院子收拾得整整齐齐。

板块二：种植养殖取经，"通关文牒"记清

在这个板块，队员组成取经小队，开启了他们的取经之旅。在活动中，队员们通过调查、访问、体验、总结，收获颇多。

悟空小队来到苍楼红提葡萄基地，在技术员郭老师的指导下学习葡萄栽培技术。队员们还与郭老师一起到村里宣传，给果农讲授相关知识。队员通过实践体验到劳动的艰辛和复杂，不只需要体力，还需要科学知识。

八戒小队到养殖大户亲自体验。技术员向大家介绍养鸡方面的知识，队员了解到鸡场每天要做到"六查"：一查卫生，二查通风、室温及采光，三查消毒，四查鸡群动态，五查喂食，六查产蛋。这些都查完还要记录与处理。

沙僧小队到蔬菜暖棚"探望"蔬菜，还编写了《蔬菜歌》，并用快板的形式表演出来。

蔬菜歌

番茄人人爱，个个红又圆。

胡萝卜，地下长，多吃身体长得壮。

架上的黄瓜开黄花，长长的藤儿到处爬，

黄花谢了结个瓜，又脆又嫩味道佳。

大白菜，衣服多。上面绿，下面白，

一层一层脱下来。

唐僧队长要求队员们把了解到的、观察到的、亲身体验到的、感受到的都记录在了准备好的"通关文牒"上，还请受访的队员和技术员签了名。他们真是取得了劳动的真经啊。

五、活动总结与反思

这次活动课不但让队员知道了劳动的意义，还让队员学习了许多劳动技能，增长了许多本领。动手是劳动，动脑也是劳动，靠我们的双手，靠我们的智慧，改变我们的生活，创造财富。

从这次活动中，能看到队员们的成长过程。一是人人参与，团结协作，中队各小队的队员集小队的智慧，以取经等多种方式投入劳动第一线，了解、学习多项劳动技能；二是以点带面，以小队努力带动全中队，从校内延伸至校外，从家务劳动拓展到田间地头，队员成长为家长的得力小帮手；三是因地制宜，活动的开展让队员认识劳动、践行劳动，在劳动中感受快乐；四是注重实效，通过这次活动，队员们的生活能力都得到了锻炼与培养，连家长都刮目相看。少先队活动课最大的特点就是在活动中体验、在活动中成长。[①]

四、班主任开展班级活动时要注意的问题

(一)活动开展要目的明确，切忌无的放矢

班级活动的设计与开展并非一蹴而就。班主任要从培养人、发展人的角度去思考和设计班级活动。班主任在设计时要精心研究学生的特点、爱好和需求，使之符合学生成长的需要，促进学生德智体美劳全面发展的同时，使学生能够在班级活动中彰显出个性。每一次班级活动的开展都是教师深思熟虑之后的结果，它是根据班级发展的实际情况、学校的整体安排以及学生的各方面表现和现实需要进行的。教师应牢牢记住：班级活动是为促进学生的全面发展而有目的地采取多种形式进行的。忽视了这一点而一味追赶热点，只会让班级活动越来越僵化，失去其本应有的色彩与意义。教师和学生为了班级活动忙得团团转，但活动结束后又说不出收获了什么。长此以往，无论是教师还是学生，对班级活动的热情都会被消磨殆尽。

(二)活动开展要准备充分，切忌应付了事

在开展班级活动前，班主任一定要提前考虑到方方面面容易出现的问题，充分调研。比如，主题要有必要性，人员要有可信性，过程要有纪律性，路途要有安全性，结果要有实效性。教师应从态度上重视，亲自组织，可邀请家长全程参与组织。

(三)活动开展要充实有序，切忌杂乱无章

开展每一次活动前，班主任都要做到心中有数，确定好主题、形式、参与人数、地点、集合时间、活动方式、交通方式等，还要考虑到活动的每一个过程和环节，保证活动依次有序开展，活动中每个参与人都做到心中有数。如果班级活动杂乱无章，茫无头绪，场面一片混乱，最终将无疾而终。

(四)活动开展要有行有思，切忌流于形式

活动的目的在于教育学生，立德树人，提高学生的综合素养。在活动中，每个小的环节都要充分考虑到它的设计形式和目的，尤其是活动结尾的总结和反思。教师反思学生的表现、活动的效果和设计，学生反思在活动中的收获和不足。不能流于形式，让学生把整个活动当成一种嘻嘻哈哈的放松和休息，却

---

① 此案例来自开封市金耀小学。

收获不到任何的感动、警醒或反思。

(五)活动开展整体参与，切忌"以一当十"

班级活动是针对每一个学生的，要让每个学生都能在活动中展示自我，不能因为这样或那样的理由拒绝任何一个学生参与。活动是为了让学生德智体美劳全面发展，更是为了让每一个学生都得到关爱和帮助。所以，千万不能仅为了展示某一个或某一部分学生而开展活动，那样，活动就失去了本身的意义。

【思考题】

1. 什么是班级活动？班级活动有哪些特点？

2. 班级活动有哪些类型？请举例。

3. 班级活动对学生的成长和班集体建设有哪些重要的作用？

4. 班级活动组织时应遵循哪些基本原则？组织与开展班级活动需要注意哪些问题？

5. 请列举出自己参加过的最难忘的班级活动，并分析原因。

6. 青春是一首清脆的歌，青春是一条欢快的河，青春还应该是一幅绚丽的画。请你以"青春"为主题设计一节主题班会。请注意，主题班会的环节要完整，构思要精巧，形式要新颖。

【推荐阅读】

1. 潘玉峰，赵蕴华. 班级活动管理与设计[M]. 合肥：安徽人民出版社，2012.

2. 魏晓红. 中小学班级管理典型案例[M]. 天津：天津大学出版社，2019.

3. 张作岭，宋立华. 班级管理[M]. 3 版. 北京：清华大学出版社，2019.

4. 齐学红. 班级管理[M]. 北京：教育科学出版社，2018.

5. 姚玉香，张作岭. 班级管理实用案例教程[M]. 北京：清华大学出版社，2021.

6. 徐长江，刘迎春. 班级管理实务[M]. 2 版. 北京：高等教育出版社，2021.

第四章　班集体建设的理论与实践

章前导语

班集体建设是循序渐进的过程，是一个由内而外不断深化的过程，是教师和学生共同努力的过程，是学生个性得到充分发展的过程。因此，要格外注重班集体建设。只有了解班集体建设的内涵，掌握班集体建设的基本理念，在观察实践中进行班集体建设，才能在一定程度上规范班集体成员的言行，加强班级规范建设，构建和谐班集体。

第一节　班集体的内涵及其建设

一、班集体的内涵

班级的构成主体是学生，班级活动的主要内容是学习，人际交往发生在师生间、生生间。班级成员有基本相同的活动诉求（即学习），但在班级组建之初并不具有共同目标。随着班级成员交往频率增加，交往质量提高，班级开始具有以下特征：①共同的目标，集体的活动；②健全的组织，坚强的核心；③正确的舆论；④良好的成员关系；⑤良好的班风和传统。这时候班集体就形成了。①

与班级不一样，班集体是班级发展到一定水平的结果，是在教师的引导下形成的以学生学习与成长为中心的共同体。苏联教育家马卡连柯说过：我们不可能随便拿一群个别的人作为集体。集体是活生生的社会有机体，它之所以是一个有机体，就因为它那里有机构、有权能、有责任、有各部分之间的相互关系和相互依赖。如果这样的因素一点也没有的话，就没有集体了，所有的只是随随便便的一个人群罢了。② 班集体是规范化的社会组织，是儿童的文化心理共同体。③ 作为有高度凝聚力的共同体，班集体为其成员提供亲社会的共同活

---

① 林冬桂、张东、黄玉华：《班级教育管理学》，98～101 页，广州，广东高等教育出版社，1999。

② 《马卡连柯全集》第 5 卷，226～227 页，北京，人民教育出版社，1956。

③ 胡麟祥：《班集体的涵义、结构及教育功能——现代班集体建设系列讲话之二》，载《中国德育》，2007(3)。

动，以民主平等与合作的人际关系为纽带，最终促进每一个成员的个性充分发展。[①]

班集体从低级形态到高级形态的转变过程，可以分为若干阶段，不同学者的观点异曲同工(见表 4-1)。班集体在不断分化与整合之中形成，做好班集体建设工作，对促进班级常规管理、提高教育教学质量、培养学生综合素质、提升教师专业能力、发展学校文化等具有不可替代的作用。

表 4-1　不同学者对班集体形成阶段的看法[②]

提出者	分类标准	班集体形成的阶段	来源
劳凯声	—	松散的群体阶段； 班集体初步形成阶段； 班集体的确定阶段； 班集体巩固发展阶段	《班主任工作实用全书》
林冬桂、张东、黄玉华	班级成员群体意识的强弱程度以及成员之间的相互关系和交往密切程度	班级初建阶段； 班级形成阶段； 集体形成初期； 集体形成阶段； 良好班集体阶段	《班级教育管理学》
姚成荣	—	初建松散阶段； 基本形成阶段； 发展成熟阶段	《班级管理工作新论》
龚浩然、黄秀兰	班级的亲社会价值以及集体主义精神等特征	松散型班级群体； 合作型班级群体； 集体	《班集体建设与学生个性发展》
唐迅	共同活动、交往和人际关系发展水平	初级阶段——组织和教育集体； 中级阶段——指导集体自我教育； 高级阶段——在集体中发展个性	《班集体教育实验的理论与方法》

---

① 龚浩然、黄秀兰：《班集体建设与学生个性发展》，125 页，广州，广东教育出版社，1999。

② 王洁静：《班集体的形成与班主任的管理策略》，硕士学位论文，上海师范大学，2007。

　　时代的迅猛发展带来了极速变化的成长环境和多元复杂的文化冲击，这些都使学生的学习生活和道德素养面对严峻的挑战。当代教育呼唤新思维，渴求新智慧，需要新发展。现代班集体是以集体主义价值观为导向，在班级各种力量的教育、培养与引导下，形成的平等、民主、和谐、向上的班级群体。[①] 作为学生成长重要园地的班集体，能多方面影响学生成长，对进一步加强现代班集体建设、推动教育高品质发展、促进学生高质量成长意义重大。

二、班集体建设的主要内容

　　班级是学校教育的"组织细胞"，是学生心智成长的重要环境。班集体建设是班主任区别于其他教师最根本的职责。[②] 班主任工作理论认为，学生个体行为习惯是由学生个性特征(包括其以前形成的行为习惯)和班级氛围相互作用的结果。加强班集体建设是促进每个学生(班集体成员)获得身心良好发展的重要手段。班集体建设可以从以下四个方面展开。

　　(一)建设良好的班集体环境

　　1. 班集体物理环境建设

　　班集体物理环境属于班级的硬件，是看得见、摸得着的东西，如教室内的环境布置及师生的仪表等。它是班集体文化的基础及其水平的外显标志，具有隐性教育功能与教育效果。[③] 在班集体物理环境建设过程中，有意识地通过具体物化的环境设计与布置，将教育的意向及目标进行展示，有利于实现班集体建设育人目的。

　　物理环境的建设可以将教室的环境布置分为几大块，以承包的形式，交由不同的学生小组负责。学生通过个人设想与团队协商的方式，不仅可以产生公共参与热情、公共精神，还可以形成创造力、责任感等。[④] 范国睿指出："丰富而合适的色彩、适度的光线(柔和的灯光照明)、适宜的温度、可忍受的噪音甚至舒适的座位等，不仅会对人的生理状况产生相当的影响，而且会对学生的态度与行为产生显著影响，进而影响教学与学习活动的开展。"[⑤]班主任在对班集体物理环境进行调整时，可以适当考虑设置开放共享、便于沟通交流的空间

---

　　① 扬中市教育局：《关于进一步加强中小学现代班集体建设的实施意见》，http://www.yz.gov.cn/yzsjyj/xxgkbmwj/201810/b39949d6ea2e46e9a53056805f3f2883.shtml，2023-01-09。

　　② 刘耀明：《让班级成为"集体"》，载《中国德育》，2010(7)。

　　③ 蒋忠：《班级文化的功能与建设》，载《班主任》，2003(2)。

　　④ 李慧：《班级建设的范式变革：由"班集体"到"班级共同体"》，硕士学位论文，山东师范大学，2017。

　　⑤ 范国睿：《教育生态学》，233 页，北京，人民教育出版社，2000。

布局。[①] 这属于班集体物理环境建设的有机组成部分。

2. 班集体文化环境建设

班集体文化是班集体的灵魂和核心，它主要体现在班集体的目标、道德、舆论、人际关系和风气等方面。这些方面共同构成了班集体的精神氛围和价值取向，影响着班集体的发展和进步。班集体文化环境需要依靠师生共同建设，也就是说，班集体的文化理念要以学校的文化理念、办学理念等为基础，结合班集体自身的故事、现状，策划班集体的发展，形成一套完整的观念系统并清晰简洁地表述出来。对班集体文化理念的内涵与外延进行思辨性的理性表述，有助于形成信任、合作的文化氛围。[②]

(二)建设良好的班集体规章制度

班集体制度建设既包括制度的制定与完善，也包括制度的实施。一方面，班集体制度建设能给班集体内部的学生创造一个愉快的学习和生活环境，使班集体工作能够正常有序进行；另一方面，可以通过加强制度建设，充分彰显班集体制度文化，在班集体内部实现文化育人的功效。具体来说，可以通过指导学生科学、民主地制定班级管理公约及奖惩制度，来培养学生讲文明、爱学习、守规矩、懂礼貌等良好品质，使学生逐步具备健全人格，成为遵纪守法的合格公民。

以开放的态度建设班集体规章制度，保障班集体规章制度公开、公正、公平地落实，正是班集体规章制度的德育功能。良好的班集体规章制度不仅是惩罚与表扬的机制，而且能为学生营造浓厚的教育氛围。在这种氛围中，学生能够感受到班集体规章制度的德育功能，逐渐认同班集体规章制度，形成个体品德。[③]

(三)加强班集体的组织建设

班集体建设需要班主任贯彻民主开放的原则来组建班委，选拔和培养班干部。建立班集体组织生态，需要通过班干部引领班集体发展，为创建良好班风打下基础。班委会是班级正式组织结构中的核心，受到学校、教师等各方面力量的支持。要谨防班级内部"不良团体"的出现，它是削弱班委会效能发挥、影响班级顺利发育为成功班集体的因素之一。例如，一些学生聚在一起自甘堕

---

① 详见第三章的"班级文化建设"部分相关内容。

② 李慧：《班级建设的范式变革：由"班集体"到"班级共同体"》，硕士学位论文，山东师范大学，2017。

③ 任妮：《主体教育视域下小学班级文化建设中师生全员参与问题研究——以沈阳市S小学五年二班为例》，硕士学位论文，沈阳大学，2020。

落，不喜欢打扫的学生聚在一起偷懒，爱讲话的学生一起违反纪律，等等。班集体组织活动的重要单元是小组，成功的小组组织能够为班集体内部各项活动的开展打下良好基础。因此，在班集体的组织建设中，应当重视小组的组织。同时，可以因势利导，把心理上比较接近的学生组织在一起。在班集体的组织建设中要追求艺术性。首先，致力于德育的生活化，为学生创建良好的文化环境；其次，以智育为切入点，突出德育核心；最后，掌握与学生沟通的艺术，旁敲侧击地触动学生心灵。

（四）协调好班集体内外关系

班集体建设是班级管理的重要体现，建设良好班集体需要智慧，尤其是实践智慧。班主任工作是实践智慧密集型"工种"。在班集体建设过程中，班主任是学生成长的指导者和服务者，也是一个班集体的组织者、领导者和教育者。班主任作为一个班集体的精神领袖和支柱，是班集体精神力量的来源。事实上，协调好师生、生生关系，调动学生完成常规班务和一般活动甚至重要活动，解决各种问题是班主任进行教育活动的主要途径。此外，班主任应协调好学校、任课教师、学生及其家长四者之间的关系，运用实践智慧，让四者朝有利于学生发展的方向发力。[1]

第二节　班集体建设的基本理念

理念是人们经过长期的理性思考及实践所形成的思想观念、精神向往、理想追求和哲学信仰的抽象概括。在学校教育中，理念可以内化为共同愿景，外化成管理制度，升华自学校文化，体现在课程教学。班集体建设的基本理念是班集体发展的依据，是学生个体成长的方向，是教师专业发展的基础。和谐班集体建设的基本途径就是形成集体领导核心、明确共同的目标、制定共同遵守的规范。[2] 班级既是教育的基础以及教育的手段，也是教育的目的与对象。加强班集体建设具有十分重要的意义和作用。

一、以人为本的价值取向

教育中以人为本的本质内涵指向两个方面。第一，以人为本就是指人是教

---

① 田世云：《非正式群体视野下的中学班集体组织建设研究》，硕士学位论文，四川师范大学，2012。

② 甘洁：《和谐班集体建设的途径》，载《教学与管理》，2010(27)。

育的核心，一切教育活动都应指向发展人、完善人。第二，以人为本的教育价值观是科学发展观在教育领域的生动体现。人不仅是教育的核心，更是教育追求的最高理想境界，要以人的成长发展为目标。顾明远先生在华中师范大学国际教育论坛上指出，"知识经济使人们看到了人的价值、知识的价值。知识经济使人们认识到，人不是简单创造资本的机器，人是社会的主人，又是自然的一员。人的发展、人类的发展是第一位的。人的创造、科学技术的创造、经济的发展，归根到底是为了人类自身的发展。知识经济时代由于对人的价值的认识，从而对教育有了进一步的认识和理解。教育的本质是育人，是提高人的素质，促进人的全面发展。教育确实离不开政治和经济的发展，离不开社会的发展。但教育不是就消极地适应社会政治和经济的发展，教育要促进社会的进步和发展，而最终的目的是促进人类自身的发展"①。

以人为本的价值取向，就是强调在班集体建设过程中要把人的因素放在第一位，重视发挥人的主动性与创造性。班集体建设中要以人为本，具体指的就是要以培养人为最终目标，同时在实现这一目标的过程中要依赖人的作用。换句话说，班集体建设既要以教育学生为目标，又要发挥学生的自我管理能力，形成具有组织性、稳定性，有共同目标和特定功能的学生群体。②

（一）发挥学生的主体作用

学生是建设班集体的主人。只有充分体现学生的自主性，班集体建设才有可能获得成功。③ 以人为本的学生观强调，学生不是抽象的学习者，而是有丰富个性的完整的人。个体主体性的发展并非孤立的抽象的过程，它与个体所在的现实的物质及文化生活环境相联系。④ 班集体建设中应突出学生主体地位。在班集体建设中，以人为本就是要以学生为根本，尊重学生学习的主体性，根据学生不同的个性特征，充分开发学生的潜力。在尊重学生的前提下，鼓励学生积极参与班级物理环境建设、制度环境建设等，引导学生的学习、生活，促进学生的健康发展。一方面，可以调动学生的能动性，做好班级物质文化建设，如班级文化墙的设计、图书角的打造等；另一方面，学生是发展的主体，在班集体建设过程中，应当充分发挥全体学生参与班级管理的积极性，如建立

---

① 石中英：《回到教育的本体——顾明远先生对于教育本质和教育价值的论述》，载《清华大学教育研究》，2018(5)。

② 于妍霞：《班集体建设的管理学视野》，载《班主任》，2003(6)。

③ 李作为：《创建优秀班集体的策略》，载《班主任》，2002(5)。

④ 郭文安：《主体教育思想发展的回顾与前瞻》，载《教育研究与实验》，2006(5)。

班级岗位责任制和岗位轮换制，形成"人人有事做，事事有人做"的平等制度。[1] 与此同时，为了维护个体与他人之间的关系，进行持续、健康交往，班级作为公共生活的场所，必须有一定的契约和规则制度。就促进班集体建设和学生个体发展方面而言，它们不是与个体的情感发育相违背的，更不是与情感无关的，而是必需和必要的。契约和规则制度在合理利用的情况下，对个体情感的积极发展具有促进作用。大卫·休谟认为，在集体中，人与人之间的情感共鸣是建立在社会契约基础上的，以社会契约为基础的社会反馈机制有助于强化个体的情感倾向并扩大这种情感，甚至派生出其他的社会性情感来。[2] 因此，在班集体建设过程中，要引导学生在管理过程中学会合作和民主评议。例如：在制定班级规章制度中强调民主参与协商、对学生个体需求的积极回应和考虑，在规章制度的表达和呈现形式等方面用一些积极、和谐的词语和句子，等等。积极、和谐的词语和句子是勾连个体与集体的情感载体，对班集体建设具有重要意义。[3] 这些都是体现学生个体的情感特征和发展需求而不失约束力的具体方法。增强学生在班级中的自主性与自为性意识，加强制度文化建设，可以使每个班级成员朝着共同理想努力，形成强大的向心力和凝聚力。

（二）以学生的成长发展为目标

教育是致力于培养人的事业，如果说学科教学侧重于培养学生的认知系统，那么班级管理，或者说班集体建设就更多地关注和培养学生的人格系统，关注学生个体在班级中的人格发展。[4] 人格是一个复杂的开放系统，具有整体性、稳定性、独特性及社会性等基本特性。[5] 在心理学上，人格指"一个人在社会情境中所表现的独特的动作、思维和情感方式的一套社会性行动倾向"，它既指一个人在社会情境中所特有的行为模式，也指这些活动对别人的影响。[6]

以人为本，人既是手段，也是目的。学生的真实体验是教育价值的生长点。教师应通过专业的方式尊重和凸显学生的主体地位，满足学生真实的、充满成长气息的发展需要。[7] 在班集体建设中，情感性的运用可使学生深刻领悟

---

① 班华：《中学教育学》2 版，295 页，北京，人民教育出版社，2012。

② 《外国哲学》编委会：《外国哲学》第 10 辑，83 页，北京，商务印书馆，1989。

③ 王平：《在集体中育人——"情感性班集体"及其建设路径》，载《中国教育学刊》，2019(5)。

④ 李伟胜：《班级管理》2 版，7 页，上海，华东师范大学出版社，2021。

⑤ 黄希庭：《人格心理学》，8～11 页，杭州，浙江教育出版社，2002。

⑥ 李伯黍、燕国材：《教育心理学》，466 页，上海，华东师范大学出版社，1993。

⑦ 李伟胜：《班级管理》2 版，59 页，上海，华东师范大学出版社，2021。

到自己与教师在教育过程中处于平等地位。教师是平等中的首席。首席指向教师在学识上和思想认识上的领先性，在教学过程中教师要发挥引领和帮助学生的作用。平等则意味着教师与学生在人格上是平等的，要相互尊重，尤其要尊重学生的主体性。平等中的首席，既是对传统教学思想和方式提出的挑战，又是对教师角色定位的重建。教师在教育活动中的主导作用和学生在发展过程中的主体地位是相辅相成、和谐统一的关系。只有通过真实的师生交往，教师和学生在教学过程中建立一种互动、互信、互助的关系，才能形成一个有温度的学习型组织，实现学生和班集体的共同成长和发展。

此外，和谐发展是人的自身发展与社会发展需要的统一。班集体具有积极的价值导向及符合社会发展要求的目标和教育内容，拥有组织机构和制度规范，具有社会化的功能。要积极利用好班级创造的关键资源——群体交往，探索学生自主发展与社会发展需要的统一。通过班级活动的开展，关注学生个体在群体交往过程中的自主体验与感悟，激发学生具体、真切的成长体验，使其生成自主、有智慧的情感和认识，最后让全体学生在群体互动中深化生命体验，实现共同成长。①

二、民主交往的目标追求

班级管理的教育目标是通过民主的交往方式，实现建设民主型班级和培育每个学生人格系统的双重目标。② 何为民主？美国教育哲学家杜威在《民主主义与教育》中对民主的社会生活方式如此解释道：民主主义不仅是一种政府的形式，它首先是一种联合生活的方式，是一种共同交流经验的方式。③ 学生是班集体建设的主人，能否在班集体建设过程中充分体现学生的自主性，是衡量班级建设是否有效的标准之一。但是，学生个体与班集体并不是相互对立的两极，而是相互成全的两种精神生命体。民主交往体现在学生个体融入班级生活，共同进行组织建设、班级活动、文化建设的过程中，具体表现为自主表达发展的需要、合作解决成长的问题、共创共享生命的智慧。杜威指出：为了构成一个共同体或社会，人们必须共同具备的是目标、信仰、期望。④ 班集体民主交往的目标追求主要表现在以下方面。

---

① 李伟胜：《班级管理》2 版，61 页，上海，华东师范大学出版社，2021。
② 李伟胜：《班级管理》2 版，37～38 页，上海，华东师范大学出版社，2021。
③ ［美］杜威：《民主主义与教育》，王承绪译，92 页，北京，人民教育出版社，1990。
④ ［美］杜威：《民主主义与教育》，王承绪译，5 页，北京，人民教育出版社，1990。

（一）共同愿景

"共同性是人类存在的基础，离开了人们的共同行动及人们在共同行动中形成的共同关系和共同感受，人就成了孤立存在的人。"[1]民主交往的目标要以共同性为基础。愿景一词最初运用于经济领域，用来鼓励组织里的人更好地为企业做贡献。愿景对企业里的人有较强的引导与激励作用，对具有教育意义的班级也不例外。总之，共同愿景表明师生在相互协商的基础上，形成了共同的奋斗目标和理想愿望，并且为了目标的实现，愿意团结一致，努力拼搏。

集体的共同愿景对人的心理和行为具有重要影响，它是个人成长的重要动力来源之一，对群体的心理和行为具有重要影响。对班级而言，符合班级和班级成员需求的、现实的、具有可行性的目标或愿景是班集体和班集体成员前进的路标，对学生的成长具有导向作用。当然，班集体并不能脱离社会、学校、年级等而独立存在。愿景并非横空出现，应当来自班集体成员以及他们和学校、家庭及社会的互动。比如，在关于班级学习共同体的研究中，研究者指出班级学习共同体的发展愿景就是保障每个学生的学习权，使班级成为学生合作学习的共同体，成为教师协作学习的共同体，成为家长参与学习的共同体。[2]

但是，共同愿景的构建不能建立在忽视个体愿景的基础上，班集体共同愿景与班级成员个人愿景的有机融合才是班级得以发展的基础。班集体是由多个个体组成的。对个体而言，只有成员的个人愿景得到尊重，个体才能够产生主体性意识。同样，对班级整体而言，只有个人的愿景得以实现，班级整体才能够获得成长与发展的内驱力。只有建立在个人愿景基础上的共同愿景才具有科学性和可操作性，才能形成班级发展的强大动力和持久推动力，从而促进班集体的形成与发展。[3]

（二）协商氛围

共同愿景的达成是班集体成员之间不断协商、沟通的结果，在这一过程中，难免有冲突和矛盾。正确的处理方式并不是以个别人的意志或者多数人的意志为主，而应该在不断的交流与沟通中形成协商民主。这需要在师生、生生乃至其他相关人士之间建立良好的沟通渠道，以便交流更为广泛、深入。在健全常规沟通渠道的基础上，应用好网络平台，促成多方交流。协商是在倾听他

---

① 胡群英：《社会共同体的公共性建构》，41页，北京，知识产权出版社，2013。

② 孙海燕：《班级学习共同体及其构建策略研究——基于佐藤学的学习共同体理论》，硕士学位论文，曲阜师范大学，2019。

③ 孙海燕：《班级学习共同体及其构建策略研究——基于佐藤学的学习共同体理论》，硕士学位论文，曲阜师范大学，2019。

人意见的基础上，对他人的意见给予回应，然后综合所有人的意见达成共识或解决分歧的活动。在班集体建设过程中，无论是否有意为之，班集体都会形成具有自身风格的文化氛围，具体表现在班级的物理环境、人际交往、仪式典礼、制度规章等方面，它们反过来又会影响班级文化氛围，形成一个微妙的循环模式。

第一，班级的协商氛围表现在学生之间是一种倾听—对话的关系。倾听既具有道德实践的功能，也具有道德价值的功能。[①] 通过互相倾听，改变以往的线性的思考方式和人际关系，表达和尊重不同、多元的观点，形成交互式的人际关系，改善和重构班集体中的交往方式。在这种相互倾听的过程中，学生互相学习，形成一种平等协作的学习关系，学生的个性得以发展，一起实现挑战性的学习。另外，协商的氛围可以促进集体成员之间的对话沟通，创造一种尊重、平等、多元的价值观念。第二，班级的协商氛围还表现在教师之间的合作性上，即教师之间将自己的实践公开，互相学习、合作共享，形成一种信赖与合作的同事性，即作为合作创造教学的专家一起成长的教师的合作性亲和。[②] 教师的合作性亲和是指教师之间建立一种基于信任、尊重、共享和学习的关系，通过公开自己的教学实践来互相交流、反思、创新，从而提高教学质量和专业水平的一种教师发展模式，是一种互动、互助、互学的过程。在这一过程中，教师成为反思型的实践者，不断开放课堂、参与交流、共享经验，从对其他教师提出意见转变为探讨学到了什么。美国卡内基教学促进基金会已故主席厄内斯特·波伊尔曾说：在基础教育的学校中，师生之间的交流是双向的。学生在向教师谈自己的想法时不感到任何拘束。学校不刻意强调交流的"渠道"，而更多地强调谈话的坦率。学校里的每一间教室都是一个大家庭，在这里，教师是听众，是学生。[③] 教师之间形成的合作性可以促进班级内部人际关系重建，使各任课教师更加全面地了解学生，为学生提供合适的发展机会，使教师的工作重心真正从琐碎的日常事务转移到教育教学上来。

（三）亲密合作

民主型班级应有开放的教育格局，这既包括面向社会开拓教育资源，也包含强化多方沟通，彰显育人合力文化。例如，基于学生个性化成长需求，探索

① 李政涛：《倾听着的教育——论教师对学生的倾听》，载《教育理论与实践》，2001(7)。

② ［日］佐藤学：《学习的快乐——走向对话》，钟启泉译，103页，北京，教育科学出版社，2004。

③ ［美］波伊尔：《基础学校：一个学习化的社区大家庭》，王晓平等译，25页，北京，人民教育出版社，1998。

导师制班集体管理新模式，让教师全程参与学生学习、生活、思想、健康指导，增强教育适切性。重视班集体形成与发展过程中教育共同体的巨大影响作用，着力加强导师共同体、学生共同体、家长共同体、班级家委会建设工作。有效整合社会资源，使之参与班集体建设，促进学校、家庭、社会形成较大的教育合力。另外，在班集体建设过程中，来自各方的亲密合作虽然重要，但需要注意各方合作的权责边界权限，避免因越权产生矛盾，影响班集体建设。要在遵循各自规则的过程中，形成一种平等、尊重、信任和理解的积极合作关系，进而促进学生身心健康、全面、充分发展。

以共同愿景为方向并且以班主任、班干部及其他学生之间的亲密关系为基础，班主任不再是学控者①，而是平等中的首席。只有学生和教师都处在同样的地位上时才能实现民主合作。这时的亲密关系不仅存在于师生之间，而且存在于师师、生生之间。一些班主任没有注意到除班主任之外的教师在班级建设中的作用，始终认为自己是整个班级的第一责任人，绝对没有人比自己更了解班级学生的情况。其他教师觉得自己不是班级的负责人，没必要给自己找麻烦，多一事不如少一事，只要把自己的课教好即可。学生觉得除了学习之外的一切事情都得找班主任处理，丝毫意识不到其他教师的智慧，也不会与同伴商讨处理办法。这样的班级缺乏友爱，难以建立起亲密的关系。② 我国著名班主任魏书生曾说："尊重与发展学生的人性和个性，会使师生生活在一种相互理解、尊敬、关怀、帮助、体谅、信任的和谐气氛之中，从而真正体验到做人的幸福感与自豪感，减轻内耗，提高工作和学习效率。"③亲密的合作关系对班集体建设是相当重要的，每个成员不仅需要自我意志表达的责任感，而且需要意识到这些愿景的达成需要亲密关系作为后盾。

亲密的合作还体现在家长参与孩子教育的过程中，即日本学者佐藤学所称的学习参与，即家长参与教学，与教师和孩子共同学习。④ 家长自身具有的社会实践经验是一种丰富的学习资源，能够在与他人交流、共享和学习的基础

---

① 学控者在教学过程中过分强调自己的教学权威和主导地位，忽视了学生的主体性和个性，导致学生对学习的主动性和积极性减弱，对教师的教学行为和要求过分敏感和依赖，形成了一种依赖于外部控制的学习方式。

② 曹艳菊：《班级建设：从"虚假共同体"到"真实共同体"》，硕士学位论文，杭州师范大学，2018。

③ 刘凡凡：《班级建设与学生个性发展关系探析》，载《读与写（教育教学刊）》，2016(3)。

④ [日]佐藤学：《教师的挑战：宁静的课堂革命》，钟启泉、陈静静译，81页，上海，华东师范大学出版社，2012。

上，建构新的理解与经验，形成新的智慧。家长参与孩子教育，既能够加深对教师、孩子的认识与了解，形成良好的人际关系，又能形成对班集体共同愿景的认同与肯定，推进班集体建设。

三、和谐有序的组织结构

教育社会学认为，班级是一个微型社会系统。理解班集体应当先明确组织及组织的理论。作为基本的教育教学单位，班级有诸多特点，其中组织的严密性和强制性、成员的相似性等特点都体现出了班级作为组织的特质。[①] 日本教育社会学家片冈德雄提出的班级理论将班级定义为课堂里进行学习的人的群体组织，并规定这个群体是学习集体，以持续的学习为目标。[②] 吴康宁指出，班级是促进组织成员发展的自功能性组织，其首要功能是让班级成员通过群体交往实现发展。[③] 谢维和则认为班级是一种初级群体而不是社会组织，区别于社会组织，班级具有的同质性、面对面互动、情感交流等特点恰恰是初级群体的基本特点。[④] 吴康宁认为对教师而言，正确认识班级的组织特点，一方面有助于利用班级组织的教育价值，另一方面有助于掌握对班级组织的控制程度。[⑤] 另外，班级的管理倾向过重引起了学者的反思，并发出"把班级还给学生"[⑥]"创建充满活动的民主集体"[⑦]等呼吁。

学校作为非生产和非营利性组织，追求的是继承和发展人类文化遗产；作为文化组织，不追求直接的经济利益。此外，从根本上说，学校是一个以学生为服务对象，重视学生利益的服务型组织。班级的发展历经不断分化与整合。在班集体建设中，教师应正确认识班级的组织属性，探索班集体形成的不同阶段，了解班集体的形成过程。班级要转化为班集体，需要班主任、班级任课教师和全班学生按照一定的教育目的和任务、按照一定的教育计划和要求，齐心协力共同努力建设。[⑧] 班集体的组织结构包括以下三个方面。

---

① 龚浩然、黄秀兰：《班集体建设与学生个性发展》，112～113 页，广州，广东教育出版社，1999。

② ［日］片冈德雄：《班级社会学》，贺晓星译，6～7 页，北京，北京教育出版社，1993。

③ 吴康宁：《论作为特殊社会组织的班级》，载《教育理论与实践》，1994(2)。

④ 谢维和：《班级：社会组织还是初级群体》，载《教育研究》，1998(11)。

⑤ 吴康宁：《教育社会学视野中的班级：事实分析及其价值选择——兼与谢维和教授商榷》，载《教育研究》，1999(7)。

⑥ 叶澜：《"新基础教育"论：关于当代中国学校变革的探究与认识》，296 页，北京，教育科学出版社，2006。

⑦ 李伟胜：《试析新世纪班级建设的目标》，载《华东师范大学学报(教育科学版)》，2004(3)。

⑧ 王洁静：《班集体的形成与班主任的管理策略》，硕士学位论文，上海师范大学，2007。

（一）作为组织者的班主任

如果将班集体视作同心圆，那么教师可以理解为位于内圆层级的核心领导，班干部以及学生为外圆层级。核心领导（即教师）权力向外圆垂直辐射，班集体就成为一个有核心领导的同心圆。班集体的联结纽带是权威与依附的垂直关系，形成自上而下的权力运行向度。[①] 有研究者提出了五种权力类别的模型，即合法权力、报酬权力、强制权力、专业权力、关系权力。前三种权力主要源于职位或者组织，即一旦撤销职位就意味着这三种权力的消失；后两种则基于外界对个人专业权威的承认或者对个人的喜爱。[②]

作为班级教育教学活动组织者的班主任，在其中扮演了非常重要的角色。人们对班主任最常见的期待就是维持好班级基本秩序，处理好来自班级外部和内部的各种事务，确保学生完成各门课程的学习。李伟胜在《班级管理》一书中使用教育管理学中的相关理论，将勤奋型、活力型和智慧型教师的角色分别表述为具体事务的处理者、师生合作的引导者和教育组织的领导者。智慧型教师作为教育组织的领导者，会使学生融入班级建设过程中，不必每件事都亲力亲为，而会和学生一起创造丰富的班级生活，鼓励学生用创意拓展开放的发展空间，超越教师的工作经验。[③] 总的来说，作为组织者的班主任可以从以下四个方面开展工作（见图 4-1）。

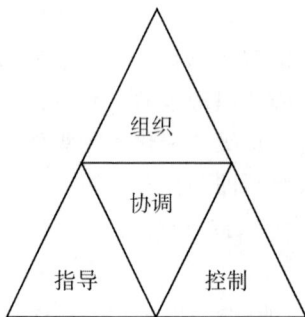

图 4-1　作为组织者的班主任

第一，组织班级管理工作。要想在班集体建设中充分体现学生的自主生命

---

① 李慧：《班级建设的范式变革：由"班集体"到"班级共同体"》，硕士学位论文，山东师范大学，2017。

② 于水：《行政管理学》，240 页，北京，中国农业出版社，2007。

③ 李伟胜：《班级管理》2 版，4～5 页，上海，华东师范大学出版社，2021。

活力，班主任应当依据学生的年龄特征或者班级的发展需要，综合考虑不同学生在班级中的定位，设计班级组织结构，充分发挥每一个学生的作用，以便让班级组织结构更好地发挥育人功能。[①] 第二，指导班级活动的开展。班级活动的开展是践行活动育人的良好手段，班主任要在活动开展全程进行指导，如活动目标的制定、活动内容的设计、活动成果的展示等。通过指导活动的开展，深入认识和了解每一个学生，提升活动的价值。第三，协调班级岗位。每个学生都有参与班级生活的权利，要充分考虑教育组织的教育功能，按需设置岗位，鼓励每个学生在各个岗位上承担为班级服务的责任与义务，并在此过程中获得角色体验和成就感。第四，控制班级组织管理。在设计班级组织结构时，班主任要打破惯有的任命制，采用轮换制，激发每个学生的能力和胆量，让更多的学生获得锻炼，并在相互学习的过程中取长补短、相互欣赏。

另外，作为组织者的班主任要通过系统管理的方式鼓励相关人员加入班集体建设中，将各方资源汇成教育合力。班集体建设是协同教育系统的重要组成部分，它涵盖了学校教育、社会教育、家庭教育和学生自我教育的各个方面。首先，任课教师要发挥协同的作用，要在教学中实现在学生的情感、态度、价值观方面的教育目标，这是班集体建设的关键指标；其次，班主任要创造机会，让家长和社会人员参与到班级建设的过程中，利用各种资源，为班集体提供全方位的支持，鼓励更多的人加入班集体建设中，调动各方面力量的积极性；再次，教师要调动多方面的力量，组织一系列主题活动，突出实效；最后，教师要运用好的组织方法，创造有序发展的良好路径，在班集体建设系统中使多方面力量通力合作，推动充满爱意的、自发的、和谐的集体行为的形成。

（二）作为日常班务管理者的班委会

班级组织结构可以参照管理学中的组织理论或组织行为学中关于组织结构的研究成果，大概分为三种——直线型、职能型、直线职能型。直线型组织结构是一种自上而下的管理模式，表现为班主任—班长—组长—组员（学生个体）。在这种管理模式下，班主任负责班级事务的处置，控制整个班级，统一指挥。职能型组织结构按职能进行分工管理，在班长与组长之间还有各个职能管理者，如学习委员、文娱委员、体育委员等，他们各司其职，在自己的工作范围内传达上级要求，安排班级活动等。直线职能型组织结构是前两种组织结构的结合，即在班主任的领导下，将班级管理者分为班委会和团支部。班委会负责协助班主任处理班级日常事务，团支部负责班级的思想、宣传工作以及定

[①]　李伟胜：《班级管理》2 版，213 页，上海，华东师范大学出版社，2021。

期开展活动，然后各自区分出不同的职能管理者。① 三种组织结构各有利弊。因此，在设计班级组织结构时，需要根据班级现状和发展需要灵活选择，可以在协商的基础上，建立其他形式的组织结构。在这一过程中，师生之间、生生之间究竟是何种关系与管理风格，需要考虑具体的场域与师生的个性特点。

总之，班委会是班主任进行日常班务管理的重要助手。教师在选拔各个岗位的负责人之前，应当认真研究学生的信息（如个性特征等），或者听取其他教师的建议、征求其他学生的意见。在此基础上，通过班级工作运转，对班干部进行培养，尽量让班委会成员和各组长在各司其职的基础上互相合作。檀传宝指出，在班级管理过程中要重点培养班干部多方面的素养，如正直、公正的品格，清晰的是非观念，办事公正、能够以身作则的工作态度，较强的交往能力和组织协调能力。班干部应善于听取同学们的意见，同时善于协调不同观点或行动，能带领同学们一起为实现共同目标而努力，有工作责任感和奉献精神，主动担责而不居功自傲，乐于奉献且能团结同学。② 教师在这一过程中，可以让班干部充分地发挥作用，一方面完成学校布置的各项活动与任务，另一方面在班级内部发挥组织协调作用。

当然，教师并不是做"甩手掌柜"，让班委会全权负责，而是应当以各种方式提升班干部的综合素质。例如：教师可以通过直接指导的方式帮助班干部熟悉、设计和开展相应的工作，这是较为常见的提升班干部综合素质的方式。此外，可以建立班级和学校层面的培养机制，对班干部进行培训，或者通过活动，鼓励班干部对工作进行总结与反思，形成班干部成长的激励氛围。③

（三）作为活动组织单元的小组

学生群体是班集体从他组织走向自组织的主体参与力量，是班集体中的学习群体。班集体建设的主要目标是让每个学生在集体中享有平等（平等一致的成长权、发展权），获得成长（全方位的成长），获得发展（个性化的发展）。④ 小组是班级大多数活动的组织单元，也是班级各项事务得以开展的基本组织单位。成功的小组组织会有力推动班级各项活动的顺利开展，在共建班级组织、开展班级活动的基础上，形成班级文化。在对小组（小组成员）进行管理时，应当尽量做好以下工作。

---

① 李伟胜：《班级管理》2 版，137 页，上海，华东师范大学出版社，2021。
② 檀传宝：《德育与班级管理》，315～316 页，北京，高等教育出版社，2007。
③ 叶澜：《"新基础教育"发展性研究报告集》，199～200 页，北京，中国轻工业出版社，2004。
④ 江苏省南通市崇川区教育体育局：《新课程体系下班集体建设理论的框架探索》，载《班主任》，2005(3)。

1. 要注意培养小组成员的团队意识，形成奋斗目标

团队意识体现在成员的团结力、班级规范、班级发展目标以及成员人际关系上，而群体交往行为的一致性则是团队意识的外在表现。在新学期开始前，班主任就应当注意鼓励班干部主动作为，发挥领导核心作用。只有这样，才能在班级生活开始后，以他们为主要力量增强集体凝聚力，优化班级人际关系。在此基础上，还应当引导学生交往，增进学生之间的友情，帮助他们形成共同的理想信念和价值观。另外，要对学生进行道德修养教育，形成良好的道德氛围是形成共同奋斗目标的途径之一。还要正确对待班级里的非正式群体。① 在班级管理中，非正式群体是重要的研究内容和不容忽视的重要因素。美国心理学家埃里克森对青少年非正式群体进行了研究，指出非正式群体是青少年亲密感和安全感的重要来源，会影响到成员的学习态度和学业成绩，甚至是人格与个性形成、道德养成等方面。②

在刚刚组建的班级中，学生来自四面八方，人与人之间存在一定的戒备心理，成员之间缺乏充分的交往，人际关系是情绪性的。因此，要注意确定好一定的边界与限度。如果在班级建设过程中过于强调群体目标的一致性，强化群体认同，忽视个体差异，就会使团队目标成为一种矛盾的存在。③

2. 要建立规范，引导学生形成良好的班风和传统

班级生活中要协调不同个体、不同领域、不同阶段的发展内容，这就需要建立班级规范，形成良好的班风和传统。理想状态下，班集体发展成熟，班主任退居辅助地位，放手大胆地锻炼学生。这个阶段的班级管理以学生自我管理为主，每个学生都能自觉地遵守班级行为规范，并且能够按照班级实际情况制定集体规范，调整班级规范，建立班级公约等。在关注成文性规范的同时，班级中的不成文规范应建立起来，并与成文规范相配合，成为成文规范的补充。在班干部行使职权时，班主任只需在决策上给予指导和帮助，班级主要靠学生自我管理，每个班干部都能各司其职，全体学生为实现共同奋斗目标而努力。集体中的各项组织制度已经健全，每个人都能自觉严格遵守纪律，学生之间团结友爱、相互尊重，班级成员与班干部之间互相协调，集体像一块磁铁一样吸引着全体成员，产生极强的凝聚力，推动学生自我教育、自我管理。④

---

①　李伟胜：《班级管理》2 版，141 页，上海，华东师范大学出版社，2021。

②　田世云：《非正式群体视野下的中学班集体组织建设研究》，硕士学位论文，四川师范大学，2012。

③　王洁静：《班集体的形成与班主任的管理策略》，硕士学位论文，上海师范大学，2007。

④　王洁静：《班集体的形成与班主任的管理策略》，硕士学位论文，上海师范大学，2007。

3. 要培养学生自我教育和自我管理的能力

学生学会自我管理与参与管理是班级组织管理的重要追求目标。组织是一个整体，每个成员都是不可缺少的一部分，但组织不是每个成员的简单结合，它是通过分工、合作等手段将组织成员整合在一起的。因此，在班集体建设与班级管理过程中，应当使每个组织成员清楚地认识到自己所处的位置及应有的权利、义务和责任，使他们各司其职、各负其责、彼此协调。[①] 我国著名教育家陶行知先生十分注重学生的自我管理和参与管理。他指出，学生自我管理和参与管理的好处有：第一，可为修身伦理的实验；第二，能适应学生之需要；第三，能辅助风纪之进步；第四，能促进学生经验之发展。[②]

班级成员应当自觉进行自我管理，并创造性地推进个体成长和班级发展。教师应当引导各成员严格要求自己，使其学会自我检查，并充分感受到自我教育的乐趣，逐步形成自我教育的习惯[③]，强化学生的主体意识和参与意识，引导他们在知、情、意、行方面实现自觉、自律、自强、自立。

第三节　班集体建设的实践探索

创建一个优秀的班集体是每一位班主任及其他班级成员的心之所向。在班集体形成的初期，每一个成员都应该了解优秀的班集体具有什么特征，需要具备哪些指标要素。目标明确，才能打造优秀的班集体。评价一个班集体往往会从以下几个方面进行。

一、积极正向的文化引领

（一）班级物质文化的展示

一个优秀的班集体，一定有一间学生心中最美的教室。这间教室不需要多么豪华，但一定洋溢着生命活力，充满了人文关怀，散发着浓浓书香，是师生心灵沟通的桥梁，是学生张扬个性的舞台。教室环境由学生参与设计和布置，班徽由学生参与设计和确定，班级歌曲由学生创作、改编或选定。学生对班级付出越多，越有归属感，就会越爱它。当然，在这个过程中班主任不能完全放手，需要给予指导和引领，激发学生内心积极的情感体验。

---

① 王洁静：《班集体的形成与班主任的管理策略》，硕士学位论文，上海师范大学，2007。

② 中央教育科学研究所：《陶行知教育文选》，11～12页，北京，教育科学出版社，1981。

③ 李伟胜：《班级管理》2版，144页，上海，华东师范大学出版社，2021。

【案例】

上海青浦区实验中学能量教室布置

上海青浦区实验中学的姜老师把普普通通的由白墙、黑板、桌椅等组成的教室变成了学生眼中充满巨大能量的教室。姜老师认为，要想让教室充满能量，以下环节缺一不可。

第一，通过向学生征集、班委表决的方式确定能让学生获得正能量的活动模块。

第二，针对每一个模块需要布置的内容（见表4-2），细化规则与实施办法。

第三，分组对学生进行培训，下达布置要求并听取学生意见，采用民主的方式激发学生布置教室的积极性。

第四，由各个小组对教室布置的空间进行规划，并选择最适合自己小组布置的位置。

第五，根据小组选择的空间大小、位置特征等，筛选合适的材料进行布置布局，设计主题的字体、字号以及确认材料张贴的位置。

第六，学生动手实践操作，完成布置任务。[①]

表 4-2　上海青浦区实验中学能量教室模块布置内容

模块设置	目标	对应的班级布置内容
德育模块	培养学生正确的人生观、价值观，培养学生良好的道德品质和正确的政治观念、思想方法	①班级标语； ②荣誉墙； ……
智育模块	引导学生系统地学习科学文化知识、技能，发展他们的智力和与学习有关的非智力因素	①学科编辑部； ②学习、进步之星评比； ③图书馆； ④每日一积累； ……
体育模块	引导学生了解健康知识，发展他们的体力，增强他们的体质，培养他们的意志力	①照片墙； ②动感表格； ……

---

　①　此案例来自洪耀伟：《打造最美的教室：教室环境布置创意设计与典型案例》，79～81页，上海，华东师范大学出版社，2020。收入本书时有改动。

101

续表

模块设置	目标	对应的班级布置内容
美育模块	培养学生的审美观，发展他们鉴赏美、创造美的能力，培养他们的高尚情操和文明素质	①作品展； ②心灵信箱； ……
劳育模块	培养学生的劳动观念和劳动技能	①绿植维护； ②阳光菜园； ③垃圾分类； ……

姜老师的班级物质文化建设体现了新时期"五育"并举的教育理念，一间小小的教室成了学生成长的乐园。班级空间有限，每一个模块都要精心设计，才能达到理想的效果。在完成的过程中，学生学到了不少新知识，如平面设计、植物养护等，同时师生、生生之间的互动加强了，彼此之间的合作和协商增加了。在这个案例中，班级物质文化的设计是成功的，有精美的设计，有实在的意义，有创新的理念，有团队的互动，有新知的摄入，真正达到了环境育人的效果。

(二)班级精神文化的创生

班级的精神文化和其物质文化是紧密相连的。物质文化是精神文化的外显，精神文化是物质文化的内核。班级的精神文化是在班级建设的过程中逐步凝聚形成的，它体现了班级全体成员的共同愿景、奋斗目标和精神追求。班级活动为班级精神文化的创生提供了很好的途径，增强了班级凝聚力、班级认同感，培养了团队合作精神。班级精神文化的创生往往要经历三个时期：生成期—成长期—成熟期。在生成期，班级成员应当意识到，班级的精神风貌和集体形象是和每一个人紧密相连的，共同树立班级愿景有利于班级精神文化的初步生成。在班级精神文化的成长期，可以利用班集体涌现出来的一些具有正能量的典型来加强示范和引领，在集教育性和娱乐性于一体的班级活动中增强成员对班级精神文化的认同感。在班级精神文化的成熟期，它已成为班级主流文化，成为大多数成员的自我要求，班集体具有了教育的力量。

【案例】

唱响我青春，唱出我风采

初一年级的大合唱比赛，已经在时间的长河中变得模糊，但是每每提及那次比赛，学生的眼睛里依然闪烁着激动的光芒。

"那时，陈老师刚接手九班，我们彼此还不太了解，就接到了学校要组织合唱比赛的通知。我们一开始是毫不在乎的，因为当时我们班只是一个'无名小卒'罢了，什么都不起眼，什么也做不好，几乎什么活动都是倒数。"这几乎是所有九班学生最初听到要参加合唱比赛时的想法。

"但是陈老师的态度令我瞬间斗志昂扬。"体育委员路同学在他的日记中写道，"陈老师的架势就是'这个一等奖我还拿定了'，她在最短的时间内，以最高的效率组织我们排练。其中有一个场景令我记忆犹新：合唱比赛是在夏天，天气很热。我们刚下了操回班，特别燥热的时候，陈老师说第三节课要排练（因为已经临近比赛了）。我们就忍着那燥热的感觉，一排排站在讲台上练习合唱。经过多次排练，我们对感情的把握、对歌词的印象都非常深刻了，所以排练时间不长。但之后休息的时候，我看见讲台后的黑板上留下了一片片因为热气而结下的水雾。"

班级的宣传委员李同学在回忆大合唱的情景时说："在排练的过程中，总是有些人不认真对待。其他班都由于各种原因多多少少淘汰了一些人，但陈老师坚持一个人也不放弃。"

性格内向、不善言谈的刘同学依稀记得当时辛苦排练的情景："大家齐心协力，有的人记不住英文歌词，急得满头大汗，英语好的同学就主动去帮助他，甚至自动结成了一帮一的小组，一遍一遍反复地纠正、练习。领唱的同学的嗓子都哑了。当时的我们完全沉浸其中，全然不知疲惫。"

生活委员瞿同学说："每个人都为合唱比赛而努力，还专门用了一节班会课的时间来纠正音调。那天的事我记忆犹新，我帮助了好几个同学，帮助他们找到了唱准音调的方法。比赛之前，陈老师还特地为我们借来了专门的表演服装，这激起了我们夺冠的热情。功夫不负有心人，终于，在这一次的合唱比赛中，九班不负众望夺得了第一名。"

这个第一名给九班带来了非常强的震撼。杨同学回忆起来依然很激动，她说："在陈老师的带领下，我们九班越来越团结，越来越具有凝聚力了。这个第一名，让我感受到了团结带来的巨大的力量。这次的比赛让我深深地感受到，胜利是靠辛苦的汗水换来的。最后我们获得了一等奖，那奖状是我领的，那是我们九班的第一张奖状！"

韩同学在比赛中深受启发，他说："通过这次比赛，我深深地感悟到无论做什么事情，都不能先自己否定自己，而是要迎难而上，克服困难，并且把它踩在脚下。由曾经的倒数第一到获得冠军令我特别有成就感，这个第一名是老师和我们每个人的付出与汗水换来的。"

一曲合唱，成就了九班团结刻苦的班级精神，唱出了九班的风采。学生第一次感受到成功的喜悦，领悟到"付出就会有回报"的真谛，感受到团结带来的巨大力量，这为九班后来成为团结上进的班集体奠定了扎实的基础。[①]

班级精神是在活动中凝聚和生成的。原本的九班是一个学生心目中的"无名小卒"，各种比赛都是倒数。学生对班级缺乏认同感，对班级活动抱着无所谓的态度。新接班的班主任陈老师借着合唱比赛的机会，"成就了九班团结刻苦的班级精神，唱出了九班的风采"。毫无疑问，在这个刻苦训练的过程中，每个人都体会到了坚持、付出、团结的意义，班级凝聚力迅速增强，班级精神得到初步凝聚。这为日后班级精神文化的成长和成熟打下了坚实基础。

（三）打造班级能量场

积极向上的精神文化和物质文化一起给学生创造出一个成长的能量场。每一个学生在这样的场域当中，被感染、被唤醒、被激发。他们希望自己的行为和这样的场域相匹配，他们希望和身边的同学一起成为班级正能量的一部分。这样积极正向的影响不仅发生在班级存续期间，也可能发生在学生继续在高一级学府求学的时候，在参加工作走进人生下一个阶段的时候，甚至贯穿整个人生。这是班级能量场之于学生成长的重大意义所在。

【案例】

学生来信（一）

"我们在全校学生面前跳'站在草原望北京'，其实大家都多少有些不好意思，但跳起来，有全班同学一起'丢脸'，也就没什么了！视频出来时，真的很惊艳！更值得说的是我们班那些丰富多彩的班级活动，我们吃过粽子，包过香包，种过花，收过书签，做过三明治，领过'小老虎'，写过信，有过特殊的'棒棒糖开学仪式'，有过'时间胶囊'，有过'南姐信箱'，有过元旦专属贺卡，各种雪糕、糖果不在少数。当然，我们还有毕业时的手绳、相册、蛋糕、定制可乐、独家合影……在这样充满爱的氛围里，我们积极向上，勇往直前，每一个身处其中的人都会感受到一种愉悦的、愿意为之奋斗的心境。我们拿下无数个明星班级的红旗，河南省文明班级的荣誉称号真的是实至名归。无论我走到哪里，身处何方，我都为我曾经是八班的一员感到无比骄傲，我时刻提醒自己

---

① 此案例来自赵增强、陈国良、安文成：《九班奇迹背后的故事：陈树平班级建设思想方法研究》，106～107 页，天津，天津教育出版社，2017。收入本书时有改动。

不能为班级抹黑。勇往直前的班级精神已经融进我的血液，也将点亮我未来的人生……"

学生来信（二）

"永远记得在全校 35 个班级面前展示跑步的场景。我们经过的地方，一路掌声和赞叹声，那时我们的班级刚刚组建一个月而已。在之后的三年，我们所有的班级活动都获特等奖。我们广泛开展德育体验课程，给园林工人送清凉，赴儿童养护中心参观、捐赠，去城墙公园打扫，看望养老院的老人们，整理捐赠的衣物、书籍……我们把爱心洒满整个城市，真正做到'我来，八班因我而美'，'让人们因我的存在而幸福'。我将牢记这样的班级精神，做一个幸福的人，做一个让别人因我而幸福的人。"[1]

从信中不难看出，初中时代的班集体给学生打造了一个充满爱的班级能量场。他们在集体中健康成长，自豪、自信、自律。毕业后，客观上的班级已经不存在了，但班级能量场的影响仍然持续，这些精神文化成为他们生命和信念的一部分。他们有很强烈的身份意识，始终认为自己是这个优秀班集体的一员，自己的一言一行都与集体形象有关。曾经的班级活动给他们的成长经历打上了深深的烙印，引领着他们今后的人生。这是一个优秀班集体独有的魅力。

二、和谐融洽的人际关系

（一）平等的师生关系

师生关系是教育过程中最基本的关系。建立平等的师生关系，有利于促进学生的健康成长，有利于培养学生的人际交往能力，更有利于日常教育教学活动的顺利进行。教师如果能够在心灵深处构建起对学生的平等意识，在日常交往中就会从一言一行中自然流露出来，这将是一个优秀班集体诞生的起点。在现代社会，教师要努力构建平等共生、教学相长、亦师亦友的新型师生关系。正如陶行知先生所说，教师与学生在人格上是平等关系，在学习上是共学关系，在道德修养上是相互感化关系。[2] 教师应当把师生交往当作一种生活方式，共享交往中蕴藏的巨大财富，滋养生命，汲取力量，彼此促进，共同提高，实现更高意义上的教育生活价值。

---

① 此案例来自开封市金明中学。
② 赵海霞：《班集体建设智慧与策略》，208 页，长春，东北师范大学出版社，2010。

【案例】

把"歪点子"变成"金点子"

"都别抢，这是我的!""我要这个，这个好玩儿!"还没进门，我就听到教室里一片喧闹。看到我来了，教室中间的一群学生一哄而散，个个脸上带着神秘的笑，赵同学的脸上却写满了慌张。

我走到赵同学面前一伸手："什么好东西，也分我一个呗。"赵同学把头摇成了拨浪鼓，同桌小王却幸灾乐祸地说："老师，我这儿有一个。"我接过一看，是一个带别针的徽章，印着网上流行的表情包，可上面每个人的脸都被换成了我的照片。

"你们这是不尊重老师!"这句话差一点带着怒火脱口而出。但想到刚才学生狡黠的眼神，一阵暴风骤雨般的批评真的能解决问题吗？我边走上讲台，边冷静下来："同学们，这个表情包我知道。但是，把老师的照片配上去，你们觉得合适吗？"学生面面相觑，摇了摇头。我笑着说："另外，这样的图案也不美观啊。怎么，把我的照片戴在身上，能辟邪啊?"学生哄堂大笑。我趁机道："那大家觉得，有什么美好的图片能印在徽章上吗?"下面顿时热闹起来："老师，把咱们班徽印上多好啊!""印校园风景!"连赵同学也兴奋地说："集体合影也行!"我笑着拍板："好! 这回要感谢小赵的点子，我来赞助，印一批咱们的专属徽章!"从此，这样的徽章成了我们班的特殊奖品，图案有班徽、校徽、校园风景、优秀小组合影等。

青春期的孩子正处在价值观形成的关键时期，思维较活跃，需要正确引导。作为班主任，我们不能惧怕学生的"歪点子"，只要教师有足够的爱心与智慧，就能把"歪点子"变成"金点子"。[①]

本案例中，教师发现有学生把自己的照片做成表情包时，没有在怒火中用"权威"压人，而是在冷静思考后和学生平等对话，并正确引导，让学生主动去发现行为的不当之处。同时，在平等交流的过程中，启发学生选取好的内容来印制徽章，让徽章有意义和价值。整个育人过程彰显了教师的心胸和智慧。平等的师生关系可以让班级氛围充满活力，是一个优秀的班集体不可或缺的元素。

(二)友爱的生生关系

在班级生活中，生生关系是重要的关系之一。生生关系的实质就是青少年

---

① 此案例来自开封市金明中学。

之间的同伴关系。学生时代的很多快乐、校园里的很多记忆都是基于同学之间的关系产生的。进入中学之后，同伴在学生成长过程中逐渐比教师和父母更有影响力。同学之间的关系在很大程度上决定了他们校园生活的幸福指数。一个优秀的班集体中，生生之间的关系一定是健康的、友爱的、互助的。

【案例】

"科学世界ABC"活动

本学期学校组织了"科学世界ABC"活动，这项活动是一次大展班级风采的机会。活动之初，学校书屋组织了一次竞答活动，我们班向五(1)班提出了挑战：看看哪个班先答完所有的问题。在五(1)班"应战"后，我们班的全体同学就利用自习课、阅读课、自然课及课间到图书馆查寻答案。班委会的同学们忙里忙外，一会儿组织同学答题，一会儿整理答案……忙得不亦乐乎。最后，赶在五(1)班之前把我们班找到的答案张贴在学校的展板上。许多热心的同学还贡献了自己的彩笔，让我们班的小画家们为展板画上装饰画。不到一天的时间，我们就为全校师生呈现出一块美观大方、内容丰富的展板。最终，我们班被评为"科学世界ABC"活动的优秀班级，这是我们班每一名成员共同努力的成果。

在一年一度的校运动会上，我们班在没有一名校田径队队员的情况下，参赛队员自己报名，利用课余时间刻苦练习。在运动会上，每个同学都为班级尽着自己的一份力量。参赛队员拼尽全力与学校田径队队员一争高下，啦啦队队员在场下为自己的同学加油助威。最后，我们班取得了团体总分第三名的成绩。这是我们完全靠团结刻苦赢得的胜利，这胜利是我们全班同学的骄傲。[①]

以上案例中的场景是学校生活中比较常见的。学生互帮互助，为了共同的目的通力合作，在合作过程中加深了友谊，得到了成长。在当今社会，我们应引导学生培养关心、爱护、同情、支持、帮助、友爱等交往品质，教会学生做文明的竞争者、真诚的合作者、无私的关爱者，这是一个优秀的班集体所应该给予学生的成长礼物之一。

(三)和谐的家校关系

家庭与学校是教育过程中的两种主要的教育力量，也是青少年成长的两个

---

① 此案例来自赵海霞：《班集体建设智慧与策略》，209～210页，长春，东北师范大学出版社，2010。收入本书时有改动。

重要环境。它们仿佛桥梁的两端，连接着学生的成长。家校关系无疑在学生的成长过程中扮演着重要角色，和谐的家校关系是学生成长的助推器。家长和教师都是学生成长过程中的重要他人，是一个战壕中的战友。学校和家庭不仅要一致行动，向学生提出同样的要求，而且要志同道合，抱着一致的信念，始终从同样的原则出发，无论是在教育的目的上、过程中，还是手段上，都要避免产生分歧。学生只有在这样的条件下，才能实现全面和谐发展。① 家校双方要努力通过构建合作共赢的家校关系为学生创造良好的成长环境。

【案例】

家校关系的处理

周老师班里学生的家长绝大部分学历高、主动性强。班级工作开展时，家长会出谋划策并和教师交流教育理念。

班里有个特别内向的男孩，他的母亲每周至少单独和周老师进行一次不少于半小时的电话或线上交流。大部分家长写一两次家校联系本，后面就无话可说了。这个男孩的母亲每次都能从不同角度写两三百字，每周的家校联系本上都寄语满满，先自我剖析家长层面做的不足之处，再委婉地指出孩子的问题，鼓励孩子奋起直追，拜托周老师多关心、帮助。

男孩擅长街舞，在艺术节期间，周老师鼓励男孩报名展示才艺。男孩魔方玩得很好，代表班级参赛，成绩不俗，周老师会在和男孩的闲聊中找机会自然地夸上两句，男孩渐渐有了自信。周老师还动员乐于助人的学生和他交朋友，在学习方面多加帮助。在初二年级上学期的期末考试中，男孩进步很大，而且在期末评优中高票评上了"文体先进奖"。周老师把这个好消息第一时间分享给男孩妈妈。②

在本案例中，家长对教师布置的家校沟通的相关作业很重视，认真对待并高质量完成，达到了很好的家校沟通效果。家长的高度配合给教师留下了深刻印象，教师为学生的成长创造和提供了很多的机会和平台。在这样健康的家校关系中，有支持、有配合、有理解、有信任，这些都是和谐家校关系的必备要素。当然，班主任在和家长真诚沟通、交往的过程中，不断展现出的个人魅力和职业精神会深深打动家长，一些家长在家校关系结束后，还会和教师保持长久的友谊。

---

① 殷飞：《班主任的家校沟通》，23页，上海，华东师范大学出版社，2013。

② 此案例来自周琦：《用恰当的方式关爱学生、协同家长》，载《班主任之友（中学版）》，2021（10）。收入本书时有改动。

（四）融洽的师师关系

班主任和任课教师之间的关系有时候会被忽视。其实，团队之间能够做到团结协作，心往一处想，劲往一处使非常重要。毕竟，引导学生的成长不是班主任单方面的职责，而是需要教师团队中所有人的通力合作。在统一的思想认识之下，教师既有分工又有合作，才会形成教育合力。试想，如果一个团队中，教师之间的关系不够融洽，对于班级的教育思路和育人目标没有达成共识，如何很好地开展班级教育教学工作？班主任是任课教师团队的核心，一位优秀的班主任应该有能力团结好本班的每一位任课教师，激发出每一位教师的育人潜力。一个优秀的班集体当中，融洽的师师关系为学生营造了很好的育人氛围，同时从某种意义上来说，为生生关系树立了典范。

【案例】

任课教师的突然变动

王老师所带的班级，在升入初三年级时，更换了数学老师。原来的数学老师肖老师因在另一个班的班级群中被移出群聊而有些不开心，在王老师的班上，她要求自动退群。王老师建议肖老师给家长一个表示感谢和告别的机会。于是，王老师在班级群中发布了这样一条信息："家长您好！刚刚接到通知，我们亲爱的肖老师因身体原因不能继续陪伴孩子们学习成长了。在此，我代表八班全体家长和孩子们向肖老师两年来对孩子们的无私付出表示感谢！希望肖老师保重身体，照顾好自己！也希望孩子们不辜负肖老师的期望，继续努力学好数学！"

随后，班级群里一片真诚的感谢声。肖老师回复道："尊敬的王老师，亲爱的家长们、同学们，与你们相处的两年很愉快，也很不舍。今后大家共同努力，希望八班能更加进步，开创美好的未来。大家加油！为了不给新老师工作带来不便，我就主动退群了，有需要的孩子们可以加我微信，我随时乐意解答孩子们生活和学习中的任何问题。感恩遇见！"

肖老师退群后，王老师邀请新任数学老师许老师入群，并这样介绍："家长您好！初三这一年，将由许老师陪伴孩子们一起学习数学！许老师和肖老师有一样强烈的敬业精神、一样执着的教育情怀、一样丰富的教学经验、一样高超的教学水平和不一样的教学风格，相信孩子们第一节课就会爱上她。现在要求孩子们像爱我一样爱她，将来要求孩子们像爱她一样爱我哦！欢迎许老师入群！"

肖老师在私信中对王老师说："王老师，我太感动了！你真是个厉害的班主任!"许老师更是在接下来的一年里，和王老师一起全心全意投入班级的教育教学中去。最终，八班学生顺利毕业，他们的初中生活在老师们浓浓的爱意中画上了圆满的句号。[①]

本案例呈现了班主任王老师和两位任课教师的关系。对待即将离任的肖老师，王老师很好地利用了这一教育契机，用自己的行为教会学生懂得感恩。对待许老师，王老师在介绍时，既巧妙地肯定了肖老师又高度赞扬了许老师。短短几句话，非常有利于教师之间良好关系的建立，为日后通力合作打下了坚实的情感基础。

三、自主管理的民主思想

班级管理的最高境界就是实现学生学习自主、心灵自在、智慧自得、思想自由、精神自乐、挫折自省、品德自查、情感自觉和理想自愿。要达到这样的境界，教师就要尽一切可能做到如下几点：为学生提供机会，让他们自己去创造；为学生提供平台，让他们自己去展示；为学生提供空间，让他们自己去竞争；为学生提供时间，让他们自己去思考；为学生提供问题，让他们自己去讨论；给予学生权利，让他们自己去选择。这种自主管理的民主思想是一个优秀班集体所必备的。

（一）班级公约的制定

陶行知说过：有的时候学生自己共同所立之法，比学校所立的更加易行，这种法律的力量也更加深入人心。自己共同所立之法，从始到终，心目中都有它在，平日一举一动，都为大家自立的法律影响。所以，自己所立之法，大于他人所立之法，大家共同所立之法的力量，大于一人独断的法。[②] 班级公约和班规由谁来制定，体现出班主任的管理思维是民主的还是专制的。越来越多的班主任意识到了让学生参与制定班级公约或班规的重要性。这是班级民主思想的最初体现。

【案例】

班级公约变形记

"我的班级我做主"是我班的口号，也是我在实施班级管理过程中培养学生自主管理能力的策略。

---

① 此案例来自开封市第五中学。
② 冯建军：《当代道德教育的人学论域》，247页，福州，福建教育出版社，2015。

外出学习归来，还未坐定，班干部就向我报告："小豪没交作业，小俊课间在走廊滑行，小瑜做清洁偷懒，小昆打架……"看着班长写得密密麻麻的纸条，我问道："你们没管吗？"班干部无奈地表示："他们说老师不在，不听我们的。"

怎么做呢？魏书生老师的话点醒了我："学生对自己投票表决了的事，是不好意思违背的。"对，"学生的公约"，学生说了算！

星期二的班会，我故作神秘地问："孩子们，你们做过约定吗？你们知道约定意味着什么吗？"

学生说："约定就是我们都同意这么做。""约定就是要说话算话。"

我又说："很好，约定的内容代表着人们共同的愿望，约定是诚信的表现。我们班需要一个约定，作为大家共同遵守的标准，这就是班级公约。"

我用PPT展示了一组班级公约，精美的画面、精练的文字，让学生对公约产生了向往。我接着说："今天我们来定一个班级公约，好吗？"学生高兴地说："好！"于是全班以小组为单位拟定班级公约，最后群策群力举手表决制定出了20条班级公约。一时间，那面公约墙前成了学生驻足最多的地方，看着他们在不自觉中像诵读诗歌一样去诵读公约，我有点窃喜。

我问他们："为什么对班级公约这么关注呢？"学生纷纷表示："这花了我们多少时间，多少心血哟！""这一条是我们组提出来的。""那一条是我想的。"噢，原来如此，这个办法真有效。

班级公约实施两周后，多数学生的自律水平提高了，班级的整体风貌有所改变。但新鲜劲儿一过，部分学生又开始"故技重演"。私下里，我问他们："自己制定的公约为什么违反呢？"他们回答："老师，我想改，但毛病多了不知从何改起。""玩起来就忘了。""公约太多，记不住。"

我沉思后对学生说："以后，班级公约就只有5个短句20个字，然后随情况变化，每月一换，行吗？""好！"学生们异口同声。经过讨论、征询意见，最后班级10月公约诞生了："上课静息，认真听讲，坚持预习，课间守纪，不发脾气。"这简练的班级公约便于记忆，也易于操作。践行一个月后，课间纪律有所好转，打闹现象明显减少。

通过征求学生、家长和任课教师的意见，我发现做事磨蹭在班里是一个普遍现象，同时，自习时读书不够认真，改错题不积极。于是11月公约应运而生："晨读认真，做事迅速，不发脾气，作业按时，有错快改。"

修订公约的过程，也是学生自我完善、自我反思的过程。在这个过程中，他们的自豪感、自信心不断地增强，在你追我赶、自我超越中不断地进步。我惊奇于他们的转变，享受着他们的成长。

"我的班级我做主"，真好![1]

以上案例中班级公约的制定过程充分调动了学生的主动性，学生积极参与班级公约或班规的制定，唤醒了对班级的主人翁意识。这些由学生参与制定且获得绝大多数学生认可的班级公约，在执行的过程中容易被学生接受并顺利执行。教师采取了小组商议、全班讨论表决的方法，过程高效，参与度高。同时，后期根据实施情况进行了一些调整。总之，好的班级公约或班规是合情、合理、合法的，也是合乎班级发展要求、合乎学生成长要求的。

(二)班级事务的处理

在班级的日常生活中，有不少事情需要处理。专制型的班主任就是一言堂，一个人说了算。班主任了解得未必全面，因此这样的处理结果常常不尽如人意。学生在这样的情况之下，往往不敢发声，以至于师生之间的隔阂逐渐产生且越来越大。学生在班级中处于被动接受管理的位置上，逐步变得被动而消极，班级工作的开展越来越难。民主型的班主任会充分征求学生的意见，尽可能全面地了解和考虑问题，体现出民主思想，在潜移默化中培养学生的民主意识。

【案例】

"班级日记"里的点赞

一、遇挫

原班长要转学，导致班长职位出现了空缺，寻找合适的人选迫在眉睫。在确定选举规则时，学生的想法发生了激烈的碰撞。有学生认为直接投票选举，得票多者胜出。有学生反驳："得票最多的人可能是老好人，不适合当班长!"也有学生认为，班长应该在两个副班长中间产生，因为副班长已经积累了较为丰富的管理经验。这个提议遭到了一部分人的反对：某同学带领的小组一直是班上最优秀的小组，他当然比副班长更加适合当班长!有学生提出应该选学优生担任班长……大家各抒己见，争得面红耳赤。

---

[1] 此案例来自张万祥：《班级自主管理100个千字妙招》，53～54页，上海，华东师范大学出版社，2016。收入本书时有改动。

究竟应该制定什么样的选举规则？我陷入了深思。

晚自习前，我从管理员手中拿过"班级日记"，对大家说："既然大家讨论不出结果，我们就写下来吧！班长选举规则的确定分为两个阶段。第一个阶段，大家在'班级日记'中写下你认为合适的班长选举规则。第二个阶段，大家点赞（画对号）、回复。根据点赞的数量，由管理员和我共同整理出班长选举规则。为了保证公平和有效，每个同学只能点一次赞。"

"班级日记"是班里的"纸上贴吧"，每天都会有学生在"班级日记"里留言。留言的主题有"班级要闻""心路历程"，还有每周更新的"班级大事"等，内容丰富多彩。当然，偶尔会有学生在"班级日记"中抱怨几句，诉说内心的不快。

二、议事

第二天早上，我翻开"班级日记"，发现大家的热情远远超过了我的预期。小王同学写道："班长的候选人一定要品学兼优，自己平时表现不好，怎么能管理他人？一个无法管理好自己的人怎能让大家信服？"小李同学写道："应该让每个同学写下两个自己心目中最佳班长候选人的名字，为保证公平、公正，班主任老师对排名前三的候选人进行面试，通过面试的同学才能成为班长。"这条留言得到了 1 个赞，但有学生这么评论："万一候选人都没有担任班长的意愿呢？会不会出现大面积拉票的情况？"

小张同学发表了观点："小李的想法不错，但是需要完善。愿意当班长的同学可以毛遂自荐，班长候选人在自荐的同学中产生。"这条留言获得了 5 个赞。

小马同学写道："我们可以结合学业表现、同学评价、教师评价三个指标进行综合考量，再确定班长候选人。学业表现指的是学业整体表现水平，同学评价指的是同学投的票数，教师评价指的是教师对每个同学的评分，满分 100 分。"这条留言获得了 6 个赞。

小何同学写道："综合考评的方法太麻烦了。我们首先要确定候选人，候选人的产生有两个途径——毛遂自荐，教师推荐。确定候选人后，候选人在班会课上发表竞选演讲，演讲的主题为'我将这样当班长'。根据演讲情况，我们进行投票，得票最多的同学成为我们的班长。"这个传统的投票选举法得到了 10 个赞。

三、定规

小何和小马写下的留言引起的反响十分强烈。小何提出的方法得到的赞最多，结合其他学生的评论和补充，班长选举规则应运而生。

第一步：通过自荐、学生推荐、班主任推荐三种方式确定班长候选人名单。

第二步：班会课上，候选人发表演讲，时间不超过 5 分钟。

第三步：候选人自评，满分 10 分，班主任、班级学生分别给候选人打分，满分 10 分。

第四步：小组长统计数据并交给学习委员，去掉最高分、最低分，平均分最高的学生即成为班长。

第五步：班长试用期一个月，试用期间若表现优异，可以担任班长至学年结束。①

本案例讲述了关于选举新班长这一班级事务的议事过程。整个过程中学生积极参与，发表自己的见解，给问题的解决提供了多种途径和思路。最终，班主任结合学生在"班级日记"中的留言及回复，定下了选举新班长的规则。由于是全员参与，人人有权利发表意见，制定的规则比较容易被大家认同，执行起来阻力相对较小。班级议事增强了学生的民主意识和集体责任感，提升了他们分析问题、解决问题的能力，培养了他们的思辨精神。学生的意见是班主任决策的重要参考。当然，让学生畅所欲言发表意见并不意味着完全听学生的，尊重学生权利不等同于班主任不能坚持自己的观点。

（三）人人都是管理者

班级管理中应"不养闲人，不留盲区"，让每个人都成为班级的管理者，真正参与班级管理，融入班级生活，形成责任心。同时，班级的每一方面都承包给具体学生，保证事事有人做，人人有事做，事事做得好，人人求进步。这就需要按照按人设岗、按需设岗、因人设岗的原则，给每个学生找到合适的岗位。这样，既减轻了班级管理的负担，也给学生提供了锻炼的机会和成长的平台。

【案例】

班级劳动管理

前期，通过问卷星进行问卷调查，我让学生们自主选择或申报劳动岗位。

---

① 此案例来自陈宇：《学生可以这样教育》，47～48 页，北京，中国人民大学出版社，2016。收入本书时有改动。

如有重复申报，再进行二次商议，最终确定了分工，确保每个人既是管理者又是被管理者。人人参与班级建设，切身体会作为管理者的责任和担当，同时对常务班干部和值日班长的工作多了一份理解。

开封市第五中学某班劳动管理岗分工一览表（以下人名均为化名）

搬水大力士：

第一组：张浩、云峰　　　　　第二组：朱文浩、李阳阳

第三组：郭豪、闫钰汐　　　　第四组：夏森茂、周硕钰

黑板清洁小能手：高子依、曹艺晗

整理讲桌小达人：朱雯璟、李翼昕

空调、多媒体教学一体机监管大使：李子舟

桌椅摆放监管大使：刘冉雷

桌面整理监管大使：王涵梓

校服叠放监管大使：张洋锦

劳动工具监管大使：徐沐沐

桌斗垃圾监管大使：李成承

室内卫生监管大使：刘家

室外卫生监管大师：张汶瑞

电器（电灯、风扇、饮水机）监管大使：宋子钰

张贴物监管大使：李煜涵

零食监管大使：李翔刚

文明休息监管大使：马翔宇

班级小会计：李希

班级小出纳：杨凌

课前歌声策划人：张蕊

光明使者（眼保健操领做人）：王玮

护花使者（班级的鲜花和植物的照顾者）：夏姿莉

课程表书写达人：秦钰格、郭文雅

饮水机清洁卫士：王俊磊[1]

---

[1] 此案例来自开封市第五中学。

上述案例中，班主任先把岗位列出来，让学生自主选择或补充申报，根据工作量的大小由一人或多人承担管理任务。由于受到充分的尊重，最终分配的岗位哪怕并不是最初所选，学生也大多乐意接受。我们看到，案例中的岗位被冠以有趣的名字，容易唤起学生的使命感和责任心。班级里每个人真正地融入班级的日常管理中，班级充满了生机和活力。

想要打造一个优秀的班集体，就需要熟悉优秀班集体的特征和指标要素，这些基本要素是必不可少的。在建设过程中，教师可以有的放矢地去努力，在实践探索中不断完善，让自己的班级在具备优秀班集体特征的基础之上更具特色，打造自己的品牌班级。总之，班集体的建设充满了教师的实践智慧，充满了师生共同创造的乐趣，充满了育人的韵味。在实践中摸索班集体建设的有效路径，是教师自我反思、自我成长的重要一步。

首先，作为育人的一线阵地，班集体不仅在促进学生自我管理方面有十分重要的作用，还是教师进行专业反思和专业发展的主要场域。因此，在班集体建设过程中，需要理解班集体的内涵，创设良好的班级环境。其次，教师需要看到学生作为个体的人的存在，用各种方式关注学生的成长与发展。最后，建设良好班集体，还需要来自集体内部和外部的人力、物力以及组织制度的支持，只有这样，才能真正实现班集体的育人功能。

【思考题】

1. 除本章提及的理念外，你认为班集体建设还可以在哪些理念的指导下进行？

2. 你在班集体建设中扮演什么角色？请结合具体的案例进行阐述。

3. 你的班集体建设中，有没有什么有趣的小故事呢？请尝试着写下来吧。

【推荐阅读】

1. 劳凯声. 班主任工作实用全书[M]. 北京：开明出版社，2000.

2. 林冬桂，张东，黄玉华. 班级教育管理学[M]. 广州：广东高等教育出版社，1999.

3. 龚浩然，黄秀兰. 班集体建设与学生个性发展[M]. 广州：广东教育出版社，1999.

4. 郑立平. 把班级还给学生：班集体建设与管理的创新艺术[M]. 北京：

中国轻工业出版社，2010.

    5. 熊华生，李慧. 班级管理智慧案例精选［M］. 上海：华东师范大学出版社，2011.

    6. 郑学志. 班级管理 60 问［M］. 上海：华东师范大学出版社，2012.

    7. 吴康宁. 教育社会学［M］. 北京：人民教育出版社，1998.

    8. 殷振洋. 懂心理，带好班：班级心灵管理新理念［M］. 北京：教育科学出版社，2020.

    9. 李伟胜. 班级管理［M］. 2 版. 上海：华东师范大学出版社，2021.

    10. 邓艳红. 小学班级管理［M］. 3 版. 上海：华东师范大学出版社，2022.

第五章　走班制教学的班级管理

章前导语

2014年，《教育部关于普通高中学业水平考试的实施意见》指出："调整教学组织方式，满足学生选学的需要，把走班教学落到实处。"2019年，《国务院办公厅关于新时代推进普通高中育人方式改革的指导意见》强调，"普通高中新课程新教材全面实施，适应学生全面而有个性发展的教育教学改革深入推进，选课走班教学管理机制基本完善"。2020年中共中央、国务院印发的《深化新时代教育评价改革总体方案》要求："国家制定普通高中办学质量评价标准，突出实施学生综合素质评价、开展学生发展指导、优化教学资源配置、有序推进选课走班、规范招生办学行为等内容。"可见，在新高考背景下，沿袭已久的行政班制度已难以满足选择性教育的多样化标准和要求，走班制教学变革成为时代发展必然。本章就走班制的意蕴及其施行路径进行学理剖析和阐释，以期促进走班制的合理落地与有效实施，促使基础教育学校贯彻培养个性化人才、创建特色化学校的教育发展理念。

第一节　走班制教学的概念及价值

一、走班制教学的概念界定

实施走班制教学的初心与目的是为学生提供最适合的教育。顾明远指出：为每个学生提供适合的教育就是最好的教育、最公平的教育。给每个学生提供适合的教育，把选择权还给学生，是我国教育摆脱困境的出路。[①] 刘希平认为：最好的教育是适合学生的教育。适合学生的教育，只有在被教育者、教育者的不断选择中才能发现、才能实现。兴趣是最好的老师，志向是最持久的学习和进步动力，而兴趣、志向只有在选择中才能发现和确立。[②] 走班制教学旨在满足学生的个性发展需要，积极适切其学科发展优势，让学生在走班实践过

---

① 顾明远：《把学习的选择权还给学生》，载《河北师范大学学报（教育科学版）》，2012(1)。
② 刘希平：《选择，让教育回归本原》，载《中国教育报》，2015-12-22。

程中寻觅并选择最适合自己的学习方式。随着新高考改革的逐步推进，走班制教学作为一种新型的教学组织形式，在我国高中教育阶段正处于实践探索阶段。不同学者基于不同的角度和层面对走班制教学这一概念做了叙述和界定，下面简要介绍一些具有代表性的观点。

在走班制教学中，"学生在学科教师的指导下，根据自己的知识基础、兴趣、课程说明等选择适合自己的课程到相应的学科课室进行学习"①。这一概念既强调了学生的自主选择，亦强调了教师指导和评价。走班制教学不宜只考虑学生的自我选择，还需要注重教师指导力的发挥和支持。在实施走班教学过程中，教师的指导力往往是选课走班模式顺利开展的重要前提。教师基于日常观察、学生学习状况和与任课教师的沟通等，为学生提供适应其学习能力的班级或者课程，帮助学生明确选择目标。学生依据学习兴趣和学科特长等自主选择相关课程走班上课，要注重收集、听取班主任及任课教师的评价意见，综合考虑后再选择。这有利于充分发挥走班制教学的优势，推动学校教育教学工作的顺利开展。

在走班制教学中，"上课的教师和教室固定，学生根据自己的学习能力和兴趣选择在适合自身发展的班级中上课……在不同班级学习的学生所学的内容、作业、考试难易程度、学分分值等都不相同"②。从这一概念中，可以看出走班制教学侧重于针对不同知识基础和学习兴趣的学生设置相应的教学目标和课程安排。一方面，学生可以根据学习兴趣选择班级，这有利于激发学生的内在动力，减轻学生学业压力，避免产生厌学情绪；另一方面，这种走班制教学有利于提高教师教学效率，有效促进师生关系融洽，建立良好的学习氛围，有效保障教学活动的开展，为学生学习和成长提供健康有益的学习环境。

走班制教学"从学生本位的角度出发，学生根据自己的学科知识基础及对学科的兴趣、个体发展需求和未来职业规划，自主选择学科课程进行修习"③。在这一概念中，走班制教学是一种给予学生自主选择权利和尊重学生个性差异的教学组织方式，它强调学生的自主性，考虑其学习兴趣和个人想法来设计不同课程以适应不同程度的学生，以实现因材施教。走班制教学的一个突出特点是"把学生的兴趣放在一个重要的位置"④，打破了原有的行政班教学模式，通

---

①　戴季瑜：《我国走班制教学的类型与特点》，载《教学与管理》，2016(12)。

②　张善超、李宝庆：《高中走班制的文化阻力及其超越》，载《教学与管理》，2016(4)。

③　李英瑞：《"走班制"教学模式在中学思想政治课中的运用》，载《教学与管理》，2017(3)。

④　薛庆水、李凤英：《我国走班制教学文献分析(2000—2017年)：困境与发展》，载《现代远程教育研究》，2018(4)。

过让学生在行政班和走班制教学班两者之间流动上课的教学形式，让他们可以依据自己所选课程和课表内容选择相应班级进行走班上课。同时，学校会及时结合整体实际进行调整，促进学校课程结构变革，建构以素养为本的课程。[①]总之，走班制教学优化了学校的教学模式，实现了学生的课程自主选择权，有利于满足学生的自主发展需求，培养学生学科优势，激发学生学习潜能，促进学生提升学业成就。

走班制教学侧重于"基于学生自主选择下，在行政班与学科分层教学班之间流动学习"[②]。这一概念将走班制教学管理模式与传统行政班模式相比，突出强调了非固定性，学生容易通过走班的形式学习到自己感兴趣的知识和学习方法，这激发了学生学习的积极性，化被动为主动，促进其学习能力的提升和学习需求的满足。传统的行政班教学有固定的培养模式和教学方式，难以根据学生的实际情况及时做出调整。走班制教学注重课堂教学与学生兴趣和学习能力相结合，不同层次的班级的教学目标和教学策略不同，教师教学安排和教学任务不同。这有利于促进教师教学模式与学生成长过程的进一步适切与匹配，积极发挥学生的主观能动性和创造性。

综上，关于走班制教学的概念界定，不同学者提出了不同的见解，其中多聚焦于学生自主、教师指导和班级流动等方面的内容。在本书中，走班制教学是学生基于自身学习兴趣、学科特长和学习能力等实际情况，并在教师指导和建议下自主选择学习课程的一种新型教学组织模式，旨在激发学生学习兴趣，满足学生个性需求，提高知识的接受性，促进教学效率的提升。

二、走班制教学的教育价值

走班制教学这一新型教学组织形式，其内在的教育价值是显而易见的。诚如吴静所说，走班制是新高考背景下实施的教学新模式，是为了培养新时代人才需求做出的教育调整。[③] 具体而言，走班制教学变革是贯彻新高考选科政策的现实需要，是实现学生个性化发展的教育诉求、激发学校课程供给活力的关键举措。

(一)贯彻新高考选科政策的现实需要

2014 年，《国务院关于深化考试招生制度改革的实施意见》(以下简称《意见》)明确提出要实施分类考试、综合评价、多元录取的考试招生模式，赋予学

---

① 顾艳丽、罗生全：《基于走班制的学校课程结构变革》，载《教学与管理》，2018(13)。
② 刘瑶、卢德生：《我国分层走班制教学研究审思》，载《当代教育科学》，2019(5)。
③ 吴静：《"走班制"教学存在的问题及其对策》，载《教学与管理》，2020(33)。

生选科自主权，我国新一轮高考改革正式拉开帷幕。浙江和上海作为改革先锋开始试行"3+3"高考选考方案。根据上海新高考方案，除语文、数学、外语三门为必考科目外，学生还可从思想政治、历史、地理、化学、物理、生命科学中任意选择三门作为选考科目。北京、天津、山东、海南作为第二批试点单位陆续加入新高考改革，实行"3+3"改革方案。河北、江苏、辽宁、福建、湖南、湖北、广东和重庆8省(市)作为第三批改革试点地区推行"3+1+2"高考方案，即除语文、数学、外语外，再选择物理或历史作为必考科目，从思想政治、地理、化学和生物四科中任选两科为选考科目。面对新型的考试形式改革，制度化、统一化的行政班建制难以满足高中教育教学需求。新高考改革旨在破除高中非文即理的固化教育模式，让学生根据自身实际情况选择相应学科和课程。走班制打破了固定、单一的行政班教学组织方式，基于贯彻新高考选科政策的现实需要，满足了中学生全面而个性化发展的多元化诉求。

(二)实现学生个性化发展的教育诉求

学生发展主要包括两个步骤：培养和评价。就学生培养而言，行政班建制下，学生在有限时间限度内有效、系统地奠定知识基础，建构知识体系，但在某种程度上限制了学生个性及创造力发展。就学生评价而言，标准化考试方式实现了人才选拔的高效和快捷。然而，此种评价方式成就的多为应试化人才，相对忽略了部分具备创新力和实践力的优秀人才。在新时期，学生发展的内涵和意蕴发生了重大变革，即个性化培养与多元化评价成为新动能。走班制旨在实现将课程整齐划一变为"量身定制"，满足学生的多元学习选择与需求，在培育过程中突出、彰显学生的个性、兴趣及优势特长。

(三)激发学校课程供给活力的关键举措

在应试化教育模式中，国家学科课程体系占据主导地位，学校为所有学生提供高度统一的课程内容、模式化的教学方法及如出一辙的评价标准。此种教育方式虽能保障学生获取基础知识，但对学生的兴趣爱好、创新精神等方面的培养略有不足。事实上，每一学生个体的认知风格、性格特点、兴趣爱好、个性特长和能力水平都具有独特性、异质性和不可复制性，成长发展的内在诉求也不尽相同。学生选择权的缺失与不足导致学生学习需求与学校课程设置相矛盾，这是学校需重点关切、考虑的影响因素。新高考改革的核心和本质是选择性和多元性，推行走班制的目的在于尊重学生选择意愿，从而塑造学生个性，发掘优势潜能，让学生在发展过程中做到"扬长避短"，竭力解决学生综合能力不足、偏科严重、个性优势埋没的问题。走班制教学的实施，能够倒逼学校开足、开齐课程，进一步扩大课程供给，建立多元化、丰富的课程体系，凸显课程的教育功能，从而促进学生全面而富有个性地发展。

第二节　走班制教学的理论基础

走班制教学作为一种新型的教学组织形式，其实施并非一时兴起或空穴来风，而是有扎实的理论依据的。我们所熟知的加德纳的多元智能理论、维果茨基的最近发展区理论、巴班斯基的教学过程最优化理论都能够为其提供有力的学理基础。

一、加德纳的多元智能理论

20 世纪 80 年代，多元智能理论成为风靡全球的一种国际教育新理论，对各国的教育改革产生了重要影响。由于该理论与我国倡导的走班制教学有紧密的联系，教育研究者越来越认识到多元智能理论的重要价值，并将其作为走班制教学重要的理论基础之一。

（一）多元智能理论的内涵

1983 年，美国著名心理学家、教育学家加德纳在《智能的结构》一书中系统地提出了多元智能理论。加德纳认为：一种人类的智能，必定伴随着一组解决问题的能力，使人能够解决自己所遇到的实际问题或困难。如果需要的话，还使人创造出有效的产品。必定还能调动人的潜能以发现或提出问题，从而为掌握新的知识打下基础。[①] 加德纳强调，智力不是一种能力而是一组能力，智力不是以整合的方式存在的而是以相互独立的方式存在的。他将人的智能分为语言智能、数理逻辑智能、视觉空间智能、音乐韵律智能、身体运动智能、自我认识智能、人际沟通智能和自然观察智能。[②] 这些智能在各个领域发挥着重要的作用，它们在每个人身上的表现都有所不同。人与人之间的发展具有相似性，但每个人都有自己的优势智能和非优势智能。所以，对教育而言，教育者要充分挖掘出学生身上的优势智能，促使其成长、成才。

（二）多元智能理论的教育观

多元智能理论形成的诸多有益的教育观对教育教学产生了深远影响，如倡导多样的人才观、倡导平等的学生观、倡导个性的教学观。

1. 倡导多样的人才观

随着社会的不断进步和发展，传统的人才观已经无法满足社会的需求。社

---

① ［美］加德纳：《智能的结构(经典版)》，沈致隆译，78~79 页，杭州，浙江人民出版社，2013。
② 钟志贤：《多元智能理论与教育技术》，载《电化教育研究》，2004(3)。

会的发展需要多样化的人才，偏重语言、数理逻辑智能培养的观念会束缚学生的发展，导致人才培养出现模式化、同质化。多元智能理论认为，每个学生都有属于自己的优势智能，都有可能成为某个领域的人才或者专家，所以教育要树立多样的人才培养观，充分发挥教育的作用，挖掘出人的潜质。

2. 倡导平等的学生观

每个人都有属于自己的一片天空，都有属于自己的优势和独特的风格。在学校里，学生没有"差生"与"好生"之分，每个人都有属于自己的闪光点，只是每个人优势的显现和表征的时间不同，如有的大器晚成，有的年少有为。总之，平等的学生观是教育改革的基石。

3. 倡导个性的教学观

每个学生都有自己的优势特长和潜能，只有为他们提供适切的教育，他们相应的优势智能才能得以激发和显现。所以，教育要为学生提供多样化的选择，使学生的优势智能能够得到激发，充分彰显学生的个性。具体而言，在注重学生全面发展的基础上，要关注学生的优势智能和个性成长。每个人都有自己独特的风格，因此在教育教学的过程中，要为学生创造适合其优势、特长与发展潜能的最佳条件，让每个学生都能够拥有展现自身优势的"舞台"。

（三）多元智能理论与走班制教学的关系

走班制教学作为新高考改革中兴起的一种教学组织形式，充分体现了多元智能理论的思想观点。新高考改革强调要关注学生的多样化发展，给予学生选课自主权。走班制教学满足了学生自主选课的诉求，并且充分考虑到学生之间的个体差异性，为学生的发展提供了良好的条件。

第一，走班制教学注重学生的多元智能培养。传统的教学注重言语、数理逻辑等智能的培养与发展，弱化了对身体运动、视觉空间、音乐韵律等智能的培养，忽视了其他智能的发展。走班制教学以促进学生多样化发展为旨趣，强调学生多元智能的开发与利用，注重挖掘学生的内在潜能，进而满足不同学生的发展需求。

第二，走班制教学挖掘了学生的优势智能。多元智能理论认为，每个人都有自己擅长的领域，如有的擅长音乐，有的擅长绘画，有的擅长体育，等等。所以，学校的教育教学要以学生为本，构建一个多样化、可选择的教育体系，以满足学生的个性化需求，进而发展其优势智能。走班制教学正是以学生的个性需求为基础，采取因材施教的教学策略，为学生提供个性化的教学，进而激发学生的优势智能。

第三，走班制教学给予了学生充分的自主权。多元智能理论认为，每个人都有属于自己的闪光点和兴趣爱好，并且每个人的发展潜能都与其兴趣爱好密切相关，所以教育教学要给予学生充分的自主权，使其能够选择自身喜爱的课程进行学习。传统的固定行政班和统一的课程表，限制了学生个性的发展，学生只能被动地学习某些课程，不能根据自己的兴趣爱好进行课程选择。走班制教学突破了传统班级授课制大一统的套餐式教学组织形式，为学生提供个性化的菜单式教学服务，给予学生充分的自主权和选择权。

二、维果茨基的最近发展区理论

维果茨基以文化历史发展理论为基础，在其著作《社会中的心智：高级心理过程的发展》中对最近发展区理论进行了较为详细的阐述。这一理论为理解学生成长发展提供了新的思路，为教师教学提供了新的方法，为走班制教学变革提供了理论依据。

（一）最近发展区理论的内涵

最近发展区理论主张学生共有两种发展水平：一种是现有发展水平，另一种是可能发展水平。现有发展水平也叫当前发展水平，是指学生在学习活动中现有的、已经成熟的独立思考、解决问题的能力发展水平。它反映的是学生在现实的学习情况下所有的解决问题的水平及经过自身努力学习能够实现的更高水平，强调学生依靠个体力量所能达到的学习水平。可能发展水平也叫潜在发展水平，则是指学生以现有发展水平为基础，通过他者（比自身能力水平高或者经验丰富的人）的帮助、启发和指导，实现能力提升和潜力发掘，从而达到的新的学习发展水平。学生现有发展水平和可能发展水平之间的差距就叫作最近发展区。为了使人们深刻、清晰地理解最近发展区理论，维果茨基以一个例子来进行说明：现在假定有两个孩子，在不经过他人的帮助指导之下，均能够凭借自身力量完成7岁年龄段的测试题目，那么这两个孩子的智力年龄就可以认定为7岁。但是，如果为这两个孩子换一批题目，适当增加题目难度，再次进行测试，此次第一个孩子在他人的帮助指导之下能够完成9岁年龄阶段的测试题，而第二个孩子经过他人的帮助指导，仍然只能完成7岁年龄阶段的测试题，就可以认为两个孩子的潜力存在差异性，第一个孩子更加具有发展潜力。也就是说，这两个孩子的最近发展区不同。

（二）最近发展区理论对教学的指导作用

1. 支架式教学

支架源于建筑行业用于作业的脚手架。在维果茨基提出的最近发展区理论中，支架被用来形容教师与学生之间的关系。在教师的教学过程中，支架就相当于教师为学生搭建的用于学习的梯子，可以帮助学生实现从较低发展水平向较高发展水平的攀升与飞跃。学生的学被视为一种对自身不断构建、完善的过程，教师的教则是这一工程中不可或缺的脚手架。教师在开展支架式教学的过程中要对症下药、量体裁衣，根据学生的差异化需求有针对性地提供相应的指导，以学生各自的最近发展区为依据，引导其理解、掌握、内化与自身年龄阶段的认知水平相一致的知识内容。对那些超出学生当下能力的知识内容则需要加以控制，从而使学生将注意力放置于他们"踮踮脚就能够到"的力所能及的内容上，使其能够在短时间内掌握这些知识，实现自身能力的发展、进步与提升。在此之后，随着学生学习水平的逐步提高，教师逐步撤走之前为学生提供的支架，将学习的把握权和掌控权移交到学生手里，使学生学会独立完成学习任务。教师的任务并非止步于此，而是需要再为学生搭建新的支架，来指导学生实现更进一步的发展。由此可知，教师为学生搭建学习支架的重要意义在于帮助学生顺利通过最近发展区，以获得深入的发展。

2. 合作式学习

学生的最近发展区并非一成不变，而是在其相互交流互动的过程中不断产生发展和变化的。学生的学习能力是在与他人共同参与某项学习活动或学习任务，接受他人的指导和帮助，以及给予他人帮助、指导的过程中得到提升的。最近发展区的重点在于对比学生在有外力帮助和无外力帮助的情况下，两种学习水平之间的差异，然后基于最近发展区挖掘学生的学习潜能。因此，最近发展区重视他人尤其是同伴的力量，通过同伴之间的合作交流来实现相互辅助、相互促进的作用。教师在教学过程中要充分发掘同伴的力量，在开展教学活动时安排讨论交流的环节，设计有助于开展合作性学习的教学情景，在课堂教学中营造出合作学习的气氛，提出的问题符合学生的最近发展区。学生在与同伴通力合作、广泛参与讨论之后，实现生生互动、生生合作，可以深入理解，充分吸收知识和规律。

3. 动态性评价

评价是教师教学过程中必不可少的重要组成部分，也是教师不可推卸的教学责任。维果茨基作为动态评估理论的奠基人，其最近发展区理论对动态性评价观的产生与发展起到了有力的推动作用。最近发展区理论认为，学生的学习发展水平是不完善、不成熟的，存在有待开发的潜在发展水平，是一种不断发展、成熟的过程。因此，教师在教学过程中的评价不能是"一刀切"的，要考虑到学生发展的可能性，抓住学生的每一个关键发展期，在关键发展期给予针对性评价和指导，使一些尚未得到开发的潜在能力被挖掘出来，使学生不断在现有能力水平的基础上获得一定的发展。教师可采取前测—干预—后测的评价方式，先对学生的当前发展水平进行初步了解，然后在教学过程中以学生的反映为完善自身教学模式、方式与方法的重要依据，最后对学生的综合表现与学习成果进行评价。

（三）最近发展区理论对走班制教学的启示

最近发展区理论认为，每个学生都有各自的最近发展区和关键发展阶段。所以，不同的学生的最近发展区存在差异，关键发展阶段也存在差异。最近发展区相同或相近的学生，其发展潜力和发展速度较为相似。在走班制教学中，教师便于把握学生的当前发展情况和潜在发展空间，洞察学生的最佳发展期，以此为依据安排最佳教学期，并设计符合学生身心发展规律与兴趣爱好的教学模式，充分激发学生的内在学习热情，提高学习参与度，令学生向着更高水平和更深层次的方向发展。总之，基于最近发展区的走班制教学设计，可以引导学生在学习中不断取得进步，获得良好的学习体验。

三、巴班斯基的教学过程最优化理论

20 世纪 70 年代初期，苏联著名教育家巴班斯基运用现代系统论的原则与方法，从"培养全面发展的人"的教育理念出发，通过对教学过程的系统分析和探索，提出了教学过程最优化的教学理论。该理论所体现的核心教学思想是设计合理有效的教学组织形式，使教学的每个组成部分都能得到最优化的处理，减少不必要的时间与精力消耗以取得最好的发展。这一理论为走班制教学的实施提供了强有力的理论支撑。

（一）教学过程最优化理论的内涵

教学过程最优化是指在综合考虑教学目的、教学规律、教学原则、现代教学的形式和方法、教学系统的特征及内外部条件的基础上，力求实现教学过程最优化的效果，即为教学过程既定标准发挥最优作用而采取的一系列控制性活动。① 教学过程最优化理论主张将教学的全过程视为一个完整的系统进行探讨，并对这个系统中的各个有机组成部分进行全面剖析，从而设计出一种高质量、高效率的教学形式。该理论强调要最大限度地对整个教学过程进行合理化、科学化组织，既要保证教学质量，又不能为教师和学生增添不必要的任务与负担。教学系统中的各个基本环节，包括教学过程中的人（教师和学生）、条件（教学物质条件、教学卫生条件、教学的道德心理条件），教学过程结构

---

① ［苏联］巴班斯基：《教学过程最优化———一般教学论方面》，张定璋等译，57～58 页，北京，人民教育出版社，1984。

（包括教学的目标、教学内容、教学方法、教学组织形式、教学结果）以及教学实施都要实现最优化效果。[①]

　　对最优的教学过程的理解，是掌握巴班斯基这一教学理论的关键所在。这里所指的最优并不是我们通常意义上所理解的最理想的教学过程，也不是最好的教学过程，而是在一定的教学条件下最合理、最有效的过程。在巴班斯基看来，教学最优化应包括取得最优化的效果、耗费最少的必要时间、消耗最少的必要精力、花费最少的教育经费。[②] 衡量教学过程是否最优的标准可以概括为所有学生的发展和学校教育的管理是否都实现了在当前条件下实际可能达到的最优化的教学效果，并且在整个教学过程中，教师和学生花费在课堂教学和课后练习的时间长短是否均控制在规定的合理范围之内。总体来看，巴班斯基认为，在现有的教学条件下，最优化地组织全部教学过程应该是使各个班级的每一个学生，在掌握教学内容方面，达到他们当时实际可能达到的最高水平（优、良或合格），同时在可能的范围内，提高他们的教育水平和发展水平。[③]

　　（二）教学过程最优化理论的方法体系

　　为实现过程最优化的教学状态，巴班斯基提出了以下八个方法体系：第一，要整体考虑学生的发展要求与目标。这就要求教师不能只对个别任务进行分析，更重要的是对整体性任务进行综合考虑，这样才能使教育教学顺利推进。第二，教学的内容应该与目标相互呼应，并重点强调教学内容中最核心、最重要的东西。第三，在进行教学设计时，要创设一种合理、适当的教学结构，遵循教育规律与学生的认知特点。第四，教师要选取最为科学有效的教学方式，充分调动学生的主动性和积极性，提高学生在课堂学习中的参与水平。第五，合理安排全班教学、小组教学和个别教学，教师因材施教。第六，创设最优化的物质条件以保障教学活动的顺利开展。第七，选用专门的举措来保证师生互动的时间用量均在规定的合理范围之内，使整个教学活动有序推进。第八，在教学过程中，根据最优化原则对教师教和学生学所花费的时数进行深入分析，在有限的学习时间内使教学收益最大化。

　　巴班斯基还从教师教与学生学的双边性出发，强调教授最优化方法和学习最优化方法作为教学过程最优化的重要组成部分，二者之间存在密不可分的联

　　① 王春华：《巴班斯基教学过程最优化理论评析》，载《山东社会科学》，2012(10)。
　　② ［苏联］巴班斯基：《教学过程最优化——一般教学论方面》，张定璋等译，62 页，北京，人民教育出版社，1984。
　　③ ［苏联］巴班斯基：《教学过程最优化——一般教学论方面》，张定璋等译，63 页，北京，人民教育出版社，1984。

系。无论教师如何教授知识，如果忽视学生的兴趣爱好与身心发展规律，没有激发学生学习的内在动力，那么教学过程实际上是没有进行的，教学上的相互作用不会得到充分发挥，教学过程最优化的教育成效难以实现。因此，教师应当清楚地把握学生的个性特点与内心所需，制定最有效的教学方案，在保障教学活动高效率、高质量的前提下，努力实现教学过程最优化。

（三）教学过程最优化理论与走班制教学的关系

从巴班斯基教学过程最优化的教学理论视角出发，走班制教学就是为达到过程最优化的教学效果而设计的新型教学组织形式。走班制教学从根本上旨在满足学生个性化的需求，充分尊重学生发展的差异性与独特性，最大限度地增强教学活动给学生带来的愉悦感与满足感。这种教学形式的安排以高效、低耗为评价教学活动的准则，在一定程度上缓解了教师的教学压力和学生的学业负担。

在原先以班级授课制为单一教学组织形式下，典型的班级授课制不仅限制了学生学习的自主性和选择性，而且它所强调的齐头并进、同质化，与教学过程最优化的教学理念背道而驰。在走班制教学的推动下，教师容易将教学任务具体化，选择有利于促进学生健康成长的教学方法和手段，使学生易于接受和掌握所学知识，拥有很多自主选择学习的机会，从而促进教学过程达到最优化的状态。在现有的教学条件下，各所学校应积极创新选课走班制教学形式，根据班级、学生之间的差异因材施教，使每个学生都有机会选择自己最能接受、最易理解、最好消化的学习内容，并保证在规定的时间内完成各自不同分量的学习任务，进而保障每一个学生在获取教学知识层面都能达到最优发展水平。

总之，教学过程最优化理论为开展走班制教学提供了扎实的理论基础。走班制教学组织形式作为一种适合学生个性发展的探索，以满足学生发展需要为出发点，旨在为学生创设最优化的教学过程。走班制教学的实施不仅有效解决了学校教学统一性与学生发展独特性之间的内在矛盾，而且保障了学生学习的自主选择，进而提高了教师教育教学质量和效率。

第三节　走班制教学的班级管理挑战

走班制教学是新高考背景下学校的教学改革，是保障学生全面而有个性发展的重要举措。但在学校的教育教学实践中，走班制的顺利实施对学生、教师以及学校来说仍存在诸多挑战。

一、集体荣誉感和归属感削弱

传统的行政班的管理模式与走班制大不一样，走班制注重学生之间不同的兴趣爱好与个性特长，并以此为学生个人选择班级的重要依据。在这种教学模式下，学生没有固定的班集体，只是在临时的班集体中进行学习，这种临时组建的班集体通常随课程结束而解散。因此，学生每天接触的同学和教师都会随课程而更换，缺少深度交流的机会。学生与教师、同学之间难以建立很强的情感联结，这可能造成学生的集体荣誉感和归属感的削弱。在传统的行政班管理模式下，师生经常共同参与到集体性活动中，集体活动的开展既有利于培养学生的集体主义精神、增强班级凝聚力，也有助于学生在活动中提升自身综合素质。但由于选课走班改变了原来较为固化的行政班教育秩序和组织结构[①]，学生没有固定的班集体，集体活动很难有效开展，课堂外的师生互动及生生互动都会相应减少，拉大了师生及生生间的心理距离，师生关系以及同伴关系逐渐淡化，进而不利于学生身心的健康成长。

二、学生选课走班的盲目性

走班制在给学生充分选择自由的同时，不可避免地带来诸多盲目混乱的现象。首先，由于中学时期的学生兴趣广泛而又不稳定，面对相当数量可供选择的课程，很容易找不到自己的方向，在选课时感到迷茫和焦虑，陷入不会选课的窘境。这往往导致他们在最终选课时忽略了自己内心真实的需求，通常听取他人的意见，或者看到哪些科目选择的人数多，采取随大流的方式，盲目地进行选择。其次，由于大部分学生在高中时期缺乏专业的职业生涯指导，对自己的人生方向没有进行审慎思考和规划，只凭一时兴起盲目选择了当时感兴趣的课程。实际上，这种一时的学习兴趣和激情难以持续下去，当遇到课程学习上的困难时甚至会出现"适得其反"的不良结果，逐渐丧失学习的热情，产生焦虑、厌学等负面情绪，影响到正常的学习和生活。最后，还有些学生盲目追求高分，采取不适当的方法选择那些看起来较容易得高分的科目，却忽视了课程知识的本质及自身的学习水平，往往在学习上感受到力不从心的痛苦，陷入"想学却学不好"的尴尬境地。

三、教师管理学生的难度增大

传统的班级管理具有组织严密、要求严格、管理标准统一的特点，主要是

---

① 冯成火：《高考新政下高中课改的评价、问题与策略——基于浙江省的实践与探索》，载《教育研究》，2017(2)。

以教务处为主管部门，班主任处于班级管理的中心地位，采取行政班管理模式。[①] 在走班制的教学组织形式下，每个班级的学生都是不固定的，传统的行政班转变成了不同的教学班，这对传统的班级管理方式产生了一定的冲击。首先，走班制教学下教师对学生的了解仅仅局限在课堂上，师生之间的交流明显减少，出现生不见师、师不见生的现象，班级管理容易出现"真空化"，导致教师难以依据学生的实际情况进行有针对性的管理。其次，这种临时性的班集体难以形成固定的班级纪律，缺少有效纪律约束的学生可能会出现迟到、早退等干扰教学秩序的不良行为，这在无形中加大了教师管理工作的强度和难度。最后，由于学生流动且分散，即使是班主任也很难对自己班级的学生进行统一管理，很难全面掌握每个学生的学习和生活情况，容易忽视学生的精神世界和个体差异，不利于营造、培养良好的班风和班级文化，学生的心理问题可能会增加，这在一定程度上也增加了教师管理学生的难度和复杂度。

四、学校的教育教学资源匮乏

走班制教学的实施是以学校自身的教育教学资源为基础的，需要充足的教室、师资、课程等资源来支撑。然而，在具体的教育实践中，由于学校缺乏对校内外资源的优化、整合，很多学校在资源配置上陷入困境。学校的资源困境主要体现为硬件和软件资源两方面的匮乏。一方面，分层走班需要足够的教室、实验室、活动场所、教学设备等硬件资源作为实施的基础，但很多学校的硬件设施或多或少存在不足，特别是以农村等偏远地区学校为代表的资源薄弱的学校面临着严峻挑战，这给走班制的有效运行带来了不小的阻力。另一方面，走班制的顺利运行需完善师资、课程等软件资源的配置。第一，实施分层走班制，需要经过培训的专业型教师开展教学。但是，很多学校在实施走班教学时出现了师资结构性短缺，如很多新开设的课程出现了无师可教的局面，这对落实分层走班制来说是个严峻的考验。第二，构建一个结构合理、丰富多彩的课程体系是走班制教学顺利实施的重要保障，课程的数量和质量是走班制教学能够"走"起来的前提。[②] 但是，大部分学校的课程结构仍然存在不合理的现象，无论从数量还是质量上可供学生选择的空间都很有限，而且课程设置单一化、滞后化，难以满足学生多样化选择的需求，不利于学生全面而有个性的发展。

---

① 姚思诗：《新高考选课走班制下班级管理的问题及对策研究——以 L 市 M 中学为例》，硕士学位论文，湖南科技大学，2021。

② 戴季瑜：《我国走班制教学的类型与特点》，载《教学与管理》，2016(12)。

第四节 基于走班制教学的班级管理实践探索

为适应深化高中课程改革和考试招生制度改革的需要，《国务院关于深化考试招生制度改革的实施意见》提出："改革考试科目设置。增强高考与高中学习的关联度，考生总成绩由统一高考的语文、数学、外语 3 个科目成绩和高中学业水平考试 3 个科目成绩组成……计入总成绩的高中学业水平考试科目，由考生根据报考高校要求和自身特长，在思想政治、历史、地理、物理、化学、生物等科目中自主选择。"全国普通高中陆续实行选课走班。L 教师是湖北省某重点中学的教师，所教学科为生物，具有 18 年教龄，已担任 6 年年级主任。L教师教学质量优秀，所带班级高考成绩名列前茅。他善于沟通交流，能有效做好年级的管理、课程教学等工作。在湖北省启动新高考改革时，L 教师即将负责学校新高一的年级工作，成为湖北省首批迎接新高考的年级主任之一。从新生入学到高三学生毕业，L 教师一直勤勤恳恳地工作在年级管理与教学一线，有喜悦，有汗水，有委屈，也有对新高考在中部地区落实的实践和思考。L 教师以班主任的视角向我们讲述了其对走班制教学的理解，以及在理解后的落实。

一、班主任对走班制教学的认识过程

L 教师是一位班主任，同时也是所在年级的年级主任。初次听说新高考时，L 教师有些迷茫，一想到让全体学生进行选课走班，脑海中总是浮现全校学生匆匆忙忙交换教室的混乱无比的场景。特别是，L 教师身为年级主任，作为年级纪律的第一责任人，感觉压力巨大，觉得这是一个不可能完成的任务。L 教师向学校校长表达了自己的担忧，校长对 L 教师的工作业绩给予了肯定，也对 L 教师提出了下一阶段工作的期望，并表示一定支持年级段的新高考改革。随后，在学校的统一组织下，第一批教师赴浙江进行了为期一周的新高考改革学习，学习内容包括新高考改革的政策解读、新高考改革的实践探索与具体措施。随后，湖北省教育厅和当地教育局安排 L 教师前往其他已进入新高考改革的地区进行访学。学习后，L 教师对新高考的认识得到了提高，对选课走班有了大致的规划。L 教师谈道：

"国家发展需要通过教育培养、选拔较多的适合各行各业的人才，所以国家一直强调学校多样化办学、学生多样化发展。但文理二选一的模式，严重制约了学生多样化的发展。

　　同时，中学教育为了'教育公平'往往对学生'一刀切'，教学目标、教学内容、教学模式统一。其实，我们教师都知道，这种表面一刀切的'教育公平'恰恰是教育的不公平，造成了学优生吃不饱、学困生听不懂的局面。所以，走班为改变这种状况提供了契机。

　　另外，疯狂刷题、疯狂投入时间让学习变成了记忆、背诵和模仿，这与国家的教育目标相去甚远。特别是，教育追逐分数，失去或部分失去了本该有的育人价值，忘记了立德树人的根本。我觉得选课走班是形式，新高考的试题变化也是形式，真正要杜绝的就是教育中的唯分数化，要让学生能在基础教育得到充分的发展。"

　　L教师对新高考改革的认识，经历了由不知到了解、接受的过程。这充分说明了新高考改革的必要，也说明了一线的教师意识到了以往教育的弊端。接下来的一段时间，L教师除了安排高三毕业年级的志愿填报、学生离校等工作外，还投入了大量时间深入学习与研究新高考改革。L教师通过知网下载了关于高考改革的文章进行学习，通过电话联系已进入新高考改革地区的同学或朋友，了解新高考改革的落实情况、重点和难点工作以及具体的措施。随后，L教师将学习、了解到的情况进行整理汇总，并与学校业务副校长进行沟通，商讨学校新高考改革的方案。L教师谈道：

　　"经过学习和交流，我最大的收获就是理解到走班制教学最主要的是要贯彻新高考的精神，而不仅仅是实行选课走班这种表现形式。最开始，我将重点关注在选课走班的形式上，参照浙江语、数、外三门课程采用行政班制上课，选考科目采用走班制教学的模式进行了学校的选课走班规划。但与学校进行第一次协商时，就出现了问题。学校指出中部地区的教育情况与浙江等地有区别，另外就是学校一直强调稳定，害怕大的改革会给教育教学带来影响。所以，初次与学校沟通后暂定为'结合学生预选课情况，确定采取何种走班模式'，但是新高考的精神是一定要坚持和贯彻的。"

　　从L教师与学校的沟通情况来看，学校在坚持新高考改革精神的基础上对选课走班比较慎重，也比较务实。特别是在选课走班这一点上，如何在吸取第一批、第二批新高考改革地区经验的同时兼顾学校特点是需要深入思考的。特别是，前两批新高考改革地区学校并不全是大走班（其实大走班几乎没有），而是教学班与行政班并存的小走班模式，或是套餐式教学模式。

　　L教师的思想转变，是很多初次参与新高考改革的教师都会遇到的，从最开始的彷徨、疑惑，到理解、接受、坦然，再到行动、思考、创新。新高考改革势必是一条在理论指导、政策护航下，符合地区、学校实际情况的改革创新之路。

二、走班制教学的实施给班级管理带来的挑战

走班制教学的实施给高中学校的课程建设、资源配置、学生管理和教师评价等方面都带来了许多新的变化和问题。作为年级主任和一线班主任的 L 教师的体会特别深刻。新高一学生入校后，L 教师就时时刻刻关注着省内各地选课走班的情况，及时与兄弟学校沟通交流。从预选课开始，工作变得异常繁忙，直到选课走班实行一学期后情况才有所好转。这段时间，L 教师经常与学生、任课教师、班主任交流，了解选课走班过程中存在的疑惑或困难，需要哪些帮助与支持。L 教师也经常与学校领导沟通，争取学校的支持帮助。在整个过程中，L 教师工作积极主动、饱含热情，对学生、任课教师与班主任包容、体谅，对学校的决策理解、支持。L 教师常说的一句话就是，"挑战就是机遇，我们要把握好挑战"。走班制教学带来的挑战主要包括以下四个方面。

（一）班级管理中指导学生选课的挑战

选课走班带来的第一个转变，就是由原有的文理分科选班，变为了以选考科目进行选班。这种转变使得学生课程选择的自由度更高，选择的种类更多，适合学生的多样化选择和发展需求。但是问题接踵而至。

面对多样的选择，大多数学生举棋不定。在选课过程中，班主任往往是学生和家长的第一求助人，班主任的建议起到举足轻重的作用，特别是在学生和家长犹豫不决时。选课的合适与否关系到学生未来甚至是一生的发展，所以在这一过程中班主任如何做好学生的选课指导工作尤其重要。很多教师面对这样的情况很是焦虑，一是担心选课建议不合适，二是害怕学生和家长未来对教师的建议不满意。选课为班主任工作带来了新的挑战。L 教师谈道：

"多样的选择，虽然自由，但带来了选择的烦恼。特别是刚进入高中的学生，在对学科了解不深入、不全面，个人规划与兴趣爱好不突出的情况下，选课成了'烦恼'。在高一进行选课过程中，Q 同学给了我深刻的印象。Q 同学性格属于偏内向型，没有特别明显的兴趣爱好，各科成绩非常均衡，没有对未来的大致规划。他在选课时一直举棋不定，犹犹豫豫，很容易受其他同学或是朋友的干扰。最初选课时，他听同学说理、化、生将来好找工作，所以选了理、化、生。选课后没过几天就找到我要改志愿，他说高几届的学生说理、化、生这种组合学习起来很难，他想将化学或是生物改为地理。我建议他先想好，确定后再来找我，给了他两天的思考时间。结果两天后他找到我说，他确

定选历、化、地，理由是他的同学说最难的是物理。我知道这个情况后与 Q 同学的家长进行了沟通，Q 同学的父母说他们对现在的选课以及将来高考志愿的选择都不太清楚，让 Q 同学自己选择，免得将来落埋怨。我了解后知道了问题的症结所在，随后约 Q 同学进行了几次选课交流。在交流中，我结合他的思维特质告诉他：'你各科均衡发展，偏理性思维，我觉得你将来适合从事研究或技术类行业，最好能选物理，然后再搭配其他两科。'Q 同学表达了'大家都说物理很难，我怕将来学不会'的担忧。我和他分析了'小马过河'的故事，还分析了他在物理学科上的优势并告诉他亲身的实践和自我相信才是最重要的。经过反复沟通交流，最终他确定了选理、化、生，和最初的选择一样。"

（二）走班过程中学生管理的挑战

学生因选课不同而选择不同的教学班，走班时学生流动大，任课教师和班主任对学生走班情况的实时掌握存在困难，若疏于管理，则会滋生逃课、串班等问题。与此同时，还存在收发作业的困难。L 教师谈道：

"在走班前，教师就忧心学生的管理，担心逃课、串班等。走班开始后，整体还比较好，偶尔存在上述现象，情况比较集中，这就需要教师重点关注某些学生，多和这些学生沟通交流。"

（三）班级凝聚力的挑战

选课走班后，行政班与教学班共存，学生上午在行政班上课，下午就在其他班上课。上课地点和同学都发生了变化，班级的凝聚力受到影响，让学生缺少了班级的归属感，给班主任的工作带来了挑战。如何在走班制下保持班级的凝聚力成为班主任工作的一项挑战。L 教师谈道：

"选课走班开始后，经常听到行政班班主任说到有部分学生和班级'格格不入'，对班级事务、班级活动漠不关心，不太和行政班同学交流，但是和教学班的部分同学'打得火热'。这说明，选课走班开始后，学生的交往范围扩大了，他们更愿意选择适合自己或是能让自己感到舒适、有归属感的集体。这给我们班主任工作带来了挑战，增强学生的归属感和班级凝聚力就成了一项重要的工作。"

三、基于走班制教学实践的班级管理策略

选课走班带来的挑战既是前进的动力也是创新教学的驱力。L 教师在面对挑战时积极学习、思考、实践、探索，用行动和智慧接受挑战，通过三年的实践总结出了一套适合中部学校新高考改革的选课走班的班级管理策略。

（一）教师观念的转变：从管理到建设

L 教师指出，以往教师总是关注班级管理、课堂管理，班主任就是班级的

管理者，任课教师就是课堂的管理者。班主任工作往往具有命令、监督、传达的特点（课堂管理也存在这样的现象），班级的管理评价往往以简单的量化积分的形式开展。有些班主任工作和任课教师的管理的理念有时缺少情感的融入，有时缺少平等的交流与对话。新高考改革以立德树人为根本任务，落实学科育人，若是班主任、任课教师以管理者自居，那就很难落实立德树人，做到真正的学科育人。所以，学校要号召教师转变观念，让班主任工作从管理走向建设，任课教师由课堂管理走向学科育人。L教师谈道：

"要想将新高考改革、选课走班做好，必须先改变教师的教育教学理念。只有理念变了，才能让改革顺利进行。"

(二)班主任要关注成长导师的工作情况

高一新生入学后，学校为每个学生都配备了成长导师，导师可以通过对学生学习、生活及兴趣爱好的了解，指导学生在选课中做出科学合理的选择。L教师谈道：

"成长导师一般是行政班教师或教学班教师，每位导师最多带10个学生，从高一入学一直带到高三毕业，全面指导学生的生涯规划、学习、选课、高考志愿填报，对学生进行德育和心理疏导。成长导师的指导媒介多样化，有学校集中指导、一对一指导、网络媒介指导、活动指导等。成长导师的工作没有固定的时间，没有固定的地点，大部分时候也没有确定的主题，大都是根据指导的学生的实时情况开展的，这就需要成长导师热爱这份工作，有责任感。"

(三)班主任要做好班级学生的选课规划与演练

规划与演练是保证选课走班顺利进行的关键环节。L教师所在的新高一年级在开学前就经历了多方调研，初步确定了"高一上学期学业指导，高一下学期选课预演，暑假前完成选课，高二上学期正式走班"的三步走模式，并做好了选课组合、教师配置、教室配置、突发事件预案，初步起草了《课堂管理办法》《学生作业管理办法》等。高一下学期启动的选课演练，给学生提供了三次选科调整机会：前期让学生填写意向表，大致了解选择意向。中期学生根据兴趣和能力大致确定选考科目。后期通过考试，结合教师、家长的建议，调整并确定选考科目。同时，开展生涯规划教育，通过生涯讲坛、咨询指导、学科渗透等多种途径和方式，建立开放的生涯教育体系，切实落实生涯规划教育。L教师谈道：

"选课演练是复杂的过程，这期间很多学生纠结、彷徨、反悔、再反悔，让选课变得异常复杂，耗费了教师的很多精力。我认为，在演练阶段，成长导师和其他教师都要有耐心和爱心，要给予学生信心，同时要做好和学生监护人的沟通。在这个阶段做好了工作，一是对学生负责，二是为将来的学校教育教学打下了良好基础。"

（四）班主任做好学科间作业量的协调

选课前，高一课程紧张，学生有一定的学业压力。L教师统筹规划年级段的课时量、作业量、学科辅导课和课时进度与难度，做到全年级下一盘棋，互相配合，互相协作。虽然有竞争，但协作是主流。L教师谈道：

"协调全年级的作业量是一个相对有难度的工作，各学科教师都强调各自学科的重要性，刚开始我很为难，'手心手背都是肉'，不好抉择。最后，我在争取到学校的支持后，按照课程标准中的课时量给各学科划分了课时、作业量、自习课数量等，并号召年级的班主任和几位德高望重的教师做好表率，最后在学校支持和教师的配合下，基本上落实了安排，减轻了学生的学习压力。"

（五）建立健全走班制管理制度

为了防止在走班过程中出现逃课、串班、拒交作业等不良现象，并深化与细化教学班的制度，L教师所在年级段的多个班级创造性地结合班级学生实际，在学校班级管理制度基础上制定了本班的《课堂管理办法》《学生作业管理办法》等与走班教学配套的班级管理机制和责任体系，从而为学生学业生活的转变提供保障。L教师谈道：

"制度的颁布是一个方面，最重要的是教育，是教师的责任心。制度要从关心学生、关爱学生的角度制定，同时要符合班级的特点。比如，N教师所带班级的学生普遍比较自觉。当学生未交作业时，班级制度要求'学生自我查找与未完成作业类似的练习或习题在班级进行分享，并需要给出问题分析与解答'。D教师所带班级的学生的学习积极性和主动性较弱，所以D教师在制定班级制度时对未交作业的学生的要求是'主动与学科教师联系，向学科教师说明自己在做作业中遇到的困难，并在教师帮助下按师生约定补交作业'。两位教师结合班级特点制定了不同的解决方法，虽然内容不同，但目标都是促进学生的发展，没有惩戒或是处罚的意思。N教师关注的是学生的自主学习能力和创造能力的发展，而D教师关注的是学生在教师帮助和协同下的自我发展。"

（六）丰富活动增强班级凝聚力

L教师所在学校的行政班管理、自习课管理、大型活动组织、社团申请等都由班主任负责。为了增强班级凝聚力，学校采取多种活动积极构建有归属感的集体。L教师谈道：

"在选课分班后，年级段安排了好多的集体活动，比如拔河比赛、篮球赛、排球赛、毽球赛、远足活动、社会实践活动、辩论赛等。这些活动能有效地建立起集体意识和团队合作精神。同时，各班结合学生特点和班级资源开展了丰富多彩的活动。比如，一个学生的父亲是消防员，平时比较繁忙，很少参加学校的家长会等活动。久而久之，该学生出现了自卑的性格倾向，并害怕学校组织亲子活动或开家长会。了解了这样的情况后，班主任积极与家长沟通，结合工作情况，安排了一次由这位家长组织的校外'消防访学'活动。活动不仅让学生获得了相关消防知识，增强了消防意识，促进了班级凝聚力的形成，而且让学生了解了消防员的伟大，让这位家长成了大家心中的英雄，也让这名学生找到了自信。"

四、反思与总结

L教师在谈到走班制教学时，一直强调选课走班只是一种形式，会随学生需求的变化而变化。在满足学生基本要求的基础上，学校要根据学校软、硬件实力来确定选课走班方案，不能为了选课走班而脱离学校实情，开展超出学校所能承受范围的走班制教学活动。当然，学校要立足长远规划，不断扩大学生对课程的选择权，为学生开设更多的课程组合，这需要一个循序渐进的过程。

L教师呼吁各地应建立带有互助性质的教育联合体以解决师资过剩或短缺、优秀成果推广难的问题。例如：上海市普陀区的一些高中组建了学区集团，不仅在教研上互相取经，而且通过教师流动或带教等方式实现了师资共享。[①] 2014年，浙江省16所选课走班试点学校组成浙江必修走班联盟网。通过联盟动态、课改前沿、选课走班、焦点关注、资源共享等的改革经验交流，联盟学校及其他实验学校组建了多元化资源的共享交流平台。[②]

总之，选课走班的立足点是立德树人，学校要将重点放在立德树人上，放在学生的多样化发展上，放在育人上，在形式上可以立足于各地各校的实际情况，创新方法、灵活实施。

【思考题】

1. 除本章提及的内容以外，走班制教学还有哪些特点？

2. 你是怎样看待走班制教学这一教学组织形式的呢？请结合具体的案例进行阐述。

---

① 上海市普陀区教育局：《普陀区发布高质量学区集团建设12条支持政策》，https://www.shpt.gov.cn/jyj/qunei-xinwen/20230423/894965.html，2023-05-11。

② 杜芳芳、金哲：《走班制视野下高中生学业生活的转变及学校行动》，载《湖南师范大学教育科学学报》，2017(2)。

3. 阅读下面的案例并思考问题：

某学校开展走班制教学工作时，根据学生学习成绩和能力水平分层设置了A、B两种类型班级由学生自由挑选。许多家长总是认为A层是最好的，而B层是最差的，想方设法让孩子选择A层。Y老师是该学校一位资深的教师，在实施走班制教学的过程中，不少学生认为跟着好老师就会在学业上有更好的发展，纷纷选择Y老师的班级，导致各个班级人数失衡，引发学校管理的一系列矛盾与问题，难以真正发挥走班制教学的实际作用。

问题：如果你是该学校校长，你接下来会如何处理此事？

【推荐阅读】

1. 罗银科，黄晶. 我国走班制研究的反思与瞻望：基于学科特征与研究路径的二维视角[J]. 河北师范大学学报(教育科学版)，2021(3)：114-120.

2. 吴静. "走班制"教学存在的问题及其对策[J]. 教学与管理，2020(33)：49-51.

3. 靳海静，臧岳铭，靳海洁. 高考改革背景下"走班制"教学的问题及优化[J]. 教学与管理，2020(16)：29-31.

4. 赵婧，洪阳. "走班制"的国际探索及其对我国新高考背景下课堂教学改革的启示[J]. 当代教育科学，2019(12)：74-78.

5. 王卉. 新高考改革形势下走班制的问题反思[J]. 当代教育论坛，2019(4)：16-22.

6. 刘瑶，卢德生. 我国分层走班制教学研究审思[J]. 当代教育科学，2019(5)：29-33.

7. 付光槐，陈金玲. 新高考背景下高中走班制教学的问题及其应对[J]. 教学与管理，2019(7)：23-26.

8. 薛庆水，李凤英. 我国走班制教学文献分析(2000—2017年)：困境与发展[J]. 现代远程教育研究，2018(4)：59-69，77.

9. 冯文全，吕瑞香. 论分层走班制在课改中出现的问题及解决对策[J]. 中国教育学刊，2017(3)：61-66.

第六章　班级突发事件的预防与处理

章前导语

　　班级管理往往并非一帆风顺，几乎每个班级都偶尔会出现突发事件。班级突发事件会给正常的教育活动带来影响，扰乱正常的教学秩序。不过，若能把突发事件的预防做好或者正确处理突发事件，那么不仅能够维护教育教学秩序，而且可将突发事件转化成开展道德教育、助力学生成长、优化班级建设等的契机。

　　根据《中华人民共和国突发事件应对法》，突发事件是指突然发生，造成或者可能造成严重社会危害，需要采取应急处置措施予以应对的自然灾害、事故灾难、公共卫生事件和社会安全事件。班级突发事件指突然发生在班级管理过程中的预料之外且出现频率低的对班级或学校造成影响、扰乱正常教育教学秩序甚至危及师生人身安全的事件。[①] 常见的班级突发事件有哪些，如何预防和处理班级突发事件应为中小学教师尤其是班主任密切关注的内容。

第一节　班级突发事件的类型

　　班级突发事件既可能发生在课堂教学中，也可能发生在班级其他活动中；既可能是人为因素导致的，也可能是自然因素导致的。针对班级常见突发事件的类型，不同角度的划分有所差异，常见的划分方法如下：有研究者将其分为班级成员间矛盾冲突、校园暴力事件、校园安全事故及学生身心变化[②]，有研究者将其分为学习事件、教育事件、财物事件、生命安全事件及情绪情感事件[③]，有研究者将其分为人际分歧、财物丢失、学生早恋和未婚先孕、家庭变故、暴力冲突、顶撞教师、厌学辍学、恶作剧、学生自杀[④]。若依据参与者的

---

① 黄苹:《中学班主任如何应对班级突发事件》，2 页，长春，吉林文史出版社，2013。
② 齐学红:《班级管理》，152 页，北京，北京师范大学出版社，2015。
③ 李菁:《班主任应急手册》，199 页，北京，中国人民大学出版社，2015。
④ 张作岭、宋立华:《班级管理》3 版，182～184 页，北京，清华大学出版社，2019。

关系，可将班级突发事件分为学生间事件、师生间事件、家校间事件及学生自身因素或其他无法预见因素导致的事件。[①] 无法预见因素导致的事件包括突然发生的火灾、狂风、地震、泥石流、陌生人闯入教室等。还有学者从安全角度，对校园突发事件进行了归类，将其划分为自然灾害类事件、事故灾害类事件、治安安全类事件、学校管理类事件、心理疾病类事件、公共卫生类事件、硬件设施安全类事件。[②] 综合各种划分方法，可将常见班级突发事件分为突发安全性事件和班级成员间矛盾冲突两大类。

一、突发安全性事件

突发安全性事件指突然发生的危及师生安全的事件。依据影响范围大小，可将其分为个体安全性事件和群体安全性事件。具体到中小学，突发安全性事件主要包括自然灾害事件、意外事故、入侵性安全事件、公共卫生安全事件。

（一）自然灾害事件

自然灾害既包括渐发性的灾害，如水土流失、土地荒漠化等环境灾害，又包括突发性的灾害，如气象灾害、海洋灾害、洪水灾害、地质灾害、地震灾害、农作物生物灾害、森林生物灾害等。[③] 气象灾害、海洋灾害、洪水灾害、地质灾害、地震灾害对我国影响相对较大，对学校造成的影响明显，都可归为自然灾害类班级突发事件。自然界发生的这些事件具有明显的区域特征，居于灾害易发生区域的班级须做足自然灾害事件的预防及应对工作。这类事件发生的原动力来自自然界，破坏性大，如地震、台风、洪水、泥石流、雷电等，都可能对正常的教育教学秩序产生影响，班级管理需要为这些做好准备。

（二）意外事故

这里主要指班级成员遭受到的意外事故。这些事故是师生无法预知的，可能会影响班级一些成员的权益及教育教学的正常秩序。交通事故、踩踏事故、建筑事故、溺水事故、实验室事故等都是意外事故的代表。此类事故的影响较大，极有可能产生不可挽回的伤害，对班主任、任课教师的处理能力提出了挑战。教师要做好预防，利用班会、团体活动向学生传授避险策略和自我保护策略。

（三）入侵性安全事件

入侵性安全事件指由校外人员引起的袭击、偷窃、抢劫等威胁师生生命安

---

① 廖军和、方家峰：《小学教育基础》，201～202页，芜湖，安徽师范大学出版社，2016。

② 冯帮：《论中小学校园突发事件风险的预防性评估》，载《中国教育学刊》，2015(11)。

③ 郭济：《政府应急管理实务》，170～171页，北京，中共中央党校出版社，2004。

全、财产安全的事件。之所以称其为入侵性安全事件，就在于事件是在引发者闯入校园或师生其他活动区域后发生，并带有蓄意破坏的目的。

这类事件给师生的合法权益、财产安全及人身安全带来消极影响。严格执行校外人员入校制度、做好出入学校登记工作、加强校园治安管理等可以有效预防此类事件的发生。

（四）公共卫生安全事件

公共卫生安全事件指传染病疫情、食物中毒及其他影响师生健康的卫生事件。常见的类型有传染病疫情、不明原因的群体性疾病、食物中毒、毒物导致的中毒以及其他原因引起的危及师生健康安全的事件。传染病是班级最常遇到的公共卫生事件，一些影响较大的传染病曾迫使学校改变教学计划、教学方式及制定应急防控机制。此外还有病毒性肝炎、流行性脑脊髓膜炎、结核病、痢疾、麻疹、水痘等。食物中毒常与学校食堂卫生环境及食物制作环节有关，一旦发生则影响范围较大。

二、班级成员间矛盾冲突

班级成员间矛盾冲突指在日常的班级交往中教师和学生、学生和学生之间产生矛盾摩擦，进而引起的冲突。[①] 这些冲突往往蕴藏着学生对情绪的宣泄。按照突发事件参与者之间的关系，班级成员间矛盾冲突可分为师生之间的冲突和生生之间的冲突。按照冲突形式，其可分为言语冲突和行为冲突，行为冲突和言语冲突常常发生在同一场冲突中。

（一）师生之间的冲突

1. 言语冲突

言语冲突即师生之间通过言语体现出来的冲突，主要表现为学生顶撞教师和师生吵架。顶撞教师事件在中小学尤其是中学阶段发生较多，主要表现为学生通过口头语言公开表达不满。师生吵架往往是矛盾激化的表现，是师生相互表达不满的方式。与顶撞教师事件不同的是，师生双方都具有较高的参与度，语言交互性较强。如果言语冲突不及时处理的话，很容易升级为行为冲突。值得注意的是，随着网络技术的进步，这类冲突会在网络空间中出现。

2. 行为冲突

行为冲突指师生之间发生的肢体冲突行为，常在学生不满教师的安排，或者教师对学生进行说服教育无效之后发生。教师和学生的阅历不同，对教育的

---

① 齐学红：《班级管理》，152 页，北京，北京师范大学出版社，2015。

认识有差异，对教学方式的感受不一样，有可能产生矛盾，进而升级为行为冲突。

(二)生生之间的冲突

1. 言语冲突

学生组成班集体的同时，又以个体、小团体的形式存在。学生的性格、人生观、能力、兴趣爱好及情感认知等主观差异很大的情况[①]，使得个体与个体之间、小团体与小团体之间不能完全相互认同。聚焦到学校教育场域，常见的言语冲突由学生观点不一致、言语不友好、攀比、争夺公共物品、相互侵害权益等引起。比如，在开展讨论时，学生之间难以对班内、校内发生的事情形成一致的意见，时而有争辩。在这种争辩过于激烈、难分伯仲时，易产生言语冲突。在日常的交流中，学生之间的攀比有时会出现，其中一方的自尊心会受到伤害，成为言语冲突的导火索。在参与班级其他活动时，学生由于认知能力、知识视野、社会经历等不同，会针对某些问题做出不同的判断，选择不同的问题解决方式，在判断与选择上出现的分歧可能会衍生出言语冲突。当冲突参与双方不以单个个体出现时，小团体形式的言语冲突随之形成。与师生之间的言语冲突一样，随着网络技术的进步，生生之间的言语冲突也会在网络空间中出现。

2. 行为冲突

行为冲突主要指打架与偷窃行为。学生之间的打架事件往往由一些小矛盾、言语冲突等升级而来，并有可能升级为群体性打架事件，但不排除个别学生寻衅滋事，故意欺负同学。此外，许多中小学生的财物安全意识不强，班级里经常会出现丢失文具、图书、练习册、金钱及其他物品的现象。与此同时，班级里可能产生具有偷窃行为的学生。一般而言，学生的偷窃行为是小偷小摸，既不构成犯罪也不构成行政处罚，是一种不良品行。[②] 学生偷窃的常见原因有以下几类：满足自己的需求、恶作剧、引起他人关注、报复别人、嗜偷成癖、没有物权观念。[③] 就中学生而言，偷窃行为还有可能受逆反心理、炫耀心理、攀比心理驱使。相对于社会上发生的财物丢失，这些财物丢失的金额虽不是很大，对班级管理带来的影响却不可忽视。教师不能纵容学生的偷窃行为，在处理偷窃行为时要考虑方式是否正确、是否照顾到学生的感受。

---

① 张作岭、宋立华：《班级管理》3 版，183 页，北京，清华大学出版社，2019。

② 何绍纯、王旭飞：《中学生心理辅导指南》，136 页，沈阳，东北大学出版社，2009。

③ 李菁：《班主任应急手册》，60～67 页，北京，中国人民大学出版社，2015。

基于现实来看，上述各类型事件并非全部独立出现。这些类型的事件之间存在较强的关联性，同一时间内可能发生两种及以上的事件。两种事件可能前后发生，兼有前因后果上的连续性。

第二节　班级突发事件的预防

班级突发事件往往具有事发偶然、难以预控、带有破坏性等特点。正因为如此，在事件发生时，教师很可能没有充足时间去思考应对措施。不过，教师可以凭借自己的理论知识、实践经验、教育智慧等对突发事件进行预防，正所谓防患于未然。积极抓好突发事件的预防，是做好班级管理的前提性任务。为此，在日常班级管理中，要注重探索预防突发事件的各类方法。

一、抓好平时教育

凡事预则立，不预则废。抓好平时教育，关注学生的思想动向和心理动态，及时发现苗头性问题，利于维护班级稳定。对学生的平时教育要兼顾个体成长和集体发展，将遵纪守法教育和安全教育相结合。

（一）个体教育与集体教育相结合

引发班级突发事件的可能是一个学生，也可能是多个学生，还可能是某一群体，因而对全体学生的教育不可缺少。引发这些事件的学生常存在个人发展认识不足、纪律意识不强、集体观念不够强、法治意识淡薄等问题，对他们的教育宜采用个体教育与集体教育相结合的方式。从个体层面来说，应教育学生养成良好的学习习惯、生活习惯，注重言谈举止对个人发展的影响，以优秀榜样为参照，主动约束自己的不当行为。从集体层面来说，应培养学生的集体意识，通过课堂讲授、集体活动来让学生认识到集体与个体的密切关系，增强学生的集体荣誉感。学校教育是个人成长的一部分，班集体是学校教育发生的重要场域。新的班级组建之初，教师就要引导学生建立一些基本的班规制度，确立班级建设目标，如不出现打架现象、争当优秀班集体等。此外，还要引导学生树立"班荣我荣，班耻我耻；我荣班荣，我耻班耻"的集体意识。从需要层次理论来看，归属与爱的需要促使学生在班集体生活中与教师和其他学生建立联系。在集体活动中，学生的归属感增强，并感觉到来自同学和教师的爱。用集体的力量来约束学生，会从源头减少冲突事件的发生。

（二）遵纪守法教育和安全教育相结合

抓好平时教育既要在平日课堂上下功夫，也要定期召开主题班会。比如，定期召开校规校纪主题教育班会、法治教育主题班会、安全教育主题班会，完善班会样式，结合案例和身边发生的事情等不断提醒学生遵纪守法和注意安全，提升学生明辨是非的能力，教育学生遇到安全事件机智应对、及早报告。

对学生开展生命教育同样重要，学校要帮助学生树立积极的生命观，引导学生认识到爱护个人生命与爱护他人生命的重要性。

二、做好定期演练

突发事件演练可以让学生感受到紧张氛围，积累应急经验，强化防范意识。一般而言，其可分为情境演练和沙盘演练。[①] 情境演练是常用方法，沙盘演练常用于因条件限制无法开展演练的事件。

（一）情境演练

常见情境演练有地震演练、消防演练、不法分子入侵校园演练等。这些事件一旦发生，很容易危及学生生命安全，情境演练必须认真开展。走马观花式的演练不仅会浪费人力、物力，还很有可能导致学生在真实事件发生时掉以轻心、不知所措。不可否认，仍有一些学校的情境演练形式化，演练效果大打折扣。这是非常不可取的，是对学生不负责任的表现，亟须改正。

演练不仅考验学生的撤离速度，更考验教师的指挥是否有效。有的教师在情境演练时临时更换演练情境，提前宣布紧急事件开始，并将教室后门关上。这样做的目的是依据真实事件的突发性考验学生的临场应变能力、自主行动能力。事后，教师进行总结并针对学生表现中的不足进行分析。此外，很多学校开展了反恐防暴演练，提高了师生应对突发事件的能力。诸如此类的演练，可以极大考验中小学的应急处置能力，增强全体师生的疏散逃生能力，丰富师生应对突发事件的经验，有效推动学校安全工作的开展。

（二）沙盘演练

情境演练固然效果较好，但难以做到事事都进行这种演练。受客观条件限制，一些突发事件无法进行情境演练。沙盘演练是军事上通过模拟作战双方情况来分析作战双方战术问题和应对策略的方法。沙盘演练是对情境演练的一种补充，能够克服有些情境难以创造、演练人力不足的困难。教师在组织学生进行突发事件演练时可借鉴这种方法，充分利用其可重复、低成本、可模拟多种情境、留给师生较多的思考空间等特点。

在开展沙盘演练之前，选择推演话题是首要的。相应的活动前准备必不可

---

① 李菁：《班主任应急手册》，186～187页，北京，中国人民大学出版社，2015。

少，教师可通过查阅资料来寻找相关的注意事项及优秀案例。此选择过程本身可作为一种教育过程，可让学生参与，并引导他们主动思考为什么选择这个话题、这个话题怎么演练、演练过程中要注意哪些问题等，从而增强对学生的教育效果。沙盘演练需要情境创设，不过只需通过语言描述进行创设。在演练过程中，学生会各抒己见、主动交流、急中生智，设想多种应对办法。[1]　同时，指导教师要在场，适当给予学生指导，在班级活动中培养学生的应急素质，培养学生的应急反应能力，避免学生因遇到困难而放弃演练。

三、关注校内外环境变化

校内外环境变化中常常隐藏着突发事件萌发的势头，关注校内外环境变化有利于及时发现事件苗头、排除安全隐患，是防患于未然的必要步骤。

（一）关注校内环境变化

从班级层面来讲，关注校内环境包括关注班内环境与关注校内班外环境。关注班级内部的环境变化，须仔细观察环境的变化，以及时发现存在的突发事件隐患，力争将其消灭在萌芽状态。关注其他班级发生的事件，借他者之鉴，提早做好预防。学校要坚持开展校园安全的日常检查，并号召班主任、值班教师、任课教师以及学校工勤人员等积极关注校内异常现象、设施变化等，一旦发现突发事件或出现突发事件苗头，要及时向相关管理人员汇报。此外，当有学生报告安全问题或发现安全隐患时，务必加以重视。

从关注对象的属性来看，教师既要关注客观物质环境自身的变化，也要关注人为因素导致的环境变化。物质环境的变化如门窗损坏、天花板掉落、瓷砖脱落、楼梯设施故障、电器故障等。人为因素导致的环境变化如教学惩罚过度、不良卫生习惯的传播、校外人员闯入校园等。虽然很多学校已经制定了严格的校园出入制度，但不可否认依旧会有人员伺机闯入校园，因而各学校依旧要在此方面提高警惕。

（二）关注校外环境变化

关注校外环境包括观察学校周边的安全性，关注其他学校及社会上发生的突发事件。校外环境的变化难免会给师生安全带来消极影响，如自然灾害的发生、疫情的扩散等。2021年，一位教师及时发现泥石流后带领学生成功避险的例子在网上吸引了很多人的关注，事件详情如下。

---

[1]　李菁：《班主任应急手册》，188页，北京，中国人民大学出版社，2015。

【案例】

何晓明老师"8·27"泥石流避险先进事迹

2021年8月27日，盐源县棉桠镇小学教师何晓明和村干部及22位家长带领33名学生在返校途中遭遇泥石流，返校队伍到达地灾隐患点堵阿落谷地段，发现沟口路上有稀泥堆积。何晓明老师和几位家长一起走在前面勘察，确定步行路线，并护送部分学生通过危险路段时，发现河沟上游流下一小股稀泥，便立即阻止其他人员通行，并撤退至100米外安全地带。10分钟后，该处相继发生两次小股泥石流，返陵队伍前期制定的步行路线全部被淹没。

上午9:40，突发大股泥石流，沟口上方泥沙全部倾泻而下，何晓明老师不顾危险，和家长一起带领学生按泥石流垂直方向紧急撤离至安全地段。上午10:00左右，何晓明老师和家长继续观察沟口动向，发现沟口上方已无堆积物，危险解除后，由1位家长带头试行通过，部分家长跟随通过，并对步行路线铺撒树枝和石块。上午10:30，何晓明老师与其他家长一起，分六批次将33名学生安全护送通过危险路段。①

何老师的及时发现、科学预判、紧急处置避免了学生伤亡，他的临危不惧、迎难而上的精神值得我们学习。

四、留意学生日常表现

留意学生的日常表现可通过资料分析、注意观察、谈话交流、调查实况等方法实现。关注学生整体的生存环境和学生个体的言行状态，对其表现进行综合判断。对情绪低落、行为异常的学生要多加关注，对遭遇重大事件或变故的学生要及时进行心理疏导。

（一）留意全体学生

留意全体学生的日常表现，与学生进行较多的沟通交流。当发现学生出现言语过激、神情异常、时常受伤、喜欢独处、破坏公物、携带刀具等现象时，要及时干预。长期被教师忽视的学生难以与教师保持良好的互动关系，在某些场景下易成为突发事件的引发者。比如，学生顶撞教师有时是为了寻求教师的关注、吸引教师的注意力、满足被关注的心理需要。

（二）重点关注个别学生

《未成年人学校保护规定》指出："教职工应当关注因身体条件、家庭背景

---

① 四川省教育厅：《四川省教育厅关于表扬何晓明老师"8·27"泥石流避险先进事迹的通报》，https://edu.sc.gov.cn/scedu/c100495/2021/9/2/ca619d1684e64cb8949f17841092e7ae.shtml，2023-01-11。

或者学习成绩等可能处于弱势或者特殊地位的学生，发现学生存在被孤立、排挤等情形的，应当及时干预。教职工发现学生有明显的情绪反常、身体损伤等情形，应当及时沟通了解情况，可能存在被欺凌情形的，应当及时向学校报告。"在班级管理中，有几类学生值得教师重点关注：一是学习困难的学生，二是经常与其他成员产生冲突的学生，三是有异常行为举动的学生。遇到特殊的学生，其实只需要多一份细心与耐心。当发现学生有变得更好的意愿时，教师就要及时地抓住机会，与他们充分沟通，给予他们帮助。下面案例中的这位教师对学生的关注值得许多教师学习。

【案例】

教师对学生的支持和引导

一位教师接手了一个新的班级。前班主任提醒这位教师，班里有学生可能会让他感到"头疼"，如听课不专心、完不成作业、爱发脾气等。这位教师对该生给予较多的照顾，渐渐地感化他，遇到事情不苛责他，而是正面引导、温和劝说。为督促该生遵守课堂纪律，认真学习，这位教师与他约定，如果上课认真听讲，不做小动作，会送他一个"大礼包"。在布置作业时，教师为他降低难度，以增强他的学习获得感。教师与该生的妈妈进行沟通，建议她多陪陪孩子。渐渐地，该生课堂上的小毛病消失了，学习进步了。这位教师按照约定送了他一个"大礼包"。

该教师的支持与引导对学生形成了一种莫大的激励。渐渐地，这个学生较好地融入班集体中，与同学、教师的关系融洽起来。对家庭状况特殊的学生、经常与其他成员产生冲突的学生同样可以采用此类方法。这种转换方法体现了教师的耐心引导、倾心关注，学生能够从中体会到有些东西通过自己的努力是可以改变的。针对有心理压力的学生，教师应做倾听者，了解学生的需要并竭尽所能帮助他们。如有必要，邀请专业的心理咨询师介入。

（三）增强应急能力

教师在学校扮演着危机判断者、危机处理者的角色，教师的言行对突发事件的处理有重要影响。有些突发事件由教师应急能力不足、日常小事处理不及时导致。通过加强对教师的培训，可有效降低突发事件的发生概率。突发事件的多样性促使教师不断提升应急能力，教育管理部门和学校应将提升教师的应急能力作为重要培训内容。为教师提供的培训包括组织他们系统学习、为他们提供应急演习活动。系统学习的关键在于有计划、有组织、体系化。从培训形式来说，它既可通过正式的教师教育课程实现，也可通过专门的研修项目实现，既可是集中式学习，也可是分散式学习。提供应急演习活动可让教师通过参加情境化训练形成对突发事件现实多样性的认识，提升应急操作能力。这种应急演习活动不仅可以以校为单位单独展开，而且可以通过教育管理部门协调多所学校联合展开。无论何种形式、多大规模，最关键的都在于保证教师能够全员参与、熟练掌握。从培训内容来说，其应涵盖常见突发事件类型，既涉及应急知识，又囊括常见应急手段，既有专家引领，又有典型案例分享。从培训时间安排上来说，其既可以是连续性的，也可以是阶段性的。在某些突发事件高发期，可相应增加培训项目。还可针对某学科的特殊属性进行专门的培训，如可能出现运动创伤的体育学科、可能出现实验安全事故的化学学科等。

除了参加培训以外，教师要结合学校实际自学应急知识、技能，多积累科学常识，多学多练，总结探索经验，多问多看，积累突发事件应急处理经验。此外，我们从日常了解到的情况中不难发现，仅靠学校规章制度、道德伦理难以彻底解决的突发事件会在班级发生，这就为教师提出要求，即教师需要借助法律手段来处理。学法知法、懂法用法是中小学教师的必备素质，唯有如此才能在遇到突发事件时准确判断是否需要公安机关的介入，以及如何向他们申请介入。

五、形成应急预防机制

在班级突发事件的预防中，形成应急预防机制非常重要。其不但可以增强师生的规范意识、安全意识，还可以提高学校应对突发事件的能力。基于此，学校要制定好应急预案，并要求师生及时上报突发事件相关信息。

（一）制定好应急预案

制定应急预案能有效减少班级突发事件的发生及其带来的危害。各学校应根据《中华人民共和国教育法》《中华人民共和国未成年人保护法》《未成年人学校保护规定》《学生伤害事故处理办法》等和其他相关法律、行政法规及有关规定制定或完善学校的应急预案。各班班主任要能够熟知应急预案，以便在紧急时刻采取恰当措施阻止突发事件的蔓延。应急预案须根据上级部门的指示和以往的经验来制定，必须将保护学生安全放在第一位，以减少人身伤害和财产损失、维护班级稳定为目的。预案内容应该明确预案的适用情形、逐步实施过程、详细分工、各岗位的权责等。[1] 为保障应急预案的有效实施，学校须组建专班人马，制定相关流程、疏散路线，建立健全应对突发事件的应急防范措

---

[1] 黄苹：《中学班主任如何应对班级突发事件》，117页，长春，吉林文史出版社，2013。

施，备足应急物资，如消防器材、逃生用品、医疗用品等，并定期查看应急物资是否正常。

（二）及时上报突发事件相关信息

只有将发现的问题和情况及时汇报，才能使班级和学校对安全隐患有及时、有效的判断。所以，班主任应该实事求是，不得隐瞒或谎报班级情况，要做到迅速、规范、负责地应对危机。[1] 除了教师自己发现的突发事件外，还有一些突发事件需要从学生那了解到。由此，一系列的上报信息工作需要做好。如有必要，可建立"班情报告制度"[2]。一般而言，上报信息涉及以下环节。

第一，学生向班主任或任课教师及时报告。为避免无人向班主任或任课教师及时报告的现象发生，应充分发挥班干部的作用或考虑在班级里选出一名应急员。应急员应是善于观察、警惕性强、有组织能力、有担当的学生。一旦发生突发事件，应急员负责及时向班主任或任课教师汇报详情。若不能第一时间找到班主任或任课教师，要灵活处理，如寻求隔壁班教师帮助、向校领导直接反映。下面这则例子中，应急员可谓发挥了重要作用，为救治同学争取了宝贵时间。

【案例】

应急员对突发事件的处理

有一天中午，学生正在教室内自修，突然一名学生晕厥，口吐白沫，全身抽搐。班里许多学生还没来得及反应，应急员已经开始冷静地指挥学生紧急处理：让一个学生用校内公共电话拨打 120，一个学生下楼就近请医生，一个学生去找班主任。[3]

第二，班主任或任课教师及时向学校报告。在学校中，教师除了要做好教书育人的工作，还应及时传达情况，起到上通下达作用。遇到突发事件，班主任或任课教师须及时向学校层面报告。如遇到较严重事件，还须请求校领导指示和帮助。切不可因担心班级荣誉受损、受校领导批评而掩盖事实，不得隐瞒或谎报班级情况，以免因处置不当导致严重后果。如有必要，学校要及时向上级主管部门或公安部门报告。

---

① 黄苹：《中学班主任如何应对班级突发事件》，117 页，长春，吉林文史出版社，2013。

② 吴志樵、刘延庆：《班主任怎样应对班级突发事件》，10 页，合肥，安徽人民出版社，2012。

③ 李菁：《班主任应急手册》，186 页，北京，中国人民大学出版社，2015。

第三节　班级突发事件的处理

班级突发事件往往于教学或学校生活中出现，对师师间、生生间及师生间的交往有所影响。正确处理突发事件，有助于维护正常的教学秩序，建立良好的师生关系，促进班集体的团结。处理班级突发事件时，教师需要灵活运用以下原则和方法。

一、班级突发事件的处理原则

关于班级突发事件处理原则的研究有很多，有研究将班级突发事件处理原则总结为以下十条，即教育性原则、目的性原则、客观性原则、针对性原则、启发性原则、有效性原则、一致性原则、可接受原则、因材施教原则和冷处理原则。[①] 有学者总结出以下八条班级突发事件处理原则，分别是教育性原则、针对性原则、因材施教原则、公平性原则、启发性原则、有效性原则、协调一致原则、依法处理原则。[②] 也有人将班级突发事件的处理原则总结为以下四条，即实事求是原则、公平公正原则、尊重学生原则、自我教育原则。[③] 通过对各原则进行甄别，本书认为班级突发事件的处理要坚持的基本原则有及时性原则、教育性原则、针对性原则、公平性原则。

（一）及时性原则

突发事件往往使得正常的课堂或班级活动秩序被短暂打乱，原计划常常需要发生改变。从教育教学活动的持续性、突发事件后果的严重性等特征来看，对突发事件做出迅速处理非常必要。[④] 教师在处理班级突发事件时，必须在最短时间内寻找到解决方法。小而言之，它会给班级带来消极影响，比如，偷窃事件在未得到处理之前，学生之间会相互猜疑，甚至会把矛头指向同一个学生，导致学生之间产生不信任感。大而言之，它可能危及师生的生命安全。比如，当出现人员受伤、自然灾害入侵的情况时，如果不及时处理，就可能会危及师生生命安全甚至出现群体性伤亡事件。

及时性原则强调，当发生突发事件时，教师及相关责任领导要及时出现在

---

① 刘伟：《班级突发事件处理十原则》，载《教学与管理》，2006(1)。
② 齐学红：《班级管理》，161～168 页，北京，北京师范大学出版社，2015。
③ 毛正宏：《应对班级突发事件应遵循的几个原则》，载《中国民族教育》，2010(5)。
④ 熊华生：《班主任工作教程》，205 页，武汉，华中科技大学出版社，2013。

现场，尽快商定及执行处理方案。在处理过程中，做到以下两点非常重要：一是要及时制止，避免突发事件影响扩大；二是及时寻求其他力量帮助，实现各方力量协调一致。具体而言，当遇到危及师生安全的事件时，要以生命安全为第一位，及时联系医院救治相关人员，降低伤害。比如，班主任或任课教师遇到自己难以独自处理的事件，如致伤致残、出现集体食物中毒等时，要及时寻求医院、学校领导及教育相关行政部门、公安机关或食品监管等部门的支持与帮助；遇到需要家校联合解决的事情，需要及时联系学生监护人，发挥学校、家庭、社会三方面教育力量，形成促进突发事件解决的合力。诚然，面对影响较小、短时间内难以处理的课堂突发事件时，为保证教学任务的顺利完成，教师可以选择及时给予关注并暂时平息事件的课堂影响后，在课余时间处理。

（二）教育性原则

班级是学生赖以成长的集体，两者的发展相互依存。班级突发事件所处的场域决定了班级突发事件的处理需要坚持教育性原则。班级突发事件对学生个人发展有影响，其处理要以教育学生、助力学生健康成长为目的。教师在处理这些事件时要注重学生的主体地位，尽可能通过说服教育来实现以理服人。教育性原则要求教师在处理班级突发事件时以教育班集体、促进班集体团结向上为目的，做到以小见大、集体至上，重视班集体的整体发展。教师对突发事件的处理既要防微杜渐，又要考虑班集体的团结，及时浇灭引燃严重事件的火苗。比如，若当事人之间的冲突由对他人的误解、外人的挑拨引起时，教师在掌握真实情况之后，就要意识到事情的严重性，有必要对相关人员，甚至是全班学生进行教育，让学生从中看到挑拨引起的误解、产生的危害，明白做人的道理，从而在利用集体的力量约束学生的同时促进班集体的发展。同时，要正确看待惩罚与教育的关系，杜绝以惩罚为目的的处理方式。

具体而言，按照教育性原则的要求，处理突发事件时需要宽严相结合，体现教育从严、处理从宽的精神，注意以下几点：一是态度上宽容学生、尊重学生，处理事情认真、有耐心，循循善诱；二是语言上要谨慎，要注意说话的艺术，不能嘲讽、贬低学生，不过度使用批评，避免给学生留下心理阴影；三是行动上要稳重，要符合教育目的，三思而后行，避免冲动引发次生事件。另外，班级突发事件的处理还应符合学生身心发展规律，这就要求教师要做到熟知学生身心发展阶段特征，既不能不管不问，也不能揪着某一问题不放，要能够以积极的教育手段促进学生健康发展。在适当的时候，抓住可利用的契机对学生进行集体教育，可以达到事半功倍的效果。

（三）针对性原则

针对性原则是有效处理班级突发事件的重要保障。班级突发事件的处理要做到具体问题具体分析，做到因人而异、因事而异。不同事件的处理方式应有所差异，随事件的改变而改变。不同学生参与的同类事件的处理方式也应有所不同。这就要求教师在处理班级突发事件时要兼顾普遍性与特殊性。

教师在处理班级突发事件时要注意以下三点：一是认清本事件与其他事件的不同之处，严格区分不同类型的事件，并弄清事件参与者孰是孰非；二是增强处理手段的针对性，既要考虑适合本事件的处理手段有哪些，又要考虑这些手段是否适合当事人，还应注意到对同一事件的不同当事人采取的处理措施应不尽相同；三是增强处理方法的针对性，对需要法律法规介入的事件，要遵照法律法规进行处理。比如，打架事件中，涉及的学生往往有两人及以上，他们在事件中产生的影响有所差异，有的是欺凌者，有的是被欺凌者，有的是协调者。有些事件影响较小，有些事件影响较大。因此，教师在处理这样的事件时不仅要弄清楚事件性质，还应考虑根据参与者的不同角色和性格特点来决定采取何种教育方法。对需要法律介入的事件，要以法律法规为准绳，如《中华人民共和国教育法》《中华人民共和国未成年人保护法》《学生伤害事故处理办法》以及《中华人民共和国民法典》《中华人民共和国治安管理处罚法》等，合理划分权责，谨慎对当事人采取处置措施，配合公安调查取证。处理其他类型严重事件时，亦应如此。

（四）公平性原则

公平性原则强调教师在处理班级突发事件时以客观事实为依据，以法律及校纪班规为准绳，不搞区别对待，不偏不倚，不偏袒任何一方当事人。[①] 班级突发事件常常是人际交往事件，一些教师在处理这些事件时容易带着个人喜好、思维定式，急于根据学生的平时表现对事件进行分析，进而影响对事件性质及责任划分的判断。就常见问题情形而言，为保证班级突发事件处理的公平性，教师在处理突发事件时要多方了解事件产生缘由，透过现象看本质，对事件有清晰、全面、正确的认识，明确当事人的责任，综合平衡各方利益，确定周全的解决方案，采取客观公正的处理措施。要注意以下几点：教师处理学生之间的冲突时，避免袒护个别学生；班主任处理教师与学生之间的冲突时，避免偏袒教师；班主任处理学生与自己的冲突时，正视自己的错误和不当之举，

---

① 毛正宏：《应对班级突发事件应遵循的几个原则》，载《中国民族教育》，2010(5)。

在学生面前敢于自我批评，维护班级管理的公平性。[①] 公平性原则要求教师关注、热爱每一个学生，这是较好地处理班级突发事件的保障。

二、班级突发事件的处理方法

班级突发事件并不经常发生，一旦发生就非常考验教师的应变能力。突发事件往往需要教师在短时间内根据以往的经验做出处理。教师不仅应当沉着冷静，更应该采取行之有效的方法。处理突发事件的方法有很多，同类事件用同类方法或采用不同类方法，不同类事件采用不同类方法或采用同类方法。综合来讲，以下方法是在教师处理突发事件时适用性较强的。

（一）以静制动，用"冷处理"降温

"冷处理"就是指对有些突发事件，班主任、任课教师不应急于表态或急于下结论，而应该保持头脑的冷静、情绪的稳定，冷静观察，沉着分析，经过充分调查和了解后对学生进行说服教育，使学生对问题本身有基本正确的认识之后，再得出结论。[②] 在处理矛盾冲突类突发事件时，"冷处理"是常用方法。教师在处理突发事件时要有耐心，不急躁，先倾听学生的解释，不急于表态，不急于下结论，而是沉着冷静地分析客观事实。[③] 冲动、愤怒等情绪会影响人的客观判断能力。使用"冷处理"时，教师不仅自己要冷静，不慌张，而且需要劝说学生冷静下来，缓和现场气氛。"冷处理"的重要意义在于避免激化矛盾，避免使学生产生抵触情绪的同时，留出了解事情真相、弄清事情本质的时间。从下述案例中可以看出用"冷处理"方法解决问题的重要意义。

【案例】

班主任的教育智慧

有位班主任上课时发现一个学生旁若无人地玩蚕，一时间怒上心头。她压制住不平静的心情，冷静地问："知道'养蚕'用英语怎么说吗？"该生摇摇头。"那么桑叶呢？桑树呢？蚕丝呢？……"教师把这些单词写在黑板上，继而又讲到李商隐的"春蚕到死丝方尽，蜡炬成灰泪始干"。学生听得津津有味。最后，她意味深长地说："养蚕是一种有益的活动，但是如果因为养蚕而耽误学习，那好不好呢？"学生恍然大悟，那个玩蚕的学生低下了头。第二天，在班主任的办公桌上出现了一只小盒子，下面压着一张纸条："老师，我错了，我把正在

---

① 张作岭、宋立华：《班级管理》3 版，193 页，北京，清华大学出版社，2019。
② 齐学红：《班级管理》，168 页，北京，北京师范大学出版社，2015。
③ 张作岭、宋立华：《班级管理》3 版，196 页，北京，清华大学出版社，2019。

吐丝的几条蚕送给您，表示我的敬意，因为您使我真正明白了人们为什么把老师喻为'春蚕'。"①

在突发事件中，发生冲突的双方往往都会认为自己是正确的，看不到自己身上的问题。教师要当好听众，给学生宣泄的机会和时间。等到他们把心里的不满全都宣泄出来之后，才有可能渐渐冷静下来，这样才有利于进行下一步的行动。这是作为教师最重要的一条，遇到问题保持冷静，学生才能获得安全感。比如，语言的亲切、脸上的微笑都能使学生从中获得无形的精神力量。教师发现学生在课堂上违反秩序，可先采用眼神暗示、表情暗示、转换授课语气、轻敲学生课桌等方式来处理。多数情况下，这种无声的"冷处理"方法都行之有效。

(二)当机立断，减少事件影响

当机立断与及时性原则相呼应，旨在及时控制事态。采用此法的意义在于尽可能减少事件的消极影响，因而常常适用于处理紧急突发事件，如师生冲突、学生打架、自然灾害、意外安全事故及公共卫生事件等。处理这些事件必须当机立断，否则可能造成严重的后果。因此，面临这些事件时，教师应迅速、果断地做出决策、采取行动，避免优柔寡断、举棋不定。② 教师可从以下方面采取行动：一是及时制止事件的持续发生，二是及时安抚当事人或救治受伤人员，三是及时上报学校甚至公安部门，四是及时补救损失。因事件的具体情况不同，教师采用的问题解决方法也会有所差异。

【案例】

一位数学教师对突发事件的处理

一位数学教师正在上课，教室里的空调线路突然刺刺作响，并有火星逬出。该教师赶紧关闭教室空调，并将学生带至安全处。后来，这位教师把这件事告诉了班主任，班主任立刻将现场拍照发微信给后勤处负责教师。不一会儿，负责安全的校长和后勤处的教师过来查看情况，并把班主任叫到外面，严肃地说："你遇到这种情况能及时报给后勤处，做得很好，但安全意识还不够。像这样的情况最好打电话汇报，因为微信不一定能被及时看到，有可能会引发严重后果。"

---

① 此案例来自吴志樵、刘延庆：《班主任怎样应对班级突发事件》，5~6页，合肥，安徽人民出版社，2012。收入本书时有改动。

② 张作岭、宋立华：《班级管理》3版，198页，北京，清华大学出版社，2019。

上述事件中，数学教师虽然进行了及时处理，但未及时上报学校，依旧存在安全隐患。班主任上报学校的做法值得教师学习，但其中的不足之处需要我们引以为戒。根据实际情况处理突发事件时，需要先保证学生的安全。如果突发事件出现后，学生情绪很激动，应该先稳住当事人情绪，让学生先冷静下来，或先允许他们宣泄出来，再了解情况。有必要的话，还可以询问周边看到的学生，再根据具体情况进行判断，寻找处理问题的方法。

（三）以变应变，巧妙化解冲突

课堂教学中出现的突发事件往往超出教师的预想。当这些事件吸引学生的注意力时，强制性地将学生注意力拉回课堂往往效果不佳，有时还会适得其反。教师可以采用以变应变的方法，通过问题启发、观念引领等促使学生自觉地将注意力转回原教学内容。这种方法不仅有利于建立良好的师生关系，而且可以达到学生自我教育的目的。相对而言，它是一种较佳的处理方法。下面这个案例中，教师采用的就是以变应变法，缓和了当事学生之间的紧张关系。

【案例】

美术课上的小矛盾

在一堂美术课上，教师讲授新内容后学生开始自己的水墨画创作。不料，一个学生的宣纸被自己的毛笔给碰到了，画纸上留下了一个乌黑的墨点。他认为是旁边男生故意摇桌子而引起的，争执过后开始哭泣，越哭越厉害，并用手反复地擦拭那张宣纸。旁边的男生很委屈，说自己是不小心撞到桌子的，没有故意摇桌子。旁边的同学纷纷表示这个男生确实不是故意的。教师转变了常规化的问题处理方式。该教师通过讲述古人"落墨为蝇"的故事，激发大家思考墨点可以改或添画成什么。学生边想边发表自己的见解："可以添画成菊花、葡萄、兰花、樱桃……"各种奇妙的联想让这个哭泣的学生豁然开朗。最后，在教师的帮助下，他把墨点添画成了几颗新鲜的水墨葡萄，原本的错误在灵活的引导中变成了美丽的图画。接着，教师对他说："如果旁边的同学不是故意的，就不能责怪他，一定要大度些。"随后旁边的男生向他说了声对不起，他腼腆地说："没关系！"小小的矛盾随之而解，教学秩序恢复了正常。

从上述案例可以看出，教师通过引导学生在墨点基础上添画葡萄，巧妙化解了学生之间的冲突。除此之外，教师还可以采取利用幽默的语言讲故事、组织简短的游戏、转移注意力等方法化解学生之间的冲突。例如：当学生课堂上对同学进行恶作剧时，可通过提问来转移学生注意力。以变应变式化解冲突、

155

解决问题的方法以成本低、功效高、用途广为特点，是一类效果较好、简单易学的处理方法。

（四）曲线迂回，避免针锋相对

受事件性质、当事人性格等因素影响，有些突发事件不便于直接处理，而是需要采用曲线迂回的方法来处理。它的主要原理在于突破传统式的从直接原因入手解决问题的习惯，绕开事件的直接原因，调整学生身心状态，寻找促进学生情绪缓和、利于化解矛盾的途径。[①] 教师可另辟蹊径以寻找突发事件突破口，或为突发事件当事人营造缓和关系的新情境。扬长避短式地教育学生，利用突发事件中当事学生的专长，委其以班干部身份，用工作责任转化攻击行为，逐渐驱使他认识到自身职责的重要性和自身行为的影响，从正面对其好的行为进行强化。[②] 寻找能够促进当事人情感发生变化的积极因素，营造宽松的情境氛围是关键步骤。倘若教师能够对新情境中的学生行为进行积极引导，则有利于学生情感变化，缓和对立情绪。

【案例】

班主任的"迂回战术"

一天上午，小王、小林在打篮球时发生争吵，扭打起来。上课进教室时，小林恶狠狠地对小王说："你等着，放学了咱俩再算账！"正好赶上班主任上语文课，班主任将此事看在眼里、放在心里，没有表态，只是让他们先好好上课。下课后，班主任布置下午大扫除任务，故意回避纠纷，说："你们俩都喜欢体育，热爱集体，要求进步，所以下午安排你们一起完成刷围墙任务。"还鼓励他们："我相信你们一定能出色地完成任务。"这时，两个学生的对立情绪已经有所缓解。下午劳动时，两个学生配合默契，很快把围墙刷得干干净净。班主任看到之后及时表扬他们，并且当着许多学生的面请他们谈谈干得这么好的感受。小王说："这是小林的功劳，是他从家里带来了洗衣粉和刷子。"小林抢着说："小王还从学校附近的亲戚家借来了小桶。"这时，班主任欣慰地插上一句："是你俩齐心协力合作得好。"他俩高兴得脸上像开了花，一场风波烟消云散。[③]

---

① 张作岭、宋立华：《班级管理》3 版，198 页，北京，清华大学出版社，2019。

② 吴志樵、刘延庆：《班主任怎样应对班级突发事件》，62 页，合肥，安徽人民出版社，2012。

③ 此案例来自史铁成、张宝臣、张忠恒：《班主任工作操作策略》，516～517 页，哈尔滨，哈尔滨工业大学出版社，1998。收入本书时有改动。

　　从上述案例中可以看到，班主任采用了"迂回战术"，不直接针对两人的争执进行表态，而是从两人都喜欢体育着手，发现他们的共同优点，又安排其合作完成大扫除任务，最终毫不费力地消除了矛盾。

　　（五）以小见大，抓住教育契机

　　许多班级突发事件仅体现为一桩小事或是由小事引发。处理这类事件时，教师既不能忽视细节，又要做到以小见大，防微杜渐。从长远视角、整体利益视角出发，教师要循循善诱，引导学生认识突发事件的影响，利用整体大局观、长远发展观对学生进行教育。处理班级突发事件时要顾全大局，全面考虑事件的影响，包括对当事人的影响、对他人的影响、对集体的影响。考虑集体的发展和集体荣誉，将集体与个人结合起来，可利用做好突发事件善后处理的时机，营造良好的班集体氛围。我们来看下面这则案例。

　　【案例】

将突发事件转换为成长契机

　　"老师，小哲和小坤受伤了，好像很严重！"学生小溥慌慌张张地走进办公室对刘老师说。刘老师赶忙起身来到教室，只见小哲、小坤都用手捂着自己的额头，垂头丧气。他们身后的小翔则是一副怒气未消的样子。刘老师先把小哲和小坤拉到跟前，查看过他们的伤情并无大碍后询问原因。小哲和小坤说，下课后他俩在说话，小翔就用手摁着他们，并将他俩的头碰到了一起。很显然，他们是在选择性地陈述事实。随后，小翔解释道，他们俩在说小文的坏话，他在一旁听得气不过，出于对小文的保护，才动手的。小翔说经过时，小哲和小坤一言不发。不用说，真相已经大白，小哲和小坤既是肇事者也是受害者，三个学生都有错。如何进一步处理呢？

　　刘老师决定将这件事转换成促进学生成长的契机，遂让三个学生都反思一下自己在这件事中哪些地方做得不好。小哲坦诚地说："不该说别人坏话。"然后，刘老师进一步引导他认识到，在同学之间传播一些不该说的话是产生矛盾的主要原因，因此要承担这个事件的主要责任。小坤认识到议论别人既不礼貌，往往还会使自己受伤害。接着，刘老师问小翔，这件事有没有其他处理方式，比如提醒他们、报告给老师……刘老师让小翔细心地查看一下小哲和小坤的额头，然后趁热打铁地对小翔说："作为同学，我们要像一家人一样，即使有矛盾，也要通过正确的方式来解决，动手打人是不对的，你看他俩有多难受。"

学生之间的矛盾、冲突往往都是由鸡毛蒜皮的小事或是由几句口角引起的，甚至连当事人自己都不会想到其会导致的结果。因此，很多情况下，教师无须多言，而要逐步引导学生想想自己和对方对在哪里、错在哪里。学生有是非观念，只是一时冲动才会引发冲突，造成突发事件。自己真正想明白了，一切矛盾都会迎刃而解。这样的处理方法可以达到学生自我教育的目的，而且时效性往往长久。

无论是班级活动中，还是课堂教学中，伴随突发事件而生的往往还有教育契机。抓住这些教育契机，通过联想、类比等方法将相关资源用于教学中，不但可以激发学生兴趣，而且能够提升课堂教学效率。

（六）用爱感化，保护学生自尊

许多突发事件的发生与中小学生心理失衡、权益被损害有关。一味地批评会对学生造成心理伤害，加重学生心理负担。尤其是对一些自卑、逆反或过于自信、爱好面子的学生而言，教师用爱感化的方式或许有效果。教师可用爱心打动学生内心，用维护学生自尊心的方式对学生起到感化作用。著名教育家陶行知的"四颗糖果"的故事就是用爱感化学生的典型例子。

【案例】

陶行知四颗糖果的故事

陶行知当小学校长时，有一天看到一个学生用泥块砸自己班上的同学，当即上前叫停，并让他放学时到校长室里去。放学后，陶行知来到校长室，这个学生已经等在门口了。一见面，陶行知却掏出一颗糖送给他，并说："这是奖励给你的，因为你按时来到了这里，而我却迟到了。"学生有些诧异地接过糖。随之，陶行知又掏出一颗糖放到他手里，说："这颗糖也是奖励给你的，因为我喊停时你立即住手了，这说明你很尊重我，我应该奖励给你。"那个学生更诧异了。陶行知又掏出第三颗糖塞到他手里，说："我调查过了，你用泥块砸那些男生，是因为他们不守游戏规则，欺负女生。你砸他们，说明你很正直善良，有斗争的勇气，应该奖励你啊！"那个学生感动极了，他流着泪后悔地说："陶校长，您打我两下吧！我错了，他们毕竟是我的同学啊！"陶行知满意地笑了，他随即掏出第四颗糖果递过来，说："为你正确地认识自己的错误，我再奖励给你一颗糖果，我没有多的糖果了，我们的谈话可以结束了。"[①]

---

① 此案例来自《陶行知四颗糖果的故事》，载《湖北教育（综合资讯）》，2010(10)。收入本书时有改动。

在日常班级管理中，此类案例有很多。教师在处理班级突发事件时要保护学生自尊，一旦处理不当，既会给当事人造成心理阴影，侵犯学生权益，又会加大班级管理的难度。下述案例中马老师的处理方法就很好，一件小事的处理不仅转变了当事学生的态度，而且对其他学生进行了一场教育。

【案例】

马老师的教育智慧

刚接班的时候，前任班主任就对马老师说："小霍这个孩子可能会让你头疼。听课总是三心二意，手里偷偷攥着小玩具，家庭作业不能保质保量完成，还会撒谎说把作业忘在家里了，有时莫名地发脾气，整节课都带着情绪。"一天课间，几个学生一起慌慌张张地对马老师说："老师，你快看看小霍，他把牛奶洒得满地都是，还弄湿了别的同学的课本！"马老师刚进教室，就看到小霍趴桌子上放声大哭，大概是觉得要被老师批评了。然而，马老师并没有批评他，而是轻轻拍拍他的后背说道："10 岁可是大朋友了，男儿有泪不轻弹，对不对？"小霍点点头。马老师接着说："我们已经学会互相理解、互相帮忙了，还会为自己不小心闯的祸去想办法补救了，我们三班都是有爱心有责任心的孩子，是吧？"学生使劲点点头。接着，马老师问道："那这地上的牛奶怎么办呢？""老师，我去拿抹布擦一下！""我去拿拖把拖一下！"正在学生积极响应时，小霍站起来，擦干眼泪，说："我自己去！"在小霍认真"收拾残局"的时候，教室里响起来一阵阵掌声，是宽容的掌声，是鼓励的掌声。

当然，除了上述处理方法之外，教师还可采用因势利导、旁敲侧击、以退为进等方法。在处理班级突发事件时，要避免对学生进行语言伤害、唠叨、强迫道歉、团体惩罚、扣分、体罚。[①] 总之，教师要能够立足学生成长，从维护班集体利益的角度，运用教育智慧、集体力量等合理解决突发事件。更进一步讲，如果教师能够借助处理突发事件的机会对学生进行教育，将达到事半功倍的效果。总之，处理班级突发事件需要教师具备扎实的理论知识、良好的班级管理能力、丰富的班级管理经验以及灵活的教育机智。班级突发事件的处理既要注重科学，也要注重艺术。

为预防突发事件的发生，减少突发事件的影响，学校要抓好对学生的平时

---

① ［美］伯登：《成功地经营你的班级（第三版）》，张艳华译，236～237 页，北京，中国轻工业出版社，2006。

教育，关注学校内外环境变化，留意学生日常表现，增强教师应急能力，形成应急预防机制。当班级突发事件发生后，处理班级突发事件时要坚持及时性、教育性、针对性及公平性等基本原则，可采用以静制动、当机立断、以变应变、曲线迂回、以小见大、用爱感化等方法。

【思考题】

1. 除本章提及的以外，班级突发事件的类型还有哪些？

2. 遇到学生之间发生冲突时，你认为应该怎样处理呢？请结合具体的案例进行阐述。

3. 阅读下面的案例并思考问题。

一天早上，艺涵跑来找我，说妈妈让她买钢笔的十元钱找不到了。和她同来的晴晴抢先说："侯老师，你接班以前我们班就发生过这样的事情，后来老师查出来是小旭干的，这回肯定也是他干的，小旭就坐在艺涵后面。"艺涵随声附和："是啊，侯老师搜搜他的身上，肯定能找出来。"

问题：如果你是侯老师，接下来会如何处理此事？

【推荐阅读】

1. 魏茂盛. 班主任应对班级偶发事件的技巧[M]. 哈尔滨：北方文艺出版社，2008.

2. 贺湖. 中小学突发事件应急指要[M]. 长沙：湖南教育出版社，2008.

3. 李伟，娄东梅. 班主任应对班级突发事件的技巧[M]. 呼和浩特：内蒙古大学出版社，2009.

4. 丁烈云，杨新起等. 校园突发事件应急管理[M]. 武汉：华中师范大学出版社，2009.

5. 龚春燕，向中一，魏文锋. 教学艺术：教育专家魏书生谈班主任工作[M]. 桂林：漓江出版社，2010.

6. 李慕南. 班主任怎样应对班级突发事件[M]. 沈阳：辽海出版社，2011.

7. 吴志樵，刘延庆. 班主任怎样应对班级突发事件[M]. 合肥：安徽人民出版社，2012.

8. 耿烨，许汉平，陈智. 中小学生常见心理问题及辅导[M]. 长春：吉林人民出版社，2020.

9. 姚玉香，张作岭. 班级管理实用案例教程[M]. 北京：清华大学出版社，2021.

10. 徐长江，刘迎春. 班级管理实务[M]. 2版. 北京：高等教育出版社，2021.

11. 赵坡. 问题学生这样教[M]. 武汉：长江文艺出版社，2021.

12. 齐学红. 今天，我们怎样做班主任：优秀班主任成长叙事[M]. 上海：华东师范大学出版社，2021.

第七章 家校合作的班级管理理论与实践

章前导语

本章从家校合作的内涵出发，分析了合作的必要性，全面阐释了其对学校、教师、学生、家庭和社会等多方面的价值，并结合典型案例分析了家校合作的组织载体、具体方式和类型，对其理论和实践进行了全面阐述。

第七章包含两部分内容：一部分是家校合作的理论，另一部分是家校合作的实践。第一节主要帮助大家了解家校合作的内涵、必要性、价值。第二节主要结合典型案例帮助大家对家校合作的组织载体、具体方式和类型形成基本认识。

第一节 家校合作的概述

家校合作是教育研究和学校改革中历久弥新的主题，是全球范围内学校教育改革的重要课题，也是班级管理中经常会涉及的关键内容。从家校合作的主要发展趋势来看，其呈现出较强的时代特征和鲜明的政策导向性，且在儿童全面发展、教育环境优化和现代学校制度建设等方面的价值日益凸显。

一、家校合作的内涵

一开始，家校合作表现出了较强的制度化和政策引导性。现代意义上的家校合作起源于美国1965年通过的《初等和中等教育法案》，它将家长和家庭参与学校教育的理念、内容以法律的形式规定下来。20世纪70年代后，美英等西方国家的新自由主义和新公共管理主义思想开始冲击学校教育，学校在校本管理、教育分权等理念的指导下进行了一系列的改革，家长逐步地被允许参与到学校教育中来，家校合作作为一种科学的育人方式得到了认可。1977年，英国的《泰勒报告》提出家长参与学校教育的建议。英国的《1980年教育法案》《2011年教育法案》等都进一步强化了家长参与学校教育的理念。

2012年，《教育部关于建立中小学幼儿园家长委员会的指导意见》文件从国家政策层面进一步提出要建立家长委员会。2015年，《教育部关于加强家庭教育工作的指导意见》指出要充分认识加强家庭教育工作的重要意义，进一步明确家长在家庭教育中的主体责任，充分发挥学校在家庭教育中的重要作用，加快形成家庭教育社会支持网络，完善家庭教育工作保障措施等内容。2017年，教育部正式印发的《义务教育学校管理标准》明确指出：构建和谐的家庭、学校、社区合作关系，健全和完善家长委员会制度，引入社会和利益相关者的监督，促进社区代表参与学校治理。2021年，我国首部针对家庭教育专门出台的法律《中华人民共和国家庭教育促进法》指出，家庭教育不仅需要家庭负责、国家支持，还需要学校配合、社会协同，由此带来了学校、家庭和社区协同育人关系的深刻变革。

从微观层面和各国实践来说，家庭和学校是社区里的社会组织，学校开展的合作一般是家校合作，家校协同育人的基本单元是家庭、学校。从家校社合作的历史沿革来看，可以把其理解为以促进学校治理、学生全面发展为目标，学校、家庭双方互相配合、支持与协调的教育协作活动。

第一，从本质上看，家校合作的本质属性在于去中心化、自觉自愿的联合、共同行动，换言之在于共同体内部成员通力合作并付诸共同行动从而产生整体利益最大化的效应。去中心化意味着合作主体要逐步地消除个人中心主义的观念，在没有中心与边缘的差别的结构中行动以实现共同目标。自觉自愿的联合是在主体普遍接受与认同的基础上形成合作关系，这是家校合作发展的高级状态。共同行动的目标指向学生发展，基于共同的认识与目的采取一致的行为。[①]

第二，从主体来说，学校是家校合作的主体，发挥着主导作用，家庭是二者合作的关键。这是一种双向活动，需要学校教育和家庭教育互相配合，学校要对家庭教育做出指导和帮助，家长要对学校教育给予支持。

第三，从目的来看，家校合作涵盖了学生发展、学校治理等多方面，但其中心是学生的发展，学生是家校合作育人的服务对象和最终目的。

第四，从内容来说，家校合作主要有五大领域，即学校帮助家长提升亲子教育能力，建立家校沟通交流机制，家长配合、支持学校教育，家长志愿参与学校教育，家长参与学校决策。

第五，从方式来看，家校合作包含线上、线下、线上和线下交互合作等多种形式，是一种双向的互动而非单向的沟通。

第六，从管理上看，鉴于家校合作逐步走向常态化，组织机构会愈发完

---

① 柴江：《家校合作的本质属性、困境根源与破解思路》，载《南京师大学报（社会科学版）》，2021(3)。

善，有专门的人员配置、培训和研究活动。

二、家校合作的必要性

家校合作主要是由社会转型、教育发展和儿童发展共同促成的，这些因素共同促进了两个主体之间的互动、交往、协同，要求其形成育人合力。

首先，家校合作是教育对社会转型带来的变革与挑战的积极应对。经济全球化、信息化和民主化等浪潮给教育带来了巨大且直接的影响，同时家庭结构和生活方式发生了巨大变化，基础教育的普及和高等教育的扩张使得父母受教育程度不断提升，个体的生存压力带来了一些教育问题。面对这些变化，学校需要通过与家庭合作来有意识地应对。

其次，家校合作是教育发展的内在需要。随着教育事业的发展，许多学校在教育实践中意识到家庭等其他力量的支持和配合的重要性。作为对学生发展具有同样影响力的社会单元——家庭，其和学校在教育中的地位和作用是一致且平等的，学校教育需要较多的来自家庭方面的支持。

最后，家庭与学校对儿童的教育和发展的影响是交互的，这决定了二者之间必须合作。家校合作使得教育系统内部产生了良性互动，避免了因学校教育与家庭教育的分离而造成教育力量的分散。家校合作通过不同程度、不同方面的统整，进而让教育资源最大化地作用于学生的发展。

三、家校合作的价值

家校合作育人的影响是多样化的，对学校、教师、学生、家庭、社会来说都有重要的积极效用。

第一，对学校来说，家校合作基于共同的利益，使得学校教育得到较多的支持，从而有利于促进学校教育的高质量发展，实现学校的变革和工作的改进，最终强化教育机构的自主管理，推动教育社会化和社会教育化的进程。

第二，对教师来说，家校合作有利于增进家庭对学校教育、教师工作的理解，做出客观公正的评价。这有利于改善家庭与学校的关系，使教师的职业得到尊重和认可，增强教师的职业幸福感、满足感和效能感。

第三，对学生来说，家校合作为其发展提供了健康的生态环境。家校合作有利于为学生提供较多的支持和机会，实现学生在品德和学业等各方面的良好发展、身心健康成长。家校合作沟通学生在校生活和家庭生活两个世界，实现教育在时空上的衔接和拓展[①]。

---

① 黄河清、马恒懿：《家校合作价值论新探》，载《华东师范大学学报（教育科学版）》，2011(4)。

第四，对家庭而言，家校合作有助于提升家庭教育素养，提高家长育人能力和水平，使家庭教育者的主体意识和自觉性得到增强，同时提升家庭生活的质量。

第五，对社会而言，家校合作为学生的成长提供了支持与帮助，有助于高质量、公平教育的实现和社会和谐发展。

第二节　家校合作的组织载体、具体方式和类型

一、家校合作的组织载体

在家校合作制度化的国家和地区，大多组建了以家长、教师为主体的组织平台。美国的家校合作的组织载体较为多样，有家长教师联合会、家长参与教育联合会、伙伴行动小组和国家合作伙伴学校联盟等。[1] 美国等国家的家校合作组织与学校是一种合作伙伴关系，其参与学校的事务范围较为广泛。

我国家校合作的组织载体以家长委员会为主，国家要求有条件的公办、民办中小学和幼儿园组建家长委员会，在自愿的基础上进行民主选举。家长委员会是在学校的帮助和指导下成立的，但不是学校的下属或附庸，而是权责统一的群众性组织。[2]《中国中学教学百科全书》中的解释是：家长委员会是由学校出面组织代表参加的一种群众性的社会团体。[3] 2012 年，《教育部关于建立中小学幼儿园家长委员会的指导意见》将建立家长委员会提升到了国家政策层面。2017 年，教育部印发的《义务教育学校管理标准》明确指出要拓宽家长和社会参与学校治理的渠道，建立健全学校民主管理制度，依法建设现代学校制度。在具体实践中，学校通过开展家长会、亲子运动会、志愿者服务等各类活动使广大家长群体参与到学校日常生活当中来。家长不仅扮演着学校活动的支持者和志愿参与者的角色，更被看作决策参与者，在学校决策形成、执行和监督方面发挥积极作用。家长委员会的基本职责在于：①参与学校管理。对学校工作计划和决策提出意见和建议，对学校教育教学、管理给予支持，对教育教学活动进行监

---

① 吴重涵、张俊：《制度化家校合作的国际比较：政策、学校行动与研究支撑》，载《中国教育学刊》，2019(11)。

② 中华人民共和国教育部：《开展中小学家委会制度建设》，http://www.moe.gov.cn/jyb_xwfb/moe_2082/s7081/s7290/201303/t20130320_149037.html，2023-03-17。

③ 中国中学教学百科全书总编辑委员会　教育卷编辑委员会：《中国中学教学百科全书》教育卷，250～251 页，沈阳，沈阳出版社，1990。

督。②参与教育工作。发挥家长的资源和专业优势、自我教育优势，为学校教育教学活动、校外活动提供资源支持和志愿服务，宣传正确的教育理念和方法。③沟通学校与家庭。家长委员会要将学校的工作计划等传达给家长并听取相关意见和建议，向学校反映家长的意愿、希望和要求，促进双方的理解。

二、家校合作的具体方式

从发挥作用的领域来说，家长参与学校教育可以分为基于家庭和基于学校的家长参与。① 基于家庭的家长参与是指在家庭中对学生的学习和发展进行指导和监控，对学校活动进行参与、讨论和提出建议。基于学校的家长参与是指发生在学校内部的、学校起主导作用的教育活动，主要有家长会、学校开放日、志愿服务、家长学校等具体方式。

（一）家长会

首先，从价值影响上来说，家长会是常见的家校合作方式，是学校和家庭沟通的重要桥梁，也是家长了解孩子情况、更新教育理念的学习课堂，更是改善亲子关系、师生关系的途径。第一，通过家长会，教师和家长互相交换学生的信息，教师向家长讲述学生在校表现，家长向教师告知学生在家的表现，了解到这一学年或阶段存在的问题，共同商讨下一步改进的做法和计划。第二，家长会是家长学习的重要契机。一般来说，家长的教育理念来自自身的成长经历、教育经历等，家庭教育的理念有较大的差异性和多样性。通过家长会，家长在与教师、其他家长的分享和交流中，习得了科学的、系统的教育理念，尤其是在学习辅导、心理辅导、习惯养成等方面，以此来更新自身的家庭教育理念，尽可能地在日常教育孩子时，与学校、教师的教育理念、教育目标保持一致。第三，家长会是和谐师生关系和亲子关系的催化剂。通常家长、班主任和任课教师通过家长会对学生的心理、学习和思想等状况以及个性发展等会有更深的了解，教师会更加理解学生的主体性、个性和主动性，会给予学生更多的关怀和尊重。同时，家长在了解到孩子的表现后，会在教师的正确引导下，尊重孩子作为受教育者的个性、自主性和优缺点等，形成正确的儿童观和教育理念，积极地改善亲子关系。

其次，从时间节点来说，开学之初、重大活动前、新教改实施前、重要考试之前、学期末或毕业前等，都是召开家长会的合宜时间。随着家校合作的程度不断加深，家长会逐步呈现出常态化的趋势，应定期召开且有明确的主题。

---

① 鞠佳雯、李妍、蒋柳青：《促进家长参与家校合作的国际经验及启示》，载《中国电化教育》，2021(5)。

再次，从召开形式来看，家长会的主要形式有案例分析会、主题研讨会、教育理念培训会、读书交流会、建言献策会、联欢会等①，从类型上看可以分为推介型、了解型、培训型、活动型、问题解决型、激励型和综合型等②，不同类型的家长会有不同的召开形式。

最后，从具体实施策略来说，主题化家长会能够有效地解决家长被动参与和实效性不强等问题。具体包括以下三种策略：第一，强化制度保障。从学校层面来说，要成立针对家长会的组织机构，并针对家长会的实施频次、召开主题、管理策略等出台一系列的配套制度，保证其有制度可依。第二，优化主题引导。依据教育目标、学校发展现状等因素，设立系列主题，形成完善、科学的家长会主题清单，保证每一次的家长会召开都依据主题，使家长带着问题而来，带着收获而归。第三，注重实践推进。家长会的召开要依据主题，采取全员和部分成员相结合、线上和线下相结合的形式，注重形式创新，注重挖掘和积累优质素材，不断地充实和更新相关主题，形成校级家长会主题资源库，使家长会在注重常态化的同时兼顾主题化、深入化。

（二）学校开放日

学校开放日是家庭参与学校教育活动的重要方式，也是家校联系的关键纽带。其功能主要有以下几个方面。

第一，便于家长了解孩子的校园生活。家长带着新鲜、好奇感进入校园中，体验学校生活，了解学校图书馆、教学楼、操场、体育馆等孩子经常活动的场所，进入明亮、温馨的教室，和孩子一起听课，一起参加课间活动，一起排队吃午餐，了解到孩子每天的校园生活状态，接受一次潜移默化的教育。

第二，引导家长深入了解学校办学理念。家长了解到集体教育活动的专业性和难度，认识到班主任、任课教师和学校教育的不易，体会到学校对学生成长的良苦用心，在以后的合作中会自觉地站在学校的角度考虑问题，进而互相理解和支持。

第三，敦促教师改进工作。家长参加学校开放日，既是自身学习和成长的机会，也是对教师和学校教育工作的一种监督和评价，会从侧面敦促教师不断地提升自身专业水平，反思工作中存在的问题和不足，尽可能地促进每一个学生的全面发展。

第四，有利于家长提出合理建议。家长通过参加学校开放日，更加贴近实

---

① 姜玉芹：《家长会可以有多种形式》，载《教学与管理》，2019(11)。
② 鲁自力：《家长会召开形式的选择》，载《教学与管理》，2019(13)。

际地了解孩子和学校，并加强与学校、教师之间的沟通，其教育理念得到更新，会在以后的家校合作中提出合理、科学的教育策略。

学校开放日活动忌虚假和走过场，要注重实效性，保证活动的质量，使家长和教师的教育水平都能得到较大程度的提升。家长参与学校开放日活动的过程可以分为准备阶段、实施阶段和后续阶段。

第一，准备阶段。首先，从学校层面对整个开放日活动进行规划，对活动的主题进行系统化、主题化的设计，包含活动的主旨、主题、目的、时间、形式、资源等内容。其次，在年级层面，依据教研组规划的整个年级的活动主题，从年级层面为教师提供帮助和支持。再次，班主任、任课教师根据年级组规划，结合班级情况形成开放日活动的具体方案，在家长委员会的帮助下将相关内容细化。最后，家长层面要理解学校开放日的主旨、内容和形式，并对可能会遇到的问题进行预设，做好沟通、分享的准备。

第二，实施阶段。开放日活动要以展现学生在校的日常生活和学习为主，这样有助于让家长了解到学生真实的学习和生活状态，真正发现问题并进行反思、沟通和解决，尽可能地避免"演出来的课堂"和虚假的活动。教学观摩活动是开放日活动的核心环节，在内容上分为新授课、复习课和活动课等，以展示学生的学习成果、成长变化为主，让学生有展示的机会，增加学生与家长之间的互动，让家长对孩子的学习状态有初步的评价和判断。家长根据观察记录表的内容，有选择性地记录下需要进一步了解和沟通的问题、困惑或兴趣点，这些内容会便于教师对家长的行为进行引导。活动过程中，可以进行对话式的总结，家长和教师作为讨论的主体，不可忽视学生的自我评价。

第三，后续阶段。开放日活动结束之后，教师和家长要围绕整个活动进行后续的交流、讨论、反思和交换意见等，因此随后的几天是较为关键的。一般来说，家长这个时候要发挥积极性、主动性，教师会与家长通过电话、家访等形式进行沟通和交流。

（三）志愿服务

家长参与学校和社区志愿服务，是家长参与学校教育、履行教育义务的重要方式，也是协助学校教育、社区教育的义务工作。家长志愿服务的主要内容有以下六个方面：①做学生的安全卫士，在学生上下学期间协助学校附近的交通安全护导；②协助班主任做好学习用品资源回收、文书资料处理等；③协助班主任负责班级图书馆、活动室等教学活动场所的管理和维护；④在开学、放假前以及重大节日或活动前进行班级环境布置、班级设备的维修与养护；⑤协助开展社团活动、民俗技艺教育等；⑥协助开展亲子教育和亲子活动。

从组织上看，家长志愿服务逐步呈现出服务队伍组织化、规范化的趋势。家长志愿服务队伍作为一个特殊的组织，在家校合作中发挥着关键作用。家长志愿服务组织由关爱孩子且积极热心于参与学校教育的有爱心的家长志愿者组成，自愿为班级管理、学校发展和学校工作等服务，无偿承担社会责任，表现出主动性、自愿性、公益性和组织性等特点。[1] 丰富多彩的志愿服务活动是家校合作的重要形式和举措。志愿服务组织和活动增进了家长对学校的了解，从而提升了家校合作的质量和学校的办学水平。从家委会到家长志愿组织，基本上实现了由被管理、被动参与到主动进行自我管理的飞跃。在性质上，家长志愿组织独立于学校管理机构之外，但又和学校保持着紧密的联系，既保证了自身的独立性和自主性，可以快速高效地开展行动，又能够独立于学校之外来思考学校和学生发展的需要，共同致力于学校的高质量发展。

完善的组织机构管理制度、经常性的志愿者训练服务项目和专项技能培训是家长志愿服务及其组织未来发展的趋势，学校领导者、管理者和教师的支持、沟通、适当的参与以及家长的鼓励和赞许是使其能够长久服务于学校教育的重要因素。政策、法律法规等方面的制约和规范必不可少，这需要充分发挥政府的支持、示范和引领作用。

（四）家长学校

创办家长学校的目的在于以下几方面。

第一，努力使家长学校起到统一家校教育思想的目的，给每一个学生营造教育理念和谐一致的家校学习环境，积极构建家庭、学校一体化的教育体系，促进每一个学生的健康成长和全面发展。

第二，努力提高学生家长对家庭教育的认知水平。家长学校通过行之有效的活动，如讲座、座谈会、交流发言等家庭教育交流活动，普及家庭教育的科学知识，介绍不同年龄学生的生理、心理发展特点及其相应的教育方法，引领家长认识到家庭教育的重要意义和作用，使家长形成正确的家庭教育理念，掌握科学有效的家庭教育方法。

第三，积极营造和谐的家庭氛围，指导家长为孩子创造一个学习型、宽松和谐的家庭环境，以促进孩子身心全面发展。

家长学校一般设正副校长、教务主任各一位，每班设一位班主任，并聘请校外专家担任任课教师，邀请每个学生的家长中的一员作为固定成员参与学习，有严格的组织和考勤制度。一般来说，家长学校会根据学校教育课程内容

---

① 李化春：《家长义工组织：家校合作新途径》，载《中国德育》，2013(10)。

和重要活动开设相关课程。例如，在考虑到海外华裔青少年家长这一群体长期缺乏关注的情况下，某家长学校针对其在海外面临的家庭教育困惑，联合多个主体开展了形式多样的家长学校活动，在群体、形式、课程等方面进行了系统化的规划和设置。

【案例】

"家长学校"成为独特教育交流平台

由浙江省侨联、温州市侨联、温州大学主办，温州大学华侨学院、浙江华侨网络学院、温州大学欧洲华文教育研究所、意大利罗马中华语言学校承办的第三期家长学校系列课程暨"陪伴的力量"专题课程，持续了两个月，以"梦想的力量：如何更好地树立学习中文的愿景"为主题，采取线上的形式，针对海外华裔青少年家长开设。共设置 6 次专题课程，围绕高效陪伴、学习中文、树立自我认同、引导自主学习等主题，通过主题报告、案例分析、自由研讨、课程总结等多个环节，激发海外华裔青少年及其家长与专家学者的互动讨论，回应海外华裔青少年家长面临的家庭教育困惑，提供专家分析意见，共同探讨解决方案。[①]

家长学校的实效性问题一直是关注的热点。增强其实效性，需要做到以下两点。

第一，要提升教师对家庭教育的指导能力。一般来说，家长学校的师资队伍可由学校教师、志愿者、优秀家长等组成，多指派班主任充当家庭教育指导教师。应加强对班主任家庭教育指导能力的培训，建立职前、职后一体化的学习机制，强化班主任的家庭教育专业指导能力建设，鼓励优秀的专家、家长参与到家长学校中来，形成家庭教育指导共同体，共同致力于家庭教育指导能力的提升。

第二，以家长为中心，建设家长学校的课程体系。围绕家长需求，确立家长学校课程的目标、内容和结构，课程内容应涵盖通识性课程和个性化课程。通识性课程应包括党的教育方针政策、国家法律法规、教育心理学、职业生涯规划等知识。个性化课程应包含特殊家庭和特殊儿童家庭的指导课程等。[②]2021 年，北京师范大学与中国儿童中心共同制定了《家庭教育指导者专业标准

---

① 此案例来自高乔：《"家长学校"成为独特教育交流平台》，载《人民日报海外版》，2022-06-01。收入本书时有改动。

② 宋伟：《加强家长学校建设 提升家庭教育质量》，载《河北教育（德育版）》，2022(1)。

（试行）》（以下简称《专业标准》），为我国家庭教育指导服务工作提供了专业化、标准化的依据，成为家庭教育指导者培养、准入、培训和考核的重要依据。此标准包含了家庭教育指导者的专业伦理与道德、专业理念、专业知识和专业技能四个方面共计十八个领域的内容。在实施的过程中，除了要发挥《专业标准》的引领作用外，还要使其成为家庭教育指导者制定自身专业发展规划的依据，以此为指导不断地增强自我发展的主动性，积极主动地开展指导服务工作，勇于开拓创新，开展自我评价，根据自身情况参与到有针对性的精准培训和自主研修中，不断地提升专业水平。

针对网络环境下家长学校存在的忽视课程系统建设、缺乏有效的双向互动、未兼顾指导对象的独特性等问题，家长学校课程资源的建设者要对家长的需求和家长教育水平进行评估，据此开发模块化的校本课程体系，具体包括以下方面：①适合全校家长参与学习的通识必修课程模块，如"分清鼓励和赞美，给予孩子正能量""家长如何训练孩子的思维能力""如何在家庭教育中进行挫折教育"等；②适合不同年级家长参与学习的专题选修课程，如"孩子做作业拖拉，怎么办""如何开展亲子共读""初小衔接，让孩子不骄不躁""以身示范，教给孩子沟通与解决问题的技能"等；③针对不同类别和需求的家长设置个案咨询课程，如"当青春期遇上更年期"。另外，要构建线上、线下相结合的课程模式，如引入专家课和家长优质资源课等内容形成微课、视频课、音频课、PPT、电子文档等，结合这些内容的学习开展线下或线上的讨论与分享，实现家校合作的纵向深入。①

【案例】

家长学校课程的开展

某小学的家长学校课程的开展包括以下三步。

第一步，家长学校课程资源主要采取线上培训的形式。其一，家长学习了家庭教育专家的网上课程，十二期课程内容包括如何面对孩子、关注习惯、关注情商等方面的内容。在专家的引领下，家长学会去关注孩子的内心，深入地了解孩子，坚持顺其自然、科学引导的教育原则。家长学校推送教育部关心下一代工作委员会录制的家庭教育公开课，引导家长树立正确的育儿观，为孩子创设和谐的家庭环境，构建民主平等的新型家庭人际关系。其二，积极挖掘身边优秀家长资源，在自愿报名、提交心得、认真筛选后，将优秀家长的育儿经

---

① 刘翠鸿：《网络环境下家长学校课程资源的建设与运用》，载《湖南教育（D版）》，2021(12)。

验录制成视频课，推送给全体家长，从而让学习内容丰富、贴近生活实际、能引起共鸣。

第二步，在课程推送以后，引导家长在家校群内进行交流，针对每一期的讲座内容，结合平时教育出现的问题、困惑或心得进行交流，从而不断地进行反思、改进。在一学年的学习结束后，鼓励家长撰写学习论文，分享育儿经验，不断地提高家长的育儿素养，从而较好地实现家校共育，在培养学生成长中形成教育合力，从而促进学生健康成长。根据家长的学习情况和成果展示，评选并颁发"优秀家长""优秀家长学员""优秀家校论文"等奖项，最大程度地对家长的育儿工作进行肯定，并从学校层面不断激励家长，较好地实现家校融合。

第三步，充分利用网络平台，在学期中、学期末、寒暑假开展线上交流活动，从对作业、睡眠、读物、手机、体质监测五项管理的解读，到对如何较好地培养孩子学习和生活习惯的指导，开展有针对性的家庭教育指导，帮助家长不断改进方法，让家校合作更顺畅、更有实效。通过电话或者家访等及时反馈孩子的在校情况，与家长积极沟通交流，一方面让家长了解孩子的实际情况，另一方面让家长了解学校办学理念、育人方式，理解、支持学校和教师工作，从而不断推动家校合作纵深发展。教师积极采纳家长的宝贵意见，努力解决家长育儿路上的困惑与苦恼。通过发放"家长问卷调查"来了解家长的实际问题与想法，针对家长提出的问题和疑惑，教师及时与家长沟通，并以"致家长一封信"的形式，宣传错峰上学、交通安全、用电用水安全等方面内容，形成家校合力，共同营造安全、健康、和谐的成长环境。[①]

在充分考虑到家长家庭教育需求和水平的基础上，通过课程导入—个体反思—集体交流—主体互动—改进提升的课程体系建构，家长学校课程资源得到了较大程度的丰富和优化，针对不同类型家长的需求和水平提供了灵活多样、针对性强的课程内容，增强了课程的精准性和实效性。

三、家校合作的类型

结合美国约翰斯·霍普金斯大学学校、家庭和社区合作中心首席专家爱普斯坦提出的家校合作的实践类型体系[②]，可将家校合作分为当好家长、志愿服务、伙伴合作、参与学校决策、家校协同社区发展五种实践类型。

---

① 此案例来自许昌实验小学。
② 孙云晓：《中国家庭教育蓝皮书（2018—2019）》，44 页，长沙，湖南教育出版社，2020。

（一）当好家长

作为学校教育的支持者和学习者，家长通过学校、线上教育等形式，参与到学校教育活动中来，不断地提升自身家庭教育素养，并与学校、教师建立基本的联系，如建立家校联系簿、家庭教育通讯录等，为孩子成长提供良好的家庭氛围和正确的指导。

家长要经常与学校、教师联系，掌握孩子的思想动态和存在的问题，有针对性地在教师的指导下采取有利于孩子成长及孩子可接受的方式，引导孩子向积极正确的方面发展。在教育孩子的过程中，部分家长往往采取无效的教育方式，缺乏冷静的思考，或者教育无效后就放任不管，这都是十分不可取的。家长要了解孩子在学校的方方面面，使其能够得到全面的发展，不仅能在学业上取得进步，还能够独立生活，自主处理日常事务，以便较好地适应社会。同时，家长不仅需要支持和配合学校教育，还需要提升自身素养，注重言传身教，树立威信，让孩子信服。切忌以工作忙为借口和理由，忽视与孩子的沟通和交流。家长的教育理念和水平应该走在孩子心理发展的前面，要在工作之余全身心地投入孩子的教育中，不断地学习教育理论知识，在教师的指导下提升教育孩子的能力，尽力地赢得孩子的尊重和爱戴。家长还要为孩子营造良好的家庭氛围，为孩子的成长提供舒适、安静的学习环境。

【案例】

非常课堂

2020年年初，河南省开封市晋安小学积极联合家长学校启动了为期28天的"非常课堂"公益活动，全校家长参与了本次线上学习活动。本次活动的开展有以下三个过程。

1. 活动前征求家长意见

活动前，学校德育处组织各班家长委员会成员召开了线上家长会议，德育副校长阐述了"非常课堂"公益活动的目的以及后续课程具体的安排，并就课程推送方式、推送时间以及活动感悟的交流方式等问题展开研讨，充分征求家长的意见，并将具体推送时间固定下来，避免有些家长因工作群信息较多而忽略重要信息。针对活动交流的方式，有家长提出根据家长受教育程度和自身特长采取"固定形式＋自选模式""指定分享＋随机抽号"相结合的方式灵活开展活动，得到了学校和家长委员会成员的一致认可。

2. 活动中引导家长分享

活动中，各班班主任每天通过班级微信群定时推送课程预告信息表，坚持和家长同步在线收看专家讲座，并第一时间把自己的感悟分享发布，引领家长通过录制小视频、写活动心得等方式来分享学习感悟。"非常课堂"围绕"如何培养孩子的注意力和记忆力""信息时代父母如何提升教育素养""怎样做到和孩子无话不谈"等热门的家长教育主题展开，带给家长深刻的思考和教育孩子的智慧。每天的课程结束后，各班展示优秀家长学习笔记、学习感悟视频、家庭教育案例。家长参与一系列的评比活动，学习热情高涨。课程结束后的班级群成了家长自觉分享、交流的"阵地"，每一张认真书写的反馈表、每一段真诚分享的视频感悟都是家长对家庭教育的再认识。有感而发的讨论让家长真正从课程中受益，并充分认识到学习与掌握正确的家庭教育思想和科学的育人方法的重要性，理解了为孩子健康成长营造良好的家庭教育环境的重要作用。"非常课堂"公益活动拉近了家长与家长、家长与教师、家长与学校之间的距离，开启了家校共育的新篇章。

本次"非常课堂"公益活动通过推送一系列的专家讲座资源给家长提供了在家学习提高的机会，引导家长利用假期对孩子进行灾难教育、爱心教育、规则教育等，提升了家长的教育智慧，拓宽了家庭教育的视野。同时让家长在教育孩子的过程中树立正确的家庭教育理念，掌握科学教育规律，和学校一起走向智慧育人。

3. 活动后及时反思总结

今后，学校将继续坚持定期推送家庭教育优质资源，努力实现学校教育与家庭教育的互补与融合，让家长从课程资源中汲取适合自身家庭教育的新理念，探索出适宜的家庭教育新路径。相信不久的将来，越来越多的家长会通过家长学校、线下家长会等形式参与到学校的教育活动中来，不断地提升家庭教育素养，进一步推动家校协同育人。[①]

（二）志愿服务

家长作为志愿者，协助学校开展各种活动。家长作为学校教育的支持者、志愿者等，自愿参与到学校教育中来，参与学校活动和学校组织。家长自愿参与的学校活动主要包含接送队服务、主题班会等。家长通过各种方式参与到学校教育中，了解孩子的发展情况。家长自愿参与学校组织是指家长自愿地加入家长委员会等家校合作的组织平台，这类组织为家长、学校的沟通提供了支持和帮助。

---

① 此案例来自开封市晋安小学。

教育是个同心圆，学生是圆心，只有家庭和学校向心发力，才能创造出好的教育。家长通过参加学校开展的志愿服务活动参与到学校教育中来，为学校出谋划策，提供支持与帮助，有助于营造家校共育的良好氛围。让我们通过丰富多彩的活动架起学校与家长的"连心桥"，协力画好教育的"同心圆"。

（三）伙伴合作

当追求公平而有质量的教育时，促进多元家庭结构的参与成为优化学校治理、促进学生发展的重要方式。此类型的家校合作是由家长和学校相互配合而形成的，如家长、教师联合组织活动。家长作为学校的"顾问"，当学校有重大政策需要制定和调整时须征询家长的意见。相比于上一种类型，家长的角色从参与者转变成了合作者，成为学校教育的伙伴。此类型的家校合作主要包含建立学校合作伙伴行动小组，家校共同制定合作目标和计划，依据学校发展目标和课程需求开发家校协同育人课程，家长参与课程实施、学生评价，等等。学校为有需要的家庭和学生提供学习、家庭教育、家庭关系等方面的支持，指引家长树立正确的家庭教育观念，如以下案例。

【案例】

好爸爸课堂

《中华人民共和国家庭教育促进法》的颁布，明确了父母在家庭教育中的责任和义务。父亲是孩子通往广阔世界的领路人，父职教育对孩子的一生有至关重要的作用。但在父母共同参与教育孩子的家庭中，以母亲的教育为主，父亲只是作为辅助角色，甚至很多家庭在教育孩子的问题上出现父亲缺位现象。父亲和母亲对孩子的教育同等重要，缺失父爱会导致孩子情商发展不平衡，会影响其他各项能力的培养。

为了促使父亲承担起家庭教育的责任，在孩子成长的路上多些"父能量"，开封市第一师范附属小学的爸爸们组建成"好爸爸育儿协会"，定期开展"好爸爸课堂"活动，为家长分享育儿经验。爸爸们走进课堂，根据自己的职业特点为学生讲解相关知识，如安全、传染病防控、牙齿保护、科学运动等方面的知识。"好爸爸课堂"已经成为学校探索家校共育的一种新举措。

1. 多措并举，弥补"父亲缺位"

"好爸爸课堂"活动开展以来，越来越多的爸爸主动报名，分享育儿经验，为家长分享平时应该如何高质量地陪伴孩子、如何与孩子沟通等。"好爸爸课堂"活动持续开展，家长热情不减，效果显著。各班邀请在孩子家庭教育上比较有心得的爸爸来到直播平台介绍经验、分享感悟。有的爸爸说："我的工作比较忙，但是我会尽量准时准点完成工作，抽出时间陪孩子一起读书、运动或娱乐。"有的爸爸说，"孩子做完作业以后，我会简单地和他聊一聊单位发生的有趣的事情，然后让孩子跟我分享一天在学校的学习生活"，并呼吁家长与孩子多进行沟通交流。还有的爸爸介绍如何培养孩子的学习习惯、阅读习惯、劳动习惯，平时如何引导孩子坚持运动、爱上运动，如何面对孩子提出的五花八门的问题……无论讲述什么主题，言语之间都体现着浓浓的父爱，散发着教育的智慧。爸爸们的精彩分享在各班级群中引起了强烈反响，掀起了众多家长参与讨论的热潮，家长们纷纷发表自己的看法和感受，一条条家庭教育的小妙招不断涌现。

2. 多元职业，助力学生成长

"好爸爸课堂"为学生的多元成长开启了新篇章。一位消防员爸爸为学生讲解了消防员救火常识、火灾逃生等知识。消防员爸爸先与学生进行知识问答互动，激发学生学习消防知识的积极性，接着讲述了小学生在火灾中如何迅速逃生自救。根据学生感兴趣的问题，这位消防员爸爸认真讲解了不同颜色防护服的差异。例如：深蓝色是灭火防护服，主要运用于消防员扑救日常火灾，保护消防员的生命安全，防水、隔热、耐高温。橙色的是抢险救援服，主要运用于车辆事故救援、地震救援，耐磨、防割、轻便，能够方便消防员实施救援，不能用于灭火。最后，给学生讲解了灭火器的类型、灭火原理等基本的消防知识，并现场操作，演示了正确使用灭火器的方法与要点。课堂最后，学生在这位消防员爸爸的指导与协助下穿上了消防服，体验了一次"小小消防员"。本次"好爸爸课堂"让学生了解了较多的消防知识，学会了在面对突发情况时如何保护自己。

3. 激活资源，实现家校融合

从事各行各业的家长是学校宝贵而丰富的教育资源，也是一支特殊的"教师队伍"。激活家长教育资源，让较多的优秀家长走进学校，走到学生中间，为他们的健康成长贡献自己的力量。"好爸爸课堂"活动的开展实现了家校的有效融合，扩大了学校的影响力，满足了学生个性化而全面的发展需要，同时提升了学校的办学满意度。[①]

父亲在家庭教育中扮演着不可替代的角色，是家庭教育中不可或缺的一部分，该校着力组建"好爸爸育儿协会"，打造的"好爸爸课堂"成为一张闪耀的家

---

① 此案例来自开封市第一师范附属小学。

校合作新名片。该校基于该协会组建了家长学校联合组织，创新家校活动类型，通过多种形式的家校合作让家长明白学校教育与家庭教育之间密不可分的伙伴关系，实现家校深度融合。

（四）参与学校决策

2012年，教育部印发的《全面推进依法治校实施纲要》提出"不断扩大家长对学校办学活动和管理行为的知情权、参与权和监督权"。2015年，教育部印发的《教育部关于深入推进教育管办评分离　促进政府职能转变的若干意见》指出，校务委员会须有家长代表，家长有参与学校重要事项的决策权。2017年，《义务教育学校管理标准》明确指明，"拓宽师生、家长和社会参与学校治理的渠道"。这一系列的政策文件明确规定了家长参与学校治理的权利、权限和内容，明确了家长参与学校管理、治理的决策权，拓展了家长参与学校活动的范围和内容，为家长参与学校治理提供了政策支撑。

作为学校教育的重要组成部分，家长以管理者、决策者的身份参与到学校管理委员会中。参与学校决策的最终目的是通过参与民主决策的方式最终实现学校文化的转变，通过家庭、社区参与学校民主活动，实现家庭、家长和社区与教育者之间的文化互通，打通各主体之间的区隔，推动学校管理类型向民主型和共享型方向转变。

【案例】

家长参与学校食堂招标的决策和监督

河南省开封市第一师范附属小学在会议室召开食堂食材配送及劳务用工的竞价招标会议。学校邀请了家长代表作为学校食堂管理监督委员会成员，参加了本次竞价招标会议。

1. 家长听取汇报，提出改进意见

总务处主任对上一学年学校的食堂管理工作进行汇报总结，受到了与会人员的高度评价。同时，学校就食堂的组织管理计划向家长代表征询建议。家长代表针对不同年级的就餐时间提出合理建议，希望不同年级错峰就餐，避免去餐厅就餐的拥堵。学校总务处工作人员认真听取建议，及时回复家长代表会考虑采纳家长代表的建议，制订出详细具体的错峰就餐计划，下学期将予以实施。

2. 观看现场推介，实地考察企业

接着，家长代表深入了解了学校食材采购、食堂用工评标方案及流程。学校通过企业代表的现场推介、实地考察、唱标、现场评议、公布结果等一系列公开透明的流程，确定本年度学校食堂食材配送、劳务用工的中标服务企业。四家企业代表通过讲解、播放视频、展示 PPT 等多种方式，向家长代表现场推介，宣讲企业优势。然后，家长代表查看各企业的竞标材料，了解详细内容，并针对不清楚的地方向企业代表询问。接着，在学校和竞标企业的组织下，家长代表对每个竞标企业进行实地参观考察，深入了解了各个竞标企业的食堂设备、管理制度、人员配备、运行模式。

3. 参与现场投标，做好决策监督

回到学校后，家长严格按照竞标流程认真查看了各企业单位的报价，经过慎重考虑，在评议表上投出自己宝贵的一票。投票结束后，评标小组人员随即紧锣密鼓地进行现场投票统计。最后，根据现场投票统计结果，学校书记当场宣布为学校食堂提供食材配送服务、劳务用工服务的中标企业名单。此次食堂竞价招标会让家长从多角度了解了学校的食堂管理工作，认识到家校合作的重要性，使家长共同参与学校食堂招标的决策和监督中来，对学校的食堂管理起到了积极的促进作用。[①]

学校家长代表参与食堂招标，是家长参与学校管理与决策的一个缩影，已有不少中小学邀请家长委员会成员参与食堂竞标和监督管理。家长代表不仅可以参与食堂竞标会议并履行决策权，而且可以对学校的饭菜质量进行监督，从进料、加工和卫生等各个环节，严把食品安全质量关。家长代表每周可以参与学校开展的家长开放日活动，陪同孩子一起在校用餐并对午餐提出建议，还可以到学校食堂等学生生活服务部门，对其服务质量和价格不定期抽查，及时向学校反馈意见，要求学校及时办理并予以答复。越来越多的家长广泛地参与到督查教师办公、教育教学、学生活动、校园环境、饭菜质量等与学生身心健康发展密切联系的学校工作中，由旁观者、配合者真正变成了决策者和当事人。

（五）家校协同社区发展

家校合作基于自愿，家校合作的组织不仅有利于学生、学校和家庭的发展，还服务和致力于整个社区的发展。家校协同社区发展旨在识别和整合社区资源与服务，营造爱心社区和友好的教育氛围[②]，类似于杜威"学校即社会"的理念。家校协同社区发展是一种理想化的家校合作类型，从整体的角度看待学校、家庭和社区，要求实现学校、家庭和社区的整体发展。

这种合作事实上组建了一个家校社共同体，为了实现学生发展、学校变革

---

① 此案例来自开封市第一师范附属小学。

② 孙云晓：《中国家庭教育蓝皮书（2018—2019）》，44 页，长沙，湖南教育出版社，2020。

的共同目标，遵循共同的组织规定和规则，分工协作。在共同体中，每一个主体都有一定的特性：学校教育基于学生发展的目标进行规模化的建设和变革；家庭教育的重点在于养育并重，对孩子的德智体美劳等方面进行引导和影响；社会教育以服务、实践为目标，实施开放、多元化、零散式的教育。每一种教育在目标、内容、方法等方面有截然不同的规定性，家校社共同体的建构让它们互相补充，协调统一。但是，在协作的过程中，要保留每一种教育形式的独特性，厘清不同教育形式的特性和彼此间的边界尤为重要。尽量避免在合作的过程中出现彼此推诿、互相争权的情况，要坚守自身形式的优势和特色，明确三方的教育权责边界，以便形成持续、健康和高质量的协作模式。

建构家校协同社区发展，要注意以下两点。

①要以学校为主导，因为学校教育是传承国家意志且具有系统的、科学的、专业的教育体系的形式。学校教育要主动承担起主导家庭教育和社会育人的责任，主动承担起引导学生发展、成长、成才的重要角色，以便协调统一，形成育人合力。

②学校可立足于国家课程标准，结合学校办学理念，充分用好家庭和社区的他育资源开发极具特色的校本课程，丰富综合实践活动课程，提升课程品质。

要在学校课程中融入家庭和社区资源，充分地发挥家长的各种优势和能力，针对不同行业、不同职业的家长开发相应的资源，利用好家长的生活经验、社会资源等，邀请家长进入课堂中分享自己的故事。还可以利用社区资源，比如艺术中心、体育中心、图书馆、科技馆和博物馆等，邀请场馆的专业人员和职能部门的相关人员与学校合作。

【案例】

综合实践活动课中的家、校、社区协同

河南省开封市第一师范附属小学的李老师，结合学校和学生的实际情况，开展了一年级综合实践活动课程"我的学校"。在活动中，李老师创设真实、安全的实践场景，统筹学校、家庭、社区等多方面资源，收获学校优秀师资团队的支持，聚焦家长、社会力量，使学生在小组合作探究中深入了解了学校的灿烂辉煌历史，深切感受了学校的深厚底蕴，逐渐形成了爱校如家的情感，最终获得了自我价值的体现，真正树立了正确的价值观。

在四课时的综合实践活动课中，首先，李老师以新生入学的照片激起学生的回忆，通过齐唱校歌、观察校门等活动引出本节课的主题。通过小组讨论，

李老师指导学生将小组关注的问题写在探究卡上并粘贴到黑板上向全班展示，确定了四个有价值的研究主题，分别是"学校名字我知道""专用教室我认识""学校美景我欣赏""不同环境我适应"，还引导学生自由组成四个小组，分别是"彩虹小组""未来小组""阳光小组""风之彩小组"。其次，通过李老师和家长的共同指导，学生学会了设计活动方案，掌握了活动方案设计的方法和技巧，学会了如何进行采访。学生以小组为单位，根据活动的需求，把个人的智慧融合为小组的智慧，共同制定出小组活动方案，明确小组分工。再次，学生以小组为单位进行资料整理与交流，在汇报的过程中相互评议，查找问题和不足，同时互相借鉴经验。在这个过程中，李老师指导学生统筹校内外社会教育资源，多种渠道收集资料。最后，学生以小组为单位，整理小组的汇报内容，由组长或汇报员进行展示汇报。"学校名字我知道"主题研究小组以新闻播报的形式快放他们采访的视频，简述了解到的资料。"学校美景我欣赏"主题研究小组成立旅游团，带领游客领略学校的美丽风光，用快板的形式夸赞学校。"专用教室我认识"主题研究小组成立采访小分队，组员走访有代表性的功能教室，欣赏艺术领域的精彩演绎。"不同环境我适应"主题研究小组以情景剧的形式展示一天里幼儿园和小学的不同生活，串烧了舞蹈、篮球、武术等表演。学生热爱学校，要成为学校的骄傲，争做新时代的好少年。

在活动实施的整个过程中，李老师整合家校社各方的优势资源，为活动课程的顺利实施创造有利条件。

①充分运用学校资源。

在李老师的指导下，"彩虹小组"的成员参观了学校美术教室、音乐教室、心理咨询室、多媒体信息教室，并通过采访学校教师来了解各个专用教室的用途。在采访中，小组成员边采访边动手体验，感受了多功能教室为学习带来的方便，体验了小组合作探索的快乐，锻炼了与他人沟通交流的能力，初步形成团队意识和组织观念。"阳光小组"成员参观校史馆、校史墙，高年级大哥哥大姐姐来当讲解员，为一年级的小组成员讲解学校的悠久历史和光荣传统。"阳光小组"的成员跟随教师观察校园的人文景观，捕捉具有学校特色的美丽一角：小桥流水、假山池塘相映成趣，旁边的校史墙上雕刻着学校的沧桑历史，迎接着蓬勃向上的小小童心。随后，他们又跟随美术老师欣赏、感知校园的美丽，用七彩画笔绘出校园的风景。在参观的过程中，小组成员感受到了学校深厚的文化底蕴，形成了向善尚美的审美情趣，发展了初步的艺术鉴赏与表现能力。学校功能齐全的硬件设施、专业优秀的教师队伍、独具特色的校园环境、健康向上的校园文化、团结互助的友爱氛围，在教师的精心设计下都成为本次综合实践活动课程的宝贵资源，在实践育人的过程中发挥着重要作用。

②紧密联结家长资源。

家长是孩子的第一任老师，综合实践活动课程的顺利实施离不开众多家长的鼎力支持。在本次综合实践活动课程中，李老师创设以学习者为中心的实践环境，深入探索校内外资源融合，不断延展教育空间，努力构建家校协同育人，扩充教育同盟军。例如：在方案指导课中，李老师邀请一位身为报社记者的家长为一年级的小组成员做采访前的培训。这位家长愉快地接受了邀请，并为培训做了精心的准备。他从确定采访目的、撰写采访大纲、明确注意事项三方面进行讲解，通俗易懂，使一年级的学生很快了解了该如何进行规范的采访活动。在学生采访的过程中，这位家长一直在一旁指导，还充当摄像师录制采访的过程。当然，这只是家长参与课程实施的小小缩影。从街头的采访到学校的拍摄，从展示课的道具准备到最终的完美演绎，从搜集资料到整合资料，从多媒体设备的提供到实践活动的安全保障……课程实施的每个环节都离不开家校的通力合作，离不开家长的大力支持和陪伴帮助。家长一直陪伴孩子在调查探究中学习，做孩子背后默默的支持者。此外，李老师还设计了家长评价单，邀请家长参与本次活动的评价，见证孩子的成长。结合学习单上的评价表和榜样激励，学生在总结和反思中不断改进和发展能力，学科知识在综合实践中得到延伸、综合、提升。

③深入挖掘社区资源。

社会是学习知识的天地，是动手实践的舞台，是教学资源的宝库。李老师指导研究小组在收集整理资料和汇总展示的过程中，充分运用数字化的社会资源——网络信息资源和多媒体信息技术。比如，"风之彩小组"走上街头，对路人进行采访调查，运用多媒体信息技术剪辑采访视频，运用"问卷星"设计和投放调查问卷，汇总数据资料，了解大家眼中的开封市第一师范附属小学，通过互联网查询、收集关于学校教育文化的资料。学生将前期的活动照片做成视频，配上动听的音乐，在展示交流课中展示。除此之外，李老师设计本次综合实践活动课程的拓展延伸——寻访学校周围的环境，充分挖掘社会实地资源。接下来，李老师还带领学生以学校周围的人文环境和文化资源为依托，开展主题研学活动，引导学生感受围绕在学校四周的文化底蕴，拓宽学生的知识视野，深化学生爱学校、爱家乡的情感。①

---

① 此案例来自开封市第一师范附属小学。

上述综合实践活动课程充分地将社会资源融入学校课程中，从学生的真实生活和发展需要出发，将学生从生活情境中发现的问题转化为活动主题，通过探究、服务、制作、体验等方式，开展培养学生综合素质的跨学科实践性课程教学。综合实践活动课程期望学生能从社会生活中获得丰富的实践经验，形成与社会、自然的内在联系的整体认识，培养学生的价值体认、责任担当意识、问题解决能力等。

【案例】

家、校、社共同开发劳动实践活动课程

河南省开封市第一师范附属小学联合家长和社区，共同开发了劳动实践活动课程。学校按照不同年级学生的劳动能力，设计了阶段性的劳动课程：低年级以生活家务类劳动课程为主，中年级以农业种植类劳动课程为主，高年级以职业体验类劳动课程为主。同时，学校还开设了各年级的文创设计类劳动课程。下面以中年级的农业种植类劳动课程为例，介绍其家校社共同开发的劳动课程。

①多方共商议，课程巧设计。

4月下旬，学校领导与校外劳动实践基地负责人、家长委员会代表共同商议，决定以基地的红薯试验田为本次劳动实践活动课程的主阵地，围绕红薯展开一系列的劳动实践活动课程，并制定了本次劳动实践活动课程的方案，随后课程进入准备阶段。学校印发《关于开展劳动实践活动课程的一封信》，讲解了本次劳动实践活动课程的目的、意义与内容，征得了家长的同意。

②家校社联动，课程强推进。

根据本次劳动实践活动课程方案，综合实践活动课程指导教师开展了以红薯为研究主题的综合实践活动课程。教师从学生的生活出发构建课程，向学生展示烤红薯、红薯丸、红薯条等常见的小吃，引发学生对红薯的兴趣。接着，教师指导学生小组讨论，将组内都感兴趣且有价值的问题写在探究卡上。学生上台将探究卡粘贴在黑板上，通过选择、合并问题，最后确定了四个有价值的研究子课题，分别是"红薯的种植方法""红薯的生长过程""红薯的食用方法""红薯的品种"。学生根据自己的兴趣、能力自由分组，共同确定组名。在教师的指导下，各研究小组制定了具体的研究方案。接着，课程进入实施阶段。在五一国际劳动节之时，学校组织了校外红薯田的集体劳动实践活动，并邀请每班两位家长代表作为安全监督员，参与学生的劳动实践活动。校外劳动实践基地为每个班级配备了一位红薯种植经验丰富的辅导员，配合综合实践活动课程

教师，开展劳动实践活动课程。不同的小组根据自己的研究主题，在劳动实践中展开有趣的研究。有的小组采访基地辅导员，询问红薯的种植方法。辅导员现场为大家演示如何种好红薯："地温稳定在 15 ℃以上时，比较适合种红薯。红薯苗的栽插主要有平栽、斜栽两种方法。平栽适用于土地肥沃的地块，方法是将红薯苗平放在田内，苗的上部露在外面。斜栽适用于比较干旱的地块，是将秧苗斜栽到田内。"研究小组认真聆听，做好采访记录。在辅导员的指导下，大家还亲手种植红薯苗，栽插、浇水、敷地膜，干得热火朝天。有的小组参观劳动实践基地的农作物种植展览馆，了解红薯的生长过程、红薯的品种。通过观看展览馆的标本和图片资料，听取展览馆讲解员的细致讲解，大家学到了很多农作物种植知识。集体劳动实践活动结束后，在学校的号召下，每周末家长都会带着孩子去劳动实践基地，为自己种植的红薯苗施肥、喷洒农药防止虫害、定期养护薯苗。到了国庆节，正值红薯采收的时期，学校又组织了一次校外劳动实践基地的活动，并邀请家长代表参与。在教师的带领下，学生采收红薯，收获劳动果实。家长代表不仅监督学生的活动安全，还和学生一起劳动，共同体验亲子劳动的快乐。除了参与收红薯的劳动实践活动，研究小组还用手机、相机记录下采摘红薯的快乐瞬间，为展示汇报课积累了宝贵的活动资料。

③三方共育人，课程广延伸。

集体劳动实践活动结束后，学生抱着红薯回到家，根据关于"红薯的食用方法"的研究结果，着手制作蒸红薯、烤红薯、红薯干、红薯丸、红薯汤等美食。家长为学生提供烹饪厨具和材料，保障学生制作过程中的安全。在展示汇报课中，各小组运用实物、视频、图片、手抄报等多种形式展示了关于红薯的研究成果，还编排了小品《收红薯》、舞蹈《劳动光荣》请大家欣赏，带来由红薯制作的美食请大家品尝。活动结束后，学生拿着自己制作的烤红薯、红薯丸等美食，走上街头，送给交警叔叔和环卫工人，走入社区，送给孤寡老人。此时正值重阳节，学生不仅把自己制作的红薯美食献给家中的长辈，还带着美食看望敬老院的爷爷奶奶，用自己的实际行动，传承中华民族的传统美德。①

学校发挥自身在家校协同育人中的主导作用，紧密联系家长和社区，充分挖掘家庭和社区的特色和优质的他育资源，将社会资源和家庭资源融入学校劳动实践活动课程的开发与实施，在课程中培养了学生朴素坚毅的品格，提升了学生的劳动认识和能力。

---

① 此案例来自开封市第一师范附属小学。

2023 年，《教育部等十三部门关于健全学校家庭社会协同育人机制的意见》明确指出了学校、家庭和社会各方育人职责和协同机制，提倡学校充分发挥协同育人主导作用，家长切实履行家庭教育主体责任，社会有效支持服务全面育人。家校协同社区发展是家校合作的趋势，社会作为重要主体应与家庭和学校一起发挥教育合力，在共同关心的问题的解决上协同是整体策略的起点，通过各方平等协商达成共识是优选策略，在大范围难以形成共识时可选择分层、定向协同。①

【思考题】

1. 除了本章提及的五种类型，家校合作还有哪些类型？

2. 阅读以下案例并思考问题。

某校的家长学校自创办以来，发挥学校在家庭教育中的引领作用，利用学校的主阵地和主课堂，确立家长作为学校多元主体之一的地位，尊重其主体权利，与其平等对话，积极协商，解决教育教学问题。特别是"双减"以来，学校在积极落实国家政策的同时把建设家长学校作为工作重点。

学校坚持把爱国主义教育作为家长学校的主方向，让党史学习教育在家庭中落地。多种要素有机结合，通过专家引领、骨干教师带领、制度保障等形式构建全方位家庭教育网络。学校立足生活实际开展劳动课程、常规实践活动，解决实际生活问题，提升家庭教育质量。为建立健全家长委员会，学校设三级家长委员会，班级家长委员会由班主任、任课教师代表和班级推选的家长代表组成。创建工作室，加强家校交流。通过发放问卷、给家长写信等形式，积极听取并采纳家长的宝贵意见，努力解决家长育儿路上的困惑与苦恼。

问题：

(1)该校家校合作模式处于哪个层次？有何特色？

(2)该校在家校协同育人上有哪些改进和提升的空间？

【推荐阅读】

1. 李家成，王培颖. 家校合作指导手册［M］. 北京：北京大学出版社，2016.

2. 摩尔. 家校社共育实践手册：洞察、理解并获得家长的支持［M］. 李浩英，译. 北京：电子工业出版社，2021.

---

① 储朝晖：《家校社协同育人实施策略》，载《人民教育》，2021(8)。

3. 孙云晓. 家校合作共育：中国家庭教育的新趋势[M]. 北京：中国人民大学出版社，2020.

4. 洪明. 家校合育论[M]. 北京：教育科学出版社，2021.

5. 王晋. 班级管理与心理辅导[M]. 郑州：河南大学出版社，2021.

6. 康丽颖. 家校共育指导手册：小学版[M]. 长沙：湖南教育出版社，2018.

7. 吴盈盈. 家校共育：班主任家校共育经典工作法[M]. 北京：知识出版社，2021.

8. 王燕萍. 家校协同，打造 365 孩子成长乐园[M]. 上海：华东师范大学出版社，2017.

第八章　班级管理新理念

章前导语

　　随着教育管理向教育治理的转变，班级管理工作聚焦到教育治理视域下。在教育治理本质的影响下，班级管理吸收多元共治的方法，采取民主管理和多主体参与的理念。现代教育视域强调儿童参与，从哲学、社会学、心理学三个维度，以反思角度研究儿童作为个体在社会情境中的生活形态。为了更好地适应新时期班级管理工作的形势，不仅需要评价班级，还需要评价班主任。评价有利于有效提高班主任的工作效率，促进班主任专业发展，从而有利于班级建设。

第一节　教育治理视域下的班级管理

　　管理是指管理者通过计划、组织来协调团体共同完成某项任务，它是垂直的、自上而下的。治理则是多个主体对某一目标的共同协商、调和，它既可以自上而下，也可以自下而上，是多元主体的联合。班级管理涉及诸多事项，仅凭班主任一人的教育工作无法全方位建设出优秀班级。随着治理理念的发展，班级管理可以聚焦于治理的视角，班主任、学生等多元主体从不同角度发现班级的问题，调整管理策略，共同推动班级管理工作的开展。

一、教育治理的意涵与特征

　　治理一词很早就在我国出现，主要指政府所进行的调控与管理。随着国家对治理能力与治理体系的重视，治理一词逐渐走进教育领域。教育治理是热门研究话题，不同学者对教育治理的含义做出了不同的界定。

　　袁贵仁等人提出，我国学校教育治理的基本路径和任务是：以政府职能转变为重点，以建立与高校、政府、社会新型合作关系为重点，以中央政府宏观管理、高校自主办学、社会各界广泛参与的方式，合理、充分地调动中央和各地政府部门的积极作用，合理地调动社会各种机构的活力，有效地发挥对整个社会的公共服务职能。① 在褚宏启、贾继娥看来，教育治理是指教育为了实现教学目标，通过特定的机构设置和制度安排，协调社会组织、利益群体和个人，共同管理教育公共活动，促进教育稳步发展。② 国内学者从不同角度诠释了教育治理的内涵，厘清了教育领域改革需要关注的重点内容，从政府、社会、学校三者的关系变革出发，探讨如何培养高素质、高质量人才。教育治理被分为三个"治"的有机统一，即多元共治、班主任元治、学生自治。③

教育治理是由参与共同治理的主体按照一定的规则开展相关教育活动，它涉及管理的多个主体、多个层级、多个因素、多个环节四个方面。多个主体主要包括政府、学校、社会组织以及教师、学生、家长等个体，多个层级指中央政府、多级地方政府、学校以及班级等，多个因素包含教育规划、课程管理、教学管理、经费管理、人员管理、质量保障、督导评价等多项内容，多个环节包括计划、决策、执行、控制等多个流程。④ 虽然不同学者对教育治理的解读不同，但其本质都是从建构政府、社会、学校新样态关系着手，增强学校自主办学权，通过多元共治构建横向、纵向多层面的立体化网络。杨文杰、范国睿认为教育治理的多元共治聚焦于三个方面：一是突破管理体制的瓶颈，进一步转变政府的职能；二是回归学校主体地位，激发学校自主办学的活力；三是要培育社会各组织，增强其参与教育事务的能力。⑤

教育治理的本质特征是多元共治，但多元共治较多聚焦于优化政府和学校之间的关系，只关注政府与学校的关系显得视域较为狭窄，故有必要关注到班级管理层面的问题。教育治理涉及班级的管理问题，在多元共治理念的引领下，班级管理可以吸收、借鉴多元共治的多维度、多层面经验，逐步从班主任主导的班级管理转向民主共治。多元共治是指多个主体共同管理来推动教育的发展。民主理念主张学生亲身参与到班集体的日常管理中并给予学生较多的话语权。多主体参与即班集体的管理工作并非班主任一人全权负责，而需要班主任、学生、家长等多个主体共同参与。

---

① 袁贵仁：《深化教育领域综合改革加快推进教育治理体系和治理能力现代化——在2014全国教育工作会议上的讲话》，https://www.gov.cn/gzdt/2014-02/16/content_2605760.htm，2023-01-11。

② 褚宏启、贾继娥：《教育治理中的多元主体及其作用互补》，载《教育发展研究》，2014(19)。

③ 这里的"学生自治"指学生的自我管理，详见褚宏启：《推进班级层面的教育治理》，载《中小学管理》，2021(12)。

④ 褚宏启：《教育治理：以共治求善治》，载《教育研究》，2014(10)。

⑤ 杨文杰、范国睿：《突破藩篱：高水平推进教育治理现代化的战略选择》，载《华东师范大学学报(教育科学版)》，2021(8)。

二、教育治理视域下的班级内部管理

班级管理涉及不同管理理念和多个管理主体，教育治理视域下的班级管理理念可概括为民主管理理念。民主管理理念是指让不同的主体参与到班级日常管理事务中，让每个主体都亲身参与并充分发表自己的意见。若聚焦到班级的内部管理，则可以将参与管理的主体设定为班主任和学生。

（一）班主任——班级内部管理的组织者

1. 尊重学生主体地位，师生开展平等对话

班主任进行班级管理的首要前提是以人为本，关注学生的需求并尊重学生主体地位。学生主体地位得到尊重表现在不同方面，如：教学活动中，关注学生的知识需求，联系学生的生活背景与学习能力；课外活动中，以学生的兴趣特长为出发点，让学生自由选择喜爱的活动项目；开展学生评价时，要关注同伴的互相评价与学生自身的评价。尊重学生主体地位是开展班级内部管理的源头，教师只有充分了解学生并关注学生的情感需求，才能有效地调动学生参与班级事务管理的积极性。一方面，尊重学生主体地位，能让学生在班集体中获得归属感，有利于促进师生双方的平等交流和对话。在对话式的班级管理中，教师和学生都是有思想、有情感，拥有自己生活价值的独立主体，在相互尊重的基础上进行对话和交往，通过师生双方相互理解而取得共同认识，以达到视域融合的价值导向一致认同。认同恰恰是教师高质量地进行各种教育教学活动的基础与核心。同时，充分的对话与交流可以破除师生双方之间的隔膜，有效地防止双方由于交流的不足而产生误会。[①] 另一方面，师生双方的民主对话能促进学生主体能力的提高。唯有采用对话的方式，才能展现出对学生主体性的重视，从而达到学校的主体教育要求。因此，班主任不应该作为班级管理的主导者来约束学生，而应该通过师生双方的平等对话方式来激发学生的主体地位，进而发展学生的积极性和创造性。[②]

2. 师生协商建构班规，营造民主班级氛围

一个班级的有序运行离不开优良的班级制度，班规的制定不仅规定了学生被允许的行为，而且明确了学生不被允许的行为。在班规的影响下，学生便能配合教师进行班级管理，但是学生能否自觉主动配合依然是班级管理中的主要问题。这就需要教师加强学生参与班规制定的民主权，与学生共同协商班级管理事宜，营造出民主的班级氛围。正如卢梭曾经批判过代议式民主，认为代议

---

① 李发祥：《从"独白"到"对话"：班级管理的转型》，载《教育理论与实践》，2017(10)。
② 肖振南：《班级治理：以"平等"和"对话"重构班级管理》，载《教育理论与实践》，2016(2)。

式民主产生的民意代表很难遵从公意，反之，全员参与式的直接民主则代表了公意。① 可以说，卢梭的想法在现代政治中是相当浪漫的，很难实现。但是，在班级管理中可以实现直接民主，让所有学生参与班级事务决策，如奖罚实施、规则制定、活动安排等。②

魏书生曾针对民主的班级管理提出以法治班的理念，即由师生双方共同制定班规，共同遵守规约。他认为一切班级管理的问题都是班级的问题，都可以由学生通过思考得到化解，他提倡的班级管理自主化原则在班委遴选上设置了常务班长、值周班长、值日班长的分层制度，贯彻人人都是班委，事事都有人管的原则，增强学生自主管理的主动性。在班级事务管理上要求班集体不管做什么事情都要做好计划，明确完成的时间和负责人，他提倡的以法治班理念是民主管理的典范。③

3. 组织多样班级活动，增强班级凝聚力

班级内学生积极向上的良好氛围有利于优良班风的形成，班风的营造在一定程度上有利于了班主任班级管理工作的推进，因此营造良好班级氛围、组织多样班级活动、加强班级凝聚力建设是班级管理的有效途径。活动是一种快速促进情感交流的方式，在和谐的班级氛围里，学生与学生、教师与学生彼此熟悉且相处融洽，良好的人际关系的建立需要以班级活动为支撑。班主任进行班级管理时需要多组织开展形式多样的班级活动，以此来加强班级共同体的建设。比如，教师可以在学习中组织"比学帮拼"的活动，让学生之间结成对子或组成学习小组，并让组内成员互相竞争并互相帮助。教师可以在学生学习之余，组织运动会、商议会、读书会等活动，为学生创造互相了解与共同协作的机会。班级凝聚力是学生相互了解与协作的结果，班主任在班级管理时需要多组织开展丰富的班级活动。例如：某小学组织开展班级文化建设活动，各班级学生在教师组织下共同装扮教室，对主题墙、挂饰、作品栏、自然角、班级域内的宣传窗等进行环境创设，还要进行整体规划与合理布局，让"会说话的墙壁"浸润学生的精神世界。学生一起装扮教室时相互交流、相互帮助，不仅创设出美丽的教室，而且增强了同学之间的凝聚力。

4. 变革干部选举制度，倡导班级差异化管理

成为班干部几乎是每个学生的心愿，然而在班级中能成为班干部的只有少

---

① ［意］博比奥：《民主的未来》，王宇平译，55 页，西安，西北大学出版社，2019。

② 程红艳、杨宇轩：《全员参与：中国新型班级民主管理的现实诉求与实践路径》，载《教育科学研究》，2022(3)。

③ 魏书生：《班主任工作漫谈》7 版，142～152 页，桂林，漓江出版社，2014。

数几人。这样的班干部选举制度只能调动少数学生的积极性，而班级内其他学生的积极性很难调动起来。因此，应该变革班干部的选举制度，让每个学生都参与到班级民主管理中。比如：运用激励理论；创设多种小干部职位，如课代表、组长、卫生督查员等；还可以根据班情需要设立项目组长，即语文、数学等各个学科的所有项目都有专人负责，如负责收发作业的组长、收发练习册的组长以及收发学科预习本的组长等，项目组长在收完小组作业后把情况反馈给课代表，课代表汇总整体情况后向各任课教师进行反馈，如此下来绝大多数学生都能够体验到班级管理。① 例如，武汉一中学设置了"园丁"、"节能天使"、班级记录员等 20 个岗位，让较多的学生参与班级管理。

不仅在班干部方面，在其他方面，学生的表现也有差异。因此，班主任在进行班级管理时需要根据不同类型学生或不同学习水平的学生做出差异化管理。例如：开展班级交流活动时，可以多设置一些不擅长交流的学生喜爱的话题，为他们多提供表达自己的机会。

5. 及时更新知识体系，提升自身管理能力

班级管理不是一成不变的，随着教育理念的更新和学生认识水平的提高，教师在进行班级管理时应随着学生的发展而选择不同的管理理念，采取不同的管理方法。教师管理理念和管理方法的选择随着教师自身知识体系的更新而不断深化，因此教师需要通过及时学习来更新自身知识体系，提升班级管理能力。除了观摩公开课，向优秀教师学习教学知识外，教师也可以借助共同体来帮助自身更新知识体系。例如：教师在网络共同体中可以跨越地区限制，学习不同地域教师的教学特色，也可以与不同教学水平的教师在线交流，及时取长补短。

学生的身心在动态中发展，教师的班级管理能力需要逐步提高。班主任提升管理能力离不开知识的更新，此外还可以通过以下途径提升自身管理能力：一是通过对个人经历、教育故事的总结，不断地更新自己的教育理念，从而达到专业自觉；二是以教育理论为指导，以理性的思维方式指导自身的实践；三是重视与教师团体的协作，以共同发展促进自我专业发展。②

（二）学生——班级内部管理的参与者

教育治理视域下，多元共治成为班级管理的新要求。对班级内部管理而言，不仅班主任需要做好民主管理工作，学生作为班级主体也要积极参与班级

① 甄亚萌：《以人为本，完善班级管理》，载《中国教育学刊》，2016(S2)。
② 赵福江、师婧璐：《共同体理论视角下新时代班级建设的思考》，载《中小学管理》，2022(1)。

管理，完成班级内部的管理工作。

1. 扩大学生管理权，倾听学生管理心声

学生参与管理的理念虽被不同学校和教师采纳，但是实施程度较浅。学生的参与多为表面参与，如学生管理班级仅体现在参与投票选举等。深层次的学生参与需要从扩大学生管理权入手。

贺宇良提出让学生采用"三长六部制"和"一人一事"制度进行自主管理。"三长"即常务班长、学科班长、值日班长，"六部"即学习部、生活部、文体部、纪检部、评价部、专业部。所有职位均面向全体学生，学生可以通过竞选赢得岗位。"一人一事"制度，即由师生双方共同梳理班级里需要管理的事项，每个学生可根据个人兴趣和特长自愿申报，如多媒体设备管理员、书吧管理员、午休提醒员等。"一人一事"制度使学生有管理权，让每个学生都能参与到班级管理中去，从而增强学生的主动性和自我管理、管理他人的能力。① 毕旺兴主张向学生放权，从选任班干部到制定班规，通过"班级议事"的推行和"单元组"管理及"完善评价体系"的实施②，来保障班级管理的民主性。每个学生都可以充分发表自己的观点，提出不同的建议，这对班级管理的多元性有重要意义。在人人都是管理者的班级管理理念下，真正放权给学生，先把班级事务进行细致划分，然后将各项事务分配给每个学生，把口号落到实处，真正做到事事有人做，事事有人管。

2. 鼓励全员参与，构建个性管理

学生参与班级管理常常出现部分学生积极活跃，部分学生沉默不语的现象。出现这种现象的原因就是班主任并未全面调动起学生的参与积极性，未做到引领学生全员参与。全员参与不仅要保证学优生和学困生的参与，中间生的参与也不能忽视。班级中间力量对班级管理具有重大意义，中间生群体大，容易掌握集体舆论的话语权。班级里的中间生与学优生、学困生的心理距离比较近，和双方学生群体都能对话，容易对其产生一定的影响。因此，中间生的行为取向对班级学习风气有直接的影响。③ 教师在引导班级学生参与班级管理时，要格外注意学生参与的积极性，通过情感交流、为学生设置较多机会等方式吸引他们的管理兴趣，进而做到全员参与。

不同类型的学生参与班级管理的方式不同，教师要做好不同类型学生参与

---

① 贺宇良：《"自教育治理"：让学校管理走向善治境界》，载《中小学管理》，2021(4)。
② 毕旺兴：《应该赋予学生五项班级管理权》，载《教学与管理》，2017(16)。
③ 秦润：《班级管理的重要支点：激活中间生资源》，载《教育理论与实践》，2021(2)。

班级管理的引导工作，将班级管理从同一模样转变为个性独特。教师可以借助学生的特点，发挥不同类型学生的长处，让学生自由参与到班级管理中，构建出个性化的班级管理体系。

3. 树立班级目标，加强团体协作

班级目标是班级内学生共同努力奋斗的指向标，指向标的建立对学生的向上行为有重要作用。班级管理中明显存在的问题即班级内学生虽各自有各自的目标，但缺乏整体的班级目标，这样会造成学生在学习和生活中只顾自己，而不会互帮互助和团结协作。学生参与班级管理需要自发树立个人目标并通过商议达成班级目标。

学生参与班级管理，需加强学生的团体协作能力，教师可以引导学生将班级管理的大任务分为小任务，再将每个小任务分给不同的小组，小组成员在组内共同商议完成目标。教师也可以通过团体活动增强班级的团体协作能力，但在组织团体活动时不能始终是活动的引领者，要注意角色的转变。教师在团体活动开始阶段要做一位支持者，营造轻松愉悦的氛围，吸引学生参与；在团体活动运作阶段要做一位引领者，引导学生充分表达自己，与他人积极交流；在团体活动结束阶段要做一位共情者，激发班级学生的情感共鸣。[①]

4. 学生参与评价，完善班级奖惩机制

学生对同学和自身的评价机会得不到保证，教师是评价唯一主体的现象仍在中小学班级管理中普遍存在。学生参与评价是参与班级管理的主要途径之一，教师引导学生参与评价要关注以下两点：一是多元化的评价方式，以单元组管理模式为基础，把全体成员划分成教师、班干部、小组长、组员等多种角色，并通过建立不同的评价方式，来确保所有学生都可以作为评价主体参与到评价中。[②] 可以采取多元的评价形式，如采用收集小贴纸的方式表明学生某一方面的成绩，让学生不局限于文字评价。二是多向评价，包含班主任评价和自我评价、组长和同桌互评等形式。例如：某中学开展"真爱同理心课堂——语言的转变"系列活动来让学生开展自我评价。学生对个人的健康情况、心理状态、情绪特点、行为倾向、知识水平等方面进行直接自我评价，通过教师、同学开展间接评价。活动丰富了评价内容，让学生全面地了解自己。[③]

---

① 程肇基：《团体活动：班级育人的重要途径》，载《高教探索》，2017(11)。

② 毕旺兴：《应该赋予学生五项班级管理权》，载《教学与管理》，2017(16)。

③ 李莹莹：《心理育人结硕果——宝清县第二高级中学转变教育评价方式见实效》，载《双鸭山日报》，2022-11-16。

　　班级奖惩机制的设立与完善是学生参与班级民主管理的具体表现，教师可以引导学生设定奖励的规则及奖励方式、批评的程度与批评形式来引导学生参与班级管理。例如：可以充分吸收学生的意见，采取代币制的奖励方式，把学生自己制作的奖励卡或积分卡作为班级内的奖励币，积攒一定数目后可以兑换笔记本、铅笔等小礼物。班级奖惩机制的完善对学生逐步深入参与班级管理，提升班级管理能力有重要意义。

三、教育治理视域下班级管理的多元主体参与

　　教育治理需要政府、学校、班级多层面协同合作。班级管理若从教育治理的视角出发，应聚焦于多个主体。在班级管理中，教师和学生扮演着重要的角色，而家长和社区的参与不可忽视。将社区资源引入班级管理，形式多样的社区活动可以开阔学生的眼界，拓宽学生的知识面，让学生掌握相关的管理知识，调动学生的兴趣，使他们能够更好地进行班级管理。

　　(一)家长参与班级管理

　　1. 家长参与班级管理的现状

　　(1)家长参与方式的局限性

　　《教育部关于加强家庭教育工作的指导意见》指出，应推动家庭、学校、社会密切配合。在班级管理中，家校合作应是双向的，家长本该主动参与班级管理并与学校积极合作，但是家庭和学校之间的交流方式常常局限于微信或电话，并且有些家长对家校合作的重要性的认识不足，导致家校合作在班级管理中的优势不能得到充分的发挥。基于这样的现状，改变家长的认知误区、培养家长成长型思维对保障家校合作的效果至关重要。[①] 单一的参与方式带来的不仅是效果的不理想，更是家长参与班级管理的倦怠。在数字化社会不断发展的今天，信息技术使得教育工作发生了巨大变革，也让我们的工作变得更为高效。然而，通过冰冷的机器传递出来的文字缺失了一定的温度。信息高速发展的时代，我们应当考虑如何较好地发挥家长对班级管理的作用，调动家长参与班级管理的积极性，推进家校合作有序开展。

　　家长参与班级管理的主体性不足的一个很重要的原因是参与管理的渠道有限，家长和教师、学校之间的沟通渠道常常局限于家长委员会、家长会等。同时，家长参与班级管理的范围和决策权的有限性，同样导致了家长参与的主体性不足。[②] 单纯依靠家长委员会，那么班级管理会沦落为集权制，部分学生家

---

　　① 周成霞：《关于初中班级管理中的家校合作策略的分析与研究》，载《教师》，2019(21)。
　　② 苏聪聪：《家长参与学校教育治理的主体性分析与建构》，载《教育理论与实践》，2019(29)。

长惧于权威，不敢提出自己的见解甚至放弃参与班级管理的机会。只有拓宽家长参与管理的渠道，优化家长委员会建设，完善相关制度等才能突出家长参与班级管理的主体性地位。学校、教师、家长应该共同探索多样化的班级管理方式，拓宽家长参与的渠道，体现家长参与的主体性。

（2）家长参与的层次差异

家长参与班级管理这一话题受到越来越多的重视，许多研究表明家长参与班级管理的层次有很大差异，这是家校合作面临的现实困境。有研究者依据家长参与的角色和参与的程度，把家长参与分为三个不同层次：第一层是形式上的参与，这是最表面化的参与层次，如参加家长会、学校开放日等活动；第二层是人际的参与，是家长与教师相互交流意见及建议的层面，如家访、家长参与课堂教学活动等；第三层是管理式的参与，这是最高层次的家长参与，如家长通过家长委员会参与到学校的决策中去，行使决策权。[①] 在这个阶段，家长虽然参与到了班级管理中去，但是仔细研究便会发现，大多数的参与仍然停留在表面，只是按照学校的要求参加常规性活动，与教师的交流仅限于了解孩子的学习状况，不能结合孩子自身状况与教师共同探讨培养方向，更不能就学校管理给出独到的见解。

有研究根据家长参与互动程度的影响，把家长参与分为个体水平和机构水平两种层次的互动。伍小凤提出，家长参与研究依旧存在较大的局限性，如缺乏对本土问题的思考，缺乏家长视角研究以及弱势群体家长参与的研究。在这种状况下，立足于我国文化情境，探索与开发具有中国特色的家长参与模式，强化家长学习意愿，采用多元科学的方法丰富弱势家长群体参与的研究就显得尤为重要。[②] 无论是从哪种角度去分析家长参与班级管理的层次，亟待解决的问题都是如何增加家长参与班级管理的深度，让家长参与不再停留在形式化阶段，而是让家长真正参与到班级实际管理工作中去。

2. 家长参与班级管理的方式

（1）建立自下而上的班级家委会

传统意义上的家委会所承载的责任是配合学校、班主任的教育教学活动，是单向输出，而且是一种自上而下的输出。家委会将学校各种要求与制度转达给学生家长，可能会造成信息传递偏差，一定程度上造成家长与学校交流的阻

---

① 刘力：《家长参与学校教育的功能及方式》，载《教育研究与实验》，1992(1)。

② 伍小凤：《家校社合作中"家长参与"研究的问题域——基于2001—2020年CNKI中CSSCI论文的内容分析》，载《终身教育研究》，2022(3)。

碍。因此，家委会的建立可以采取自下而上的方式。在班级内部，家长可以通过自我推荐竞选的方式成为家委会成员，教师也可以推荐，寻找一些对班级管理有热心且有耐心为大家服务的对象。无论采取何种方式，家委会的建立都应该是民主的，将权利下放到学生家长。家委会还可定期根据实际情况做出调整，如每学年结束后根据家委会成员的意愿和其他家长的意见对家委会成员做出调整，来确保家委会未来工作顺利开展和促进家校合作工作的开展。

（2）家长参与班级课程构建

家长参与班级管理的途径不仅仅停留在家长会和家委会，家长还可以以多种形式参与到班级管理中。课程作为学生学习生活的主要阵地，对学生的知识学习和价值观形成有重要作用。此外，随着社会发展，学生能通过各种渠道了解到很多书本以外的知识，班主任和任课教师作为专业的教学人员对其他领域的专业知识却缺乏了解。由此，家长参与班级的课程构建可以作为家长有效参与班级管理的途径之一。

家长参与课程建设的主要方式是义工课程和亲子实践活动课程。在义工课程中，家长利用自身职业和专业便利来向学生传授相关知识。例如：在"探寻美食小镇"家长义工活动过程中，一位家长发挥自身的职业优势，带学生参观了食品企业的生产线，了解到了食品加工的各个环节。他还带着学生去农场进行农业劳作和野餐，让学生亲身体验到丰富的生活乐趣，又亲自为学生上了一堂关于食品安全的课。在亲子实践活动课程中，家长与学生共同实践、共同学习，通过亲子合作的形式参与班级管理。如：某班开展了"小手牵大手，爱绿护绿植绿"活动，在植树节时，家长和学生一起去购买树苗，用自己的实际行动装扮自己的家园。在"亲近自然，珍爱鸟类"活动中，家长与学生一起到南北湖游玩，学生在与大自然亲密接触的过程中学习鸟类保护知识，形成环保意识。在"一本书一份爱"活动中，家长和学生参加由学校举办的慈善义卖活动，将购买到的书送给贫困地区的儿童。[1] 家长义工课程与亲子实践活动课程既有效地缓解了学校教育资源不足的问题，还丰富了课堂形式，拓宽了家长参与班级管理的有效途径。

（3）拓宽家长与班级沟通交流的渠道

家长了解班级事务的主要渠道是微信群聊等线上交流。线上交流虽然有很大便利，却将交流渠道逐渐窄化。拓宽家长了解班级事务、参与班级管理的渠道能有效促进家长参与班级管理。例如：某中学每学期都会举办一次"家长开

---

[1] 孙亦华：《例谈班级管理中的家长课程构建》，载《教学与管理》，2018(5)。

放周"活动。受邀参加活动的家长都会收到一张"家长邀请函",走进校园,走进课堂,亲身体验孩子的课堂学习情况,全方位地了解孩子在学校的表现。"家长开放周"秉承着交流、沟通、进步、和谐的宗旨,由各年级级部主任和班主任耐心地向家长展示学校的办学理念,展现师生风采和教学成果。学校成长中心与家长展开心灵对话,拓宽家长与班主任和学校的沟通渠道,激发家长参与班级管理的热情。

(二)社区参与班级管理

社区作为学生日常生活的主要阵地,其教育功能的发挥对学生的学习与成长有重要影响,社区资源的应用对班级管理有重要意义。由于社区与学校的联系较少,社区与学校的合作还未成熟,社区参与班级管理的能力依然薄弱,社区参与班级管理的方式和途径有待拓展。学校教育不仅要借助校内教师资源,还应统筹其他力量,如将少年宫培训教师、高校大学生志愿者、能工巧匠、家长代表、非遗大师等请到学校,丰富课后服务。① 社区分管部门可以聘请专家开展以多学科为主题的知识科普公益活动,激发学生的求知欲,拓宽学生的知识面。②

教育治理视域下的班级管理强调多元共治,班级管理既要由班主任负责,又要充分调动学生的积极性,使其积极参与到班级的建设和管理之中。除了班主任的组织、学生的参与,多元共治也需要家长、社区等外部力量的配合,从而打造出适合学生身心发展的、独特的班级治理制度。

第二节　现代教育视域中的儿童参与

参与概念早已经成为一个比较常见的社会科学术语,在儿童教育领域早已出现过一些倡导儿童参与的呼声。③ 儿童参与的理念最早出现于 20 世纪 50 年代,规划师提出游戏场的建设应该在儿童的参与下进行,以促进社区民主化。20 世纪 70 年代起,随着对儿童权利的认识的逐渐加深,儿童对环境的感知、儿童在城市中的行为逐渐受到关注。1989 年,《儿童权利公约》使儿童的生存权、发展权、参与权和受保护权得以法定化,这表明儿童的权利理应得到重视

---

① 代莉、唐宇:《"双减"视域下的家校社协同育人新路径》,载《新课程评论》,2022(5)。

② 李海龙、李广海:《中小学家校社协同育人的价值、困境与实现路径》,载《教学与管理》,2022(24)。

③ 丁道勇:《儿童的日常参与:一种观察教育的视角》,载《教育发展研究》,2016(20)。

和保障。① 人们在应用儿童参与的概念时，到底能表达什么诉求？这是一个仁者见仁、智者见智的问题，答案的背后是不同倡导者的立场。②

为了更好地了解现代教育视域中的儿童参与，下面从三个维度，即儿童哲学视野中的儿童参与、儿童社会学视野中的儿童参与、儿童心理学视野中的儿童参与进行剖析。哲学维度以反思的视角研究作为人类的存在的儿童，社会学维度研究在社会情境中儿童的生活样态，心理学维度研究作为个体的存在的儿童。③

一、儿童哲学视野中的儿童参与

（一）儿童哲学的含义

儿童哲学作为新的学术领域，正在世界范围内蓬勃兴起。儿童哲学作为一种独立的研究课题，是李普曼及其同事的研究成果。④ 1969 年出版的李普曼的《哈利·史图特迈尔的发现》标志着儿童哲学的诞生。马修斯使之体系化而上升为新境界。国内有关学者认为儿童哲学具有较为复杂的界定与内涵，大致有以下几种看法。

第一，李普曼认为儿童哲学是给儿童的哲学。李普曼是 20 世纪美国著名的教育家和哲学家，是儿童哲学的创始人。⑤ 李普曼十分重视儿童的哲学教育，提倡将哲学引入儿童生活中。他强调哲学和儿童日常生活之间的密切联系，主张用浅显易懂的文字来进行哲学教育。在他看来，儿童和哲学有天然的联系，他们能否学习哲学与年龄没有关系，只要以适当的方式对他们进行哲学教学，就能够促使他们产生哲学思维。⑥

第二，儿童哲学主要是马修斯阐述的童年哲学。马修斯是儿童哲学的开创者之一。马修斯之所以能够注意到儿童哲学，是因为发现了儿童和哲学之间有一种天然的联系，儿童有属于他们的哲学。在《哲学与幼童》一书中，他用大量生动而有趣的事例来说明：天真可爱的幼童对宇宙、生活、身边万物萌生出的种种怀疑、疑问、议论乃至推理无不带有哲学色彩。马修斯所主张的儿童哲学是趋向于对儿童的赞赏的，他相信，幼小的儿童对哲学多有疑虑，成人要听取

① 赵迪、毕倚冉：《城市建设中儿童参与式规划设计的研究进展》，载《风景园林》，2022(2)。
② 丁道勇：《儿童的日常参与：一种观察教育的视角》，载《教育发展研究》，2016(20)。
③ 王澍、侯洁：《哲学视角下儿童观研究的特征及其教育启示》，载《教育科学研究》，2017(4)。
④ 冷璐：《儿童哲学教学的实践与思考》，载《教育研究与评论》，2018(4)。
⑤ 程伊、邱艳萍：《儿童哲学教师的角色定位：基于李普曼儿童哲学读物的分析》，载《教育导刊》，2021(6)。
⑥ 顾英洁：《李普曼的儿童哲学教育思想研究》，硕士学位论文，曲阜师范大学，2016。

儿童的意见，努力挖掘他们的思想。他为儿童哲学确立基本理论架构，并在曼荷莲子女学院开设了"童年哲学"课程。①

（二）儿童哲学视域下的儿童参与

1. 具有浪漫幻想的性质和浓厚的生命色彩

儿童的哲学探索从对人生的惊奇开始。对那些动画、童话、神话，儿童之所以会显示出浓厚的兴趣和爱好，正是由于这些作品包含许多令人惊奇的内容。儿童的生活简单而又质朴，他们喜欢动画、童话、神话，这就是他们追求智慧与浪漫的幻想。成人习惯以他们的阅历与准则去解答那些权威提问。儿童的思维属于散点式思维，不按照自己预先计划好的轨迹进行，自由而天马行空，发散而不受约束。在日常的生活和游戏中，他们的知识和经历不断地丰富和发展。儿童不受功能固着与思维定式的束缚，而是采用出人意料的角度与方法去怀疑成人习以为常或熟视无睹的东西。

2. 具有自由创造的性质但易受外界环境影响

儿童探究和发现事物本质属性，以及对智慧的热爱与追求，都是通过游戏来体现的。儿童在游戏中提出的问题体现了其原始哲学思维，更加体现了儿童生来是哲学家。儿童的思想观念、行为处事朴实、充满童趣，他们不清楚社会的行为规范、规章制度，也不太懂得社会的种种准则，甚至根本不知道该怎么做。这样当然会让儿童在生活中产生一些困扰，但其因此从各种羁绊中解放出来，从而获得了灵魂的解放，得到成人很难得到的自由，容易说出成人羞于开口却富有哲理的问题和话语。因此，儿童的哲学思想成为一个值得研究和探讨的问题。儿童的想法常常很幼稚，但其哲学天性中蕴含着智慧萌芽，这种思维状态能带给我们灵感与力量。在儿童哲学视域中，我们看到了一种开放的精神世界，也看到了一种开阔的教育理念和教学形式。儿童的哲学探索，不提倡个人闭门造车式的反思，他们能在成人帮助下，组建哲学探究群体，发展和增强相互沟通、人际交往能力，形成互相关心的态度，形成自我思考的能力，从而实现在社会中的发展。②

（三）总结

儿童哲学是与儿童的思考密切相关的一门学科。它的载体是儿童喜欢的具有哲学意义的故事，根据儿童心理、认识、成长的现实，运用故事中的各种思考方式，引导儿童自主思考，说出自己想要表达的东西，满足好奇心及求知

---

① 张艳霞：《马修斯儿童哲学的反思与启示》，载《现代教育科学》，2017(1)。
② 高振宇：《儿童哲学视野下思辨力的培养》，载《教育家》，2021(50)。

欲，唤起潜在的探索心理，从而使本来就热爱智慧的头脑习真、习善、习美，知真、知善、知美，从而将人之初的原始思想与哲学思想自然相结合，把基本思维能力引导到以辩证思维为主的创造性思维上。[1] 通过富有启发意义的活动，帮助儿童树立正确的人生观念，形成健康积极的人生观，提高认识客观世界和改造主观世界的能力，培养良好品德、行为习惯，促进全面、协调发展，提升分析和解决问题的能力，培养判断推理、辨别是非的能力，领悟做人的真谛，从而为成为有社会责任感、有创新精神、有实践能力的时代新人奠定初步的世界观与方法论基础。[2] 儿童哲学不只培养儿童的逻辑思维能力，更重要的在于促进群体内的交谈、探讨，练习去除儿童的自我中心，使其理解他人看法，思考对话中的错误之处，进而在解决人生现实问题时产生认识，找寻意义，提升自我反思能力。[3] 哲学可以帮助儿童发现和体验意义，让儿童有机会表达自己、活在当下。[4]

二、儿童社会学视野中的儿童参与

(一)儿童社会学的含义

20 世纪 80 年代后期，随着联合国《儿童权利公约》的出台，儿童社会学的研究被很多学者重视。[5] 我国对儿童社会学的研究历经了两个比较明显的时期，即缓慢与快速上升时期。儿童社会学已逐步成为儿童研究中的重要研究方向。[6] 儿童社会学究竟是一个怎样的定义呢？有些学者把它界定为研究儿童和社会的相互作用、相互影响的发展规律的科学，是研究儿童社会化的科学。[7] 儿童社会学作为社会学的分支学科，研究儿童与社会之间的互动、影响的发展的规律，又可称作童年社会学。儿童社会学以儿童社会化为中心，论述了儿童长大后如何既受社会约束，同时在与社会相互作用中逐步形成自己的个性。此外，儿童和家庭、学校和社区(协会)之间的交互作用是儿童社会化研究的重点。

儿童是国家的希望。儿童的成长在一定程度上可以直接影响到党的前途、

---

[1] 冷璐：《儿童哲学教学的实践与思考》，载《教育研究与评论》，2018(4)。

[2] 赖艳梅：《儿童哲学视域下小学语文实践性作业设计》，载《福建教育学院学报》，2022(6)。

[3] 李凯：《儿童哲学对儿童理性发展的价值与意义》，载《大众文艺》，2019(20)。

[4] 王澍：《儿童哲学研究范式的转换——以李普曼为起点》，载《教育研究》，2019(6)。

[5] 胡全柱、葛蓓蓓：《儿童社会学研究范式——兼论中国经验与反思》，载《甘肃社会科学》，2011(3)。

[6] 龚伯韬：《儿童社会学研究的热点与前沿——基于 CNKI 数据库文献的可视化分析》，载《当代教育与文化》，2019(3)。

[7] 薛素珍、柳林：《儿童社会学》，4 页，济南，山东人民出版社，1985。

民族的前途、国家的前途。教师应在德智体美劳各个方面为儿童打好基础，使其成长为合格的社会主义事业建设者和接班人。儿童的健康成长取决于许多因素，良好的社会环境（广义上来说，包括学校、家庭）是其中极其重要的因素之一。儿童由于可塑性很强，所受的影响较大，因此需要专门的学科——儿童社会学。

（二）儿童社会学视域下的儿童参与

1. 儿童是社会结构的重要组成部分

传统儿童观始终把儿童和生物自然性联系在一起，把儿童期看作走向成年的短暂而过渡性的时期，强调儿童是未成熟的、脆弱的、非理性的，而成人是成熟的、理性的，其内含的价值观是成人对儿童有控制权，并由此决定了儿童在其生活过程中是不具有实质性作用的。儿童社会学通过吸收社会建构主义的理论，从儿童的角度出发，对认为儿童的社会关系和文化依附于成人文化的儿童—成人二元论进行了批评。在儿童社会学的观点中，童年是社会的一种建构，有别于生理上的幼稚，既非自然的，亦非人类群体的普遍特征，而是社会的一种特别的结构与文化成分。[①]

儿童社会学认为，儿童积极地建立和确定自己的社交和与别人的关系，儿童是一个积极的社会行为者，是构建其周边的世界的参与者。而且，作为一个完整的社会成员，儿童有权利根据自己的能力、理解和成熟程度，参加各种社会活动。儿童是社会活动的积极参与者。儿童与成人一样，他们拥有能力，会思考，能做出决定。他们有强大的新工具，可以用来询问、分析、表达自我、影响他人和玩游戏。他们有他们的父母无法想象的灵活性，他们用他们的父母无法想象的方法去把世界变小，儿童的主体性由此被凸显出来。[②]儿童的参与不仅仅指代了象征意义上的参与，他们确实拥有决策权、领导权、解释权、设计权、传播权和定义权。参与式儿童研究者认为，儿童经常参加一些社会实践活动在一定程度上是可以塑造儿童理性、自主的理想形象的。[③]

2. 社会结构中儿童与成人不做区隔

在当代社会结构之中，儿童与成年人的生活不做区隔。正是这种不做区隔

---

① 郑素华：《新童年社会学：英国的发展及启示》，载《比较教育研究》，2012(10)。

② 滕洋：《童年社会学视野下新媒介对儿童主体性的建构》，载《理论月刊》，2022(6)。

③ 王海英：《童年研究中的儿童中心主义：方法论与方法》，载《南京师大学报（社会科学版）》，2021(2)。

的日常参与，让儿童习得了成年社会的种种规则和生存技能。① 大部分人只是将儿童的社会化看作家庭和学校教育的目标，而社会化的目的是将来他们能够以成人的角色进入社会。与成人相比，儿童是弱势的。儿童会经有组织的教育而转变为一个成熟而能干的成人。儿童总是在为进入社会认可的成熟期做准备。不管是政策的制定者、服务儿童的各种工作人员，还是儿童的父母，往往会把儿童的未来(也就是怎样做好成人)当成自己工作的依据，而不是凸显人的儿童期和作为现在时的儿童，以及现在时的儿童所拥有的种种特质和能力。成人对儿童及童年期的上述认识均不同程度地降低了儿童参与各种有关事务的可能性，妨碍了他们表达自己意见、参与决策和发挥影响力的进程，还妨碍成人认真对待儿童的观点的行为。促进儿童参与应着力于改变成人和儿童的区隔现象，儿童社会学的发展为此提供了重要的理论支持。②

（三）总结

社会学是一门新兴的学科。毫无疑问，儿童社会学是一门刚刚起步的新学科，在社会学的研究领域中处于边缘。从我国的儿童社会学经验来看，这是一个很明显的缺陷。儿童社会学在国内外学术界都处于一个被边缘化的状态。因此，在21世纪全球人口老龄化加剧的今天，儿童社会学未来的发展走向一定会引起学术界和非学术界、专业和非专业人员的高度关注。儿童社会学的发展，应以行动社会学和解放社会学的姿态来实现自己的解放和儿童的解放。③

三、儿童心理学视野中的儿童参与

（一）儿童心理学的内涵

心理理论研究始于普雷马克和伍德拉夫关于黑猩猩对心理有无认知的推测实验。在此实验背景下，同样的理论延展到人类的婴幼儿身上，并逐渐形成儿童心理理论发展这一领域。④ 德国生理学家、实验心理学家普莱尔作为科学儿童心理学创始人，其著作《儿童心理》奠定了儿童心理学的基础并具有重要参考价值。朱智贤的《儿童心理学》是我国儿童心理学科学体系建立的标志。新中国成立至今，我国儿童心理学的发展进程由曲折走向繁荣，由不完整走向现代化。⑤ 随

---

① 丁道勇：《儿童的日常参与：一种观察教育的视角》，载《教育发展研究》，2016(20)。

② 马晓琴、曾凡林、陈建军：《儿童参与权和童年社会学》，载《当代青年研究》，2006(11)。

③ 胡全柱、葛蓓蓓：《儿童社会学研究范式——兼论中国经验与反思》，载《甘肃社会科学》，2011(3)。

④ 闫杰：《儿童心理理论研究》，46～47页，北京，中国政法大学出版社，2019。

⑤ 刘淑仪：《基于儿童心理学下的儿童医疗空间设计研究》，硕士学位论文，广西师范大学，2019。

着国家对儿童教育的重视与关注，越来越多的学者不断探讨和开展学前儿童心理学的研究工作。陈鹤琴是我国教育界的老前辈，也是国内儿童心理学研究的奠基人。关于儿童心理学研究的对象问题，陈鹤琴提倡儿童心理学要针对儿童，特别是要针对出生至入学之前这段时间的儿童，做周详的、体系的、准确的科学研究。他曾提出：儿童并不是成人的缩影，儿童的生理和心理特点相对于成人而言是极其特殊的。因此，儿童心理学应该重点研究儿童心理的发展以及各年龄阶段的心理特点，其中包括心理活动的生理机制、心理活动与生理变化之间的关系等。① 关于儿童心理学，有学者将其定义为：儿童心理学是研究儿童心理发展的规律和儿童各个年龄阶段的心理特征的学科，是一门多元化的学科，其发展不仅要依赖于其他科学的研究，还是其他科学之间相互关联的产物，而非单一的、单独存在的研究。儿童心理学以人在成长和发展的过程中儿童时期（包括少年及青年早期，一般为 0～18 岁）的心理变化为主要研究内容。②

(二)儿童心理学视域下的儿童参与

1. 在儿童参与的环境刺激中培育儿童健康心理

认知神经科学的研究显示，0～3 岁是人类心理发展速度最快的时期，也是最有可塑性的时期。由于神经的可塑性，大脑中的神经突触常常受到刺激而得到强化。每一个人都有一段时间的神经可塑性，0～3 岁是大脑、智能和心理发育最迅速的时期。儿童心理发育是一个动态的过程，它需要不间断的环境刺激来促进。在儿童时期缺乏良性环境刺激、缺乏社会参与的人易智力低下、社会适应性差、缺乏自理能力。很多儿童心理学家认为，儿童在童年时所受的各种环境刺激的数量和类型往往会有很大的差异，多样化的儿童参与最能提供这类刺激。在参与中，儿童会开放多个感官，可以接触到不同类型的信息。儿童天生懂得用概率来思考，在观察中学习，他们大量地看、听，接收外界的信息，然后放到自己的样本库中，作为学习资料库。要想培养一个活跃生动的儿童，需要最大化地挖掘儿童的潜能，发展他的可能性。丰富儿童参与社会活动的经历，能带给儿童最直接的体验，是儿童最佳的学习方式。同时，参与活动给儿童带来的大格局、高眼界，会正向作用于儿童的学习，让儿童在学习上有好的表现。

① 黄琼：《陈鹤琴儿童心理学研究的理论和实践》，载《南京师大学报(社会科学版)》，1985(3)。
② 赵欣伟：《基于儿童心理学的学龄前儿童室内公共活动空间设计研究》，硕士学位论文，燕山大学，2019。

2. 在儿童参与的游戏中培育儿童健康心理

3～6 岁是儿童心理发展和智力发育的关键阶段。此阶段的儿童主要以具体意象思考，以自我为中心。在这个时期，最好的学习是在玩和游戏中进行的，游戏是这一阶段儿童的最爱。陈鹤琴先生提出"游戏心"是儿童的本能，游戏应当成为儿童参与的主要方式。儿童是活泼好动的，如果没有可以玩耍的东西，儿童就会坐不住、吵闹或做出不恰当的事情。但是如果儿童不吵不闹、无精打采，反而丢失了儿童的最纯真的本质和该有的活力。首先，儿童通过游戏参与能够发展身体。陈鹤琴先生提出游戏中的儿童会在不知不觉中拿出全部的精气神。其次，游戏参与能够培养儿童高尚的道德。他认为儿童在进行社会性游戏的过程中，只有具有真诚、信任、独立、诚实等品质，才能较好地和同伴进行游戏。最后，游戏参与能够使脑筋敏锐，如角色游戏、益智游戏、建构游戏等能够养成儿童的判断、知觉、观察、想象等能力，使其智力得到不断发展。[1] 借助游戏的方式促进儿童参与，可以培养儿童的合作、耐心、共情等品格。

3. 在儿童参与的实践中培育儿童健康心理

6～12 岁儿童的大脑处于不断完善的状态，这个时期儿童的大脑可塑性强。该阶段的儿童思维从具象向抽象转变，初步掌握了逻辑思维，但是自我控制能力较弱，注意力的集中时间较短。该阶段的儿童对事物都充满了好奇心，渴望通过挑战获得成就感。儿童时期是他们的好奇心和参与意识的萌芽期。在儿童时期他们具有的探究反射的本能，有利于儿童开拓视野、提高思想认识水平、挖掘潜在的智力。儿童的思维方式确实与成年人有很大差异，出于新奇感，他们不轻易相信别人说的，总要亲自试一试，总要自己做，总要亲身参与其中。儿童参与的兴趣是他们智力发展的动力，他们出于好奇心会不断地接触新事物，参与不同类型的活动，会在对新事物的不断挑战和探索中变得成熟。对任何事物都想参与和融入是儿童的天性，是促使儿童认识世界、改造世界的动机，是值得父母珍惜的。如果父母或教师不让儿童做，极有可能减弱儿童参与的激情，会在无形中抹杀儿童探索的兴趣。父母和教师是儿童的引导者，应该学会换位思考，学会用儿童的视角思考问题，了解他们这么做的原因，不干预他们，给他们留足充分的参与空间和时间。

---

① 车立云、车立芬：《陈鹤琴儿童游戏思想研究及其启示》，载《教育教学论坛》，2022(27)。

（三）总结

心理学理论是一个比较庞大而又复杂的知识体系，狭义的心理学理论是指个体对他人和自己心理状态（如需要、信念、意图、感觉等）的认知，并由此对相应行为做出因果性预测和解释。[①] 儿童心理学是心理学的一个重要分支，我国对儿童心理学的研究，主要从两个方面来进行：其一，对从事研究的主体来说，我国学前儿童心理学的专家和学者倾向于个人开展此方面相关的研究，个人相互合作和各科研机构相互合作比较少，联系并不密切，没有发挥研究团队和研究集体的合力；其二，从研究的内容或研究领域来看，研究内容和研究范围比较广泛，对该领域某一点的研究不够深入。希望在今后的研究中，可以以点带面，深入研究，既要注重研究的广度又要注重研究的深度，努力促进我国儿童心理学的发展。[②]

总之，现代教育视域中儿童参与往往最易被忽视。在学校里，儿童的学习和娱乐主要由教师决定；在家庭中，孩子的升学、业余爱好往往要听从家长的安排；在社会上，成人经常用固化的思维去策划各种社会文化活动，儿童常常扮演被动的角色，在对各项事务的参与方面变得极为消极。儿童参与程度的高低，对儿童的发展起着至关重要的作用。儿童参与是培养儿童社会责任感的有效形式，这体现在素质教育之中。为此，我们要让儿童充分参与，给予儿童自主权，给予他们发挥想象、创造性和能力的空间，让他们在参与中成为自己的主人。现代教育视域下儿童参与任重道远，需要社会各界的共同努力，为儿童参与和发展提供新的、广阔的空间。

第三节　班级评价和班主任评价的研究进展

一、班级评价

（一）班级评价的概念

关于"评价"，不同学者的理解不同。《辞海》中，"评价"的解释为：①评定货物价格；②评论价值高低。[③] 有研究者认为，教育评价是指在全面地收集、

---

① 孟红霞：《幼儿情绪表达规则认知能力的发展》，硕士学位论文，天津师范大学，2008。

② 谢丽：《我国学前儿童心理学研究的文献计量及可视化分析（1993—2013 年）》，硕士学位论文，陕西师范大学，2014。

③ 陈至立：《辞海》7 版，3362 页，上海，上海辞书出版社，2020。

整理、处理和分析教育信息的基础上，对教育价值进行判断的过程，通过评价可帮助评价主客体双方了解彼此的状态和需求。[①] 陈玉琨教授认为，评价是一种价值判断的活动，是对客体满足主体需要程度的判断，教育评价的最终目的是促进教育主体的发展。[②] 泰勒认为，评价本质上是一个确定课程与教学计划实际达到教育目标的程度的过程。[③] 班级评价是教育评价的重要组成部分，是进行班级管理的一种重要手段，主要是指以促进班集体的健康发展和学生的健康成长为目的，遵循一定的教育规律和教育原则，班级主体以学生的思想品德、学业水平、身心健康、人际关系、行为习惯等为内容所进行的评价。这里的评价主体具有多元性，其中主要包括教师、同学及学生本人等。班级评价对促进学生的健康发展、提高评价育人的功效具有重要意义。

（二）班级评价的类型

1. 教师对班级的评价

教师作为班级中具有权威性的人员之一，是班级中与学生接触时间最长的成人，其对学生的评价具有指导性意义。教师对班级的评价可分为两部分：教师对班集体的评价和教师对学生个体的评价。教师对班集体进行恰当的评价可使班级和班级之间进行良性竞争，有利于培养学生的班级归属感和增强班级凝聚力。对学生个体而言，教师与学生相比，所经历的事情较多，经验较丰富。教师的及时评价可帮助学生少走弯路，提高效率。教师与家长相比，对教育教学规律的理解更为深入，对教育教学方式的掌握更为精深，因此对学生的评价更具科学性。

2. 学生对班级的评价

在班级中，学生接触时间最长的人即自己的同班同学，他们不仅在课堂上共同学习，而且还在课下一起玩耍，无论是学习状态还是日常生活状态都彼此看在眼里。同伴评价与教师评价相比，不仅评价视角更加广泛，而且作为与学生朝夕相处的同龄人，评价内容更容易使被评价者接受。例如：郑州某学校的一个班级的班主任带领学生成立了"启智有限责任公司"（见图 8-1），并且组织了"公司集体大会"，教师和学生一起组织和完善相关评价机制，如按照公司的模式成立了班级人事部，主要负责班级管理者的晋升与"辞退"，每周五他们会将各部门成员的得分情况进行公布，对有进步的成员进行奖励使之得以晋升，

---

①　吴钢：《浅谈教育评价方案》，载《上海教育》，2000(7)。

②　陈玉琨：《教育评价学》，7 页，北京，人民教育出版社，1999。

③　[美]泰勒：《课程与教学的基本原理》，施良方译，85 页，北京，人民教育出版社，1994。

反之则会面临降级或"辞退"的风险。被"辞退"的成员则需要等待下一次机会进行重新竞选。班级每个月都会重新组织一次竞选，而且还会对表现突出的部门进行表彰——授予"周明星部门"称号，同时对表现突出的学生授予"金牌经理"和"金牌总监"的称号。[①] 学生对班级的评价能够给班主任和任课教师提供有效信息，学生与教师的出发点不同，学生的评价能够给教师提供好的管理和教学经验，促进班集体的健康发展。

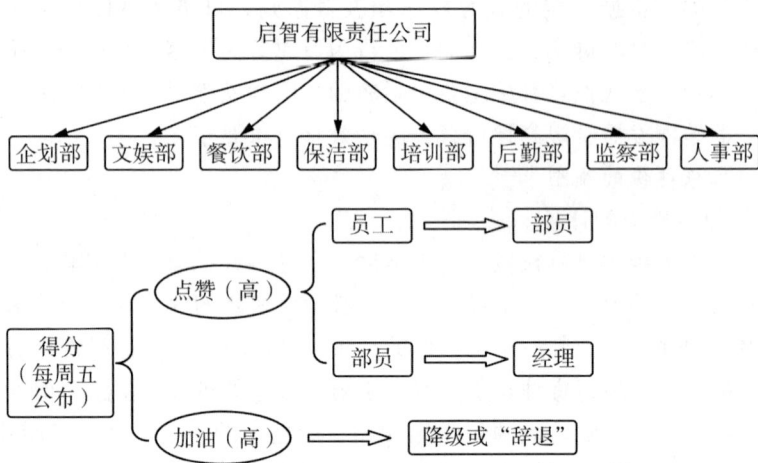

图 8-1　启智有限责任公司

3. 学生的自我评价

最了解自己的人还是自己。学生本人比他人更了解自己的真实内心状态。无论是教师还是同学，他们只能通过学生的外部表现去推测其内心状态，而且没有人可以做到时刻观察和监督别人，人所经历的一切事情只有自己最了解，所以学生进行自我评价是十分必要的。而且，只有本人真正意识到问题，才有可能去发自内心地解决问题。因此，只有别人的评价还远远不够，自我反思更能解决问题。

(三)班级评价功能

1. 激励功能

评价主体对学生进行鼓励性评价，有利于提高学生对学习的兴趣，激发

---

① 梁艺萧：《开个"公司"来管理班级——孩子们需要什么样的班级评价?》，载《湖北教育(政务宣传)》，2022(3)。

学生的学习动机，促进学生的健康成长。在班级评价中，评价主体就学生行为对学生进行评价，能够使学生感受到教师的关注，因此奋发向上，充分发挥学习主动性，以此回报教师对自己的关心。由于学生的身心发展水平尚未成熟，缺乏辨别善恶是非的能力，需要经验丰富的成人进行有效引导。比如，可以通过语言对学生进行鼓励，或者借助一些物质奖励对学生进行表扬。

2. 导向功能

俗话说，当局者迷，旁观者清。进行班级评价的主要目的之一是能够从不同角度让学生客观认识自身行为，并能够在多人的建议和指导下，改善自身的行为方式，实现快速发展。另外，无论是进行群体评价还是个体评价，教师在班级中的及时评价都能产生多重效应，如教师的班级评价可能会引起班级内的集体反思，营造良好的班级氛围。无论是教师对学生的评价还是学生之间的互评，对被评价的学生而言，都或多或少地有所启示，并为日后的行为提供一个新的方向。

3. 诊断功能

通过班级评价的具体内容及由此引发的学生反馈可有效判断学生的身心发展状态。美国评价专家斯塔弗尔比姆认为，评价最重要的意图不是证明，而是改进[1]，因此他把评价界定为"为决策提供有用信息的过程"[2]。学生可以通过他人的评价内容，了解别人对自己的看法，收集自己未能意识到的有效信息。另外，教师等评价主体在进行班级评价后可通过学生的具体反馈了解学生内心的真实想法，以判断自己的教育方式和评价方法是否合适，进行反思。

4. 管理功能

开展班级评价有多方主体的参与，各主体目标一致，齐心协力，相互监督，一同出力，有利于培养学生遵守纪律的良好习惯，形成温馨友爱的班级氛围。教师在进行班级评价时应注重渗透集体意识，培养学生的集体荣誉感，鼓励学生在班级中自我管理的同时，能够担起维护班级荣誉的责任，对其他同学进行监督，做班级的"守护小天使"。此外，教师是班级活动的组织者与管理者。教师在进行班级评价时，需要全面了解学生，以采用适合学生特点的评价方式。学生受到评价后会做出及时的反应，为教师的评价提供有效的反馈信息，这对提高教师的管理水平具有重要作用。

---

① 瞿葆奎：《教育学文集》第 16 卷，298 页，北京，人民教育出版社，1989。
② 瞿葆奎：《教育学文集》第 16 卷，301 页，北京，人民教育出版社，1989。

（四）班级评价原则

1. 评价理念现代化

班级评价应该以先进的教育理念为支撑。现代教育理念多强调培养学生的个性发展，这就要求评价主体要全面准确地了解学生。学校的教学组织形式多为班级授课制，即以学生的身心发展水平为依据，对学生进行分班教学。虽说学生的身心发展水平具有一定共性，但由于个体的独特性和生存环境不同，个体之间还是会存在差异。因此，评价主体尤其是教师要掌握先进的教育理念，熟练应用各种教育教学规律，在对学生进行类评价的同时，了解每个学生的发展特点，进行有针对性的个别化评价。

2. 评价主体多元化

班级涉及的个体有很多，比如学生、教师、家长、学校等各方面，他们都有权对班级管理进行指导和评价。各评价主体带有不同的立场，这会使班级评价具有全面性。教师的班级评价具有专业性和科学性。学生的班级互评能理解被评价者，更能够结合环境特点等实际情况进行客观评价。学生的自我评价具有针对性，可避免因为共同的评价标准而造成评价不够贴切的问题。因此，各评价主体对班级评价的作用不可或缺，保持评价主体的多元性能使班级评价全面、具体、客观。

3. 评价指标特色化

学生的表现是班级评价的重要指标。虽说学生的主要任务是学习，但学生的生活中不只有学习。陈玉琨教授提出，学生评价是对学生个体学习的进展和变化的评价，它不仅包括对学生学业的评定，还应该包括对学生思想品德和个性评价方面的评定。[①] 我国的教育目标要求教育培养德智体美劳全面发展的社会主义建设者和接班人，因此学生的思想品行、生活习惯、兴趣特长等都可以作为评价学生发展状况的指标。例如：一位小学二年级的班主任根据学情开展了"五星班级"评价活动，把"五星班级"的评比内容作为规范班级学生行为的奋斗目标，在班级建立起一套相应的管理评价体系（见图 8-2）。为了让学生认识到这个评价体系给自己带来的益处，这位班主任结合晨会、班会课引导学生进行安全、班级卫生、礼仪规范、参加活动四个板块内容的学习，使学生能自觉地遵守班级的规则。[②] 在此，需要注意的是要考虑评价指标在评价体系中所占的权重。如何确定班级评价体系中各指标的权重呢？应该以教育培养目标为依据，根据社会的需要，合理配置各要素在班级评价体系中的权重。

---

① 陈玉琨：《教育评价学》，56 页，北京，人民教育出版社，1999。

② 陈尚婷：《"五星班级"下的班级管理评价体系》，载《黑龙江教育（教育与教学）》，2022(8)。

安全					班级卫生					礼仪规范						参加活动
课间文明游戏	不做危险动作	不追逐打闹、不攀爬	遵守校外安全规则	遵守校内安全规则	不乱扔垃圾	桌椅摆放整齐	值日生认真值日	不乱涂、不乱画、不乱倒	保持个人卫生干净、整洁	佩戴红领巾	使用文明礼貌用语	集合做到快、静、齐	不说脏话	遵守课堂纪律	尊师重道，不欺负同学	积极参加班级、学校组织的各项活动，获奖者奖励一颗星。如中队集体获奖，每人奖励一颗星。

班级学生分配
（每个板块分别选取不同的管理者） ➡ 遵守　监督　管理

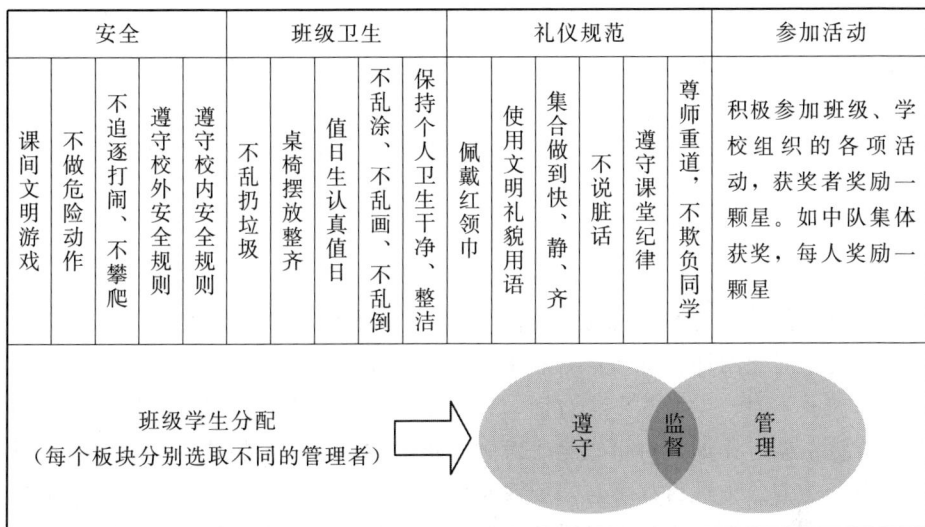

图 8-2　"五星班级"管理评价体系

4. 评价过程公平化

教师在进行班级评价时切勿将自己的偏见代入学生，不能将自己的观点强加给学生。学生看问题的视角和成人是有所差别的，要对学生保持信任和理解，站在学生的视角看问题，充分收集资料、分析资料，选择合适的方式进行评价。另外，教师在进行班级评价时要一视同仁，不得偏向或歧视某一学生，不得区别对待。若在班级评价过程中不能公平对待学生，极有可能会伤害学生的自尊心，打击学生的学习积极性。另外，教师应该是学生的道德榜样，教师的区别对待很容易助长班级中的"小团体"的威风，形成不良的班级风气。因此，评价主体在进行班级评价时，要严格按照评价标准对学生进行实事求是的、客观的评价，避免主观随意性。

（五）班级评价的研究进展

随着社会的发展和教育体系的完善，班级评价在与时俱进、不断更新，以适应社会、教育水平的不断进步。探索科学合理的班级评价方式，对促进班风、学风建设，健全学生人格，提升教育质量具有重要意义。在中小学阶段，班级评价的研究主要集中在评价内容和评价方法上。

1. 评价内容多样化

在中小学班级管理中，积分管理制度盛行。积分制不仅可以激发学生学习的动力，而且对班级管理效果的优化有极大的促进作用。班级管理的积分制度主要包括课堂积分评价、作业积分评价、纪律及卫生评价。[①] 美国心理学家加德纳的多元智能理论提出，不同学生在发展过程中有不同领域的优势，不能只关注学习这一个指标。进行班级评价时，在评价的指标上应体现全面性，班主任在进行班级管理时可以多设奖项以产生对班级学生的激励作用，考察标准要囊括德智体美劳等各方面，促进班级的良性发展。[②]

2. 评价方法多样化

中小学阶段是学生知识、品格发展的基础阶段，这一时期对学生知识的形成、价值观的养成等具有重要影响。从多个角度出发，关注学生的各方面发展，采用多元化的评价方法，有利于学生的全面、协调发展。班主任的班级管理工作涉及学习、生活等多个方面，针对不同的评价内容所采取的评价方法的侧重应该不同。比如，对班级学生考勤和班级卫生等内容的评价，就可多通过量化考核的方式来进行。不过需要注意的是，在进行量化评价时，要确保量化管理目标的全面性，尽量对其进行细化，评价越细化效果就越好。对班级的班风和班级人际关系的考察则可以通过质性评价来进行。比如，可与学生进行交谈，通过获取学生对班级的看法来进行评价。在评价时，班级管理人员应该多发挥自己的主观能动性，根据评价内容和学生特点，设计出质性评价和量化评价相结合的评价方式，使班级评价发挥其最大效能。除此之外，在评价方式上，要做到过程性评价和终结性评价相结合。比如，评价主体准确记录班级的动态发展过程，对观察结果进行详细记录和评分，使其成为最终评价结果的重要组成部分。通过各种形式的评价，发现好的现象就及时表扬，对暴露出的问题随时整改。班级评价方式的好坏影响着学生的生长环境。班级评价方法的选择需要具体问题具体分析。评价主体要充分发挥自己的判断力和主观能动性，要具有前瞻的眼光和勇于探索的勇气，避免急功近利而忽视班级评价的真正目的。例如：某班主任根据"五行班级"量化评价方式（见表 8-1）的确定，参照学校的发展性评价平台设立了五条班级检查的线路（以下简称"五线"），通过明确"五线"打分权限，"三全"化执行量化制度，统一量化标准和规范反馈方式使量化评价操作精细化。"五线"执勤指的是从时间轴、空间轴、人员轴三维进行执勤，对每一个班级的晋级评价做到全方位的执勤。[③]

① 冯晓晴：《班级管理积分制，激发学生内驱力》，载《文理导航（中旬）》，2015(6)。

② 冯永刚、何绪娜：《中小学班级精细化管理的困境及其破解》，载《教学研究》，2018(6)。

③ 张琳娜：《"星月行"晋级："五行班级"量化评价方式创新的实践研究》，载《中学课程辅导（教师通讯）》，2021(2)。

表 8-1　"五行班级"量化评价方式

评价项目	项目内容
仪容仪表	着装、头发、指甲、校牌团徽佩戴
文明行为规范	语言、行为
课堂行为规范	课前准备、听课、课后作业
卫生	个人卫生、教室卫生、包干区卫生
两操	出勤、队伍整齐度、出操纪律、两操完成度
自行车	自行车安全性、自行车摆放
班级活动评比	省、市、区、校级各项集体和个人活动

班级评价是教育教学中不可或缺的一部分，研究班级评价是教育发展的永恒目标。时代在发展，教育在顺应时代的发展，班级评价不能止步。班级评价模式还存在些许问题，但有问题的存在就有发展的机会。教育研究者以解决问题、提高教学效率为目标，在原有的班级评价模式的基础上进行细化、试验和创新。积分法、小组竞争等方法已经不足以激励学生的积极性，"五星班级"评价法、开个"公司"管理班级及利用互联网思维实施班级点赞制度等多元评价方法日益显现，相信今后会有更多元化的评价方式来推动班级发展。

二、班主任评价

(一)班主任评价的概念

班主任是教师队伍的重要群体，他们主要负责班级的日常管理工作。对班主任进行评价是提升班主任管理水平的一种重要手段。班主任评价主要指的是学校管理部门根据一定的标准，系统、全面地对班主任工作内容、工作态度、工作方式等做出的评价，评价的主体包括学生、学生家长、各任课教师、学校领导以及班主任自身。评价的最终目的是促进班主任改进、完善管理工作，它是教育评价以及教师评价最重要的组成部分，对促进班主任的专业成长，提高班主任工作效率，建设良好班集体有重要的意义。

(二)班主任评价的目的

班主任评价的目的在评价工作中起到引导作用。班主任评价的目的主要分为三类。

1. 促进班主任核心素养的发展

班主任核心素养主要指能够胜任新时代班主任专业角色所必须具备的价值

认同、职业情感、必备品格与关键能力。① 班主任评价有利于促进班主任核心素养的发展。具体表现在：第一，班主任评价有助于督促班主任学习其专业发展的相关理论，进而为班主任的专业能力提升提供理论保障；第二，班主任评价体系有利于有效提升班主任对自身的职业认同，增强教师的职业情感；第三，班主任评价有助于帮助班主任实现可持续发展与成长，有助其在岗位上取得更好的业绩，做出更大的贡献。

2. 服务于学科教学

纪律良好的班集体有利于学生学习。将班级氛围纳入班主任工作评价体系中，有利于加强班主任对班风建设的重视程度，从而采取行动，营造学习氛围浓厚的班集体，使其服务于学科教学。

3. 鉴定班主任工作水平，选拔优秀的班主任

评价具有一定的导向作用，学校通过评价考核，可以了解每个班主任的工作水平，从而选拔出有能力的班主任。

(三)班主任评价中的问题

班主任的许多负担是一种"束缚感"，而这种"束缚感"是由学校不合理、不科学的管理与评价造成的。② 在班主任评价中，主要存在以下几类问题。

1. 评价方式过于单一

在新课程改革开展多年的今天，班主任评价的方式仍然停留在量化评价上，单求分数定论。班主任忙于达成学校所规定的量化指标，而没有时间去进行创新设计，每天面对的是琐碎且重复的机械工作，工作的积极性大大降低。

2. 评价主体权重模糊

班主任评价是为了促进班主任自身向专业化方向发展，提高班主任的核心素养水平。在新课改之后，大多数学校强调评价的主体多元化，做到了让任课教师、家长、学生作为评价的主体。但是仍有不少学校忽略了班主任自身的评价，而且评价主体权重分配模糊，领导主观臆断，班主任自评存在形式化的问题，从而无法发挥班主任自评的重要作用。

3. 评价指标过分量化

评价指标与评价标准侧重于对班主任工作责任与功能的评价，无法综合体现班主任的专业发展。评价指标的权重分配偏向班主任工作职责与角色的绝对性，很难起到督促作用，也就难以推动完成班主任专业发展这一考核目标。在

---

① 陈萍、张斌：《班主任核心素养的内涵分析与框架建构》，载《中国教育学刊》，2021(2)。
② 李镇西：《请给不堪重负的班主任松绑》，载《教学管理与教育研究》，2017(21)。

评价中，有的学校过分注重可以量化的部分，对班主任工作中的隐性行为而言，如师德、爱岗敬业、对学生的关心和爱护等问题，则很少涉及。

（四）班主任评价的对策

针对以上存在的问题，对班主任评价的对策的探讨主要从评价的方式、主体、指标入手。

1. 评价方式特色化

班主任评价的方式主要有三种，即量化评价、质性评价以及将两者相结合的评价。

在量化评价方面，班主任评价的定量评价是通过对各项指标进行考核，根据分数来划分等级。

在质性评价方面，发展性评价的内容比较全面，主要侧重于对班主任的专业道德、专业信念、专业态度等方面进行评价。班主任的质性评价方式主要有学校领导对班主任的评价、其他班主任的评价、班级任课教师的评价、班级学生的评价和班主任自评等，其中班主任自评最为重要。另外，在研究中还出现了一些新颖的方式。比如，创建班主任成长电子档案，学校通过进行个别交流关注青年班主任的成长，注重对班主任的及时反馈。[1] 可以借鉴容山中学的做法——创建"432"班主任发展性评价体系，即横向"四维"和纵向"三层"发展性评价坐标系，对班主任进行全方位的评价。在方法上，主要有以下两方面：一方面是教师自评，通过自我评价表和工作总结等方式来呈现；另一方面是学校综合评价，主要采用问卷调查、教师座谈会以及反思论文等资料查验方式得以开展。[2]

大量研究表明，量化的评价会带来很多弊端，而质性评价虽然能在一定程度上弥补量化评价的不足，但在进行质性评价的过程中又不可避免地存在主观偏见。大多数学者越来越倾向于选择质性评价与量化评价相结合的方式。在汤阴县第一中学班主任评价机制中，在量化评价基础上，在每学期期中会对班主任进行阶段性评价，班主任的质性评价结果在整个评价结果中的权重已增至70%。先由班主任自评、年级内互评，然后由学生、家长、同组教师等多主体进行评价。与此同时，学校还创设了"自评奖"申报、"单项奖"评定、"柔性评价"等个性化评价方式，弥补常规评价的不足之处。[3] 在进行评价时，为了保

① 仝磊：《关于班主任评价的几点思考》，载《新智慧》，2018(2)。

② 区淑玲、张东升：《实施发展性评价，促进专业化成长——以容山中学班主任层级培养实践为例》，载《未来教育家》，2019(Z1)。

③ 马玉芳：《让评价成为发展引擎：重构县中班主任评价体系》，载《中小学管理》，2014(3)。

证评价方式的科学性，可以将班主任工作的部分内容进行量化，如班主任出勤情况、班级学生成绩、班级荣誉以及评比结果等。同时，借鉴质性考核的人文管理，将班主任工作中的隐性部分通过日常观察、访谈以及总结等形式进行评价，比如班主任的成长与发展、班级学生的收获与进步等，建立科学的考核方法，对班主任工作进行深入而充分的考核。① 学校对教师的评价要在质性评价的基础上，提出对量的要求。

2. 评价主体多元化

现代教育评价理论认为，教育评价是评价者、被评价者共同建构的过程。② 评价主体的多元化不仅仅在形式上让被评价者做一个自评的问卷，而且从评价的目的、指标的确定到评价的过程都需要有被评价者的参与。当然，评价主体多元化少不了同行和学生的参与。这要求评价中一定要明确各评价主体的权重分配，调动各个评价主体参与的积极性。③

针对班主任工作内容的多样性，需要倡导评价内容的综合性和评价主体的多元性。这一点，可以借鉴郑州市八十一中学的做法，在"学习管理"方面重点加大任课教师评价的权重，在"班级建设"方面加入学生调查问卷，在"家校联系"方面以家长为主体，以班主任工作为中心进行重点考核和监督，借此使任课教师、学生和学生家长都参与对班主任的考评，增强评价的客观性和真实性。④

班主任在进行绩效考评时，要建立多元化评价小组。学生、学生家长、任课教师要参与班主任工作绩效考评。不仅如此，学校领导亦应介入。由于各个评价主体层次不均衡，学校有关领导应重视并加强其在相应领域的培训指导，由此提升各个评价主体对班主任评价的关注和重视程度，使他们在考核过程中，能对班主任工作进行客观、谨慎的评价。

3. 评价指标多元化

班主任评价的指标主要可以分为以下三类。

（1）班主任工作内容

班主任日常工作评价指标包括：举办班级例会、开展集体活动、参加班主

---

① 李艳：《初中班主任绩效考核问题及对策研究——以大连某区为例》，硕士学位论文，辽宁师范大学，2020。

② 周玖赤：《攀枝花市 PE 中学班主任评价存在的问题及其对策》，硕士学位论文，四川师范大学，2011。

③ 孔艳静：《构建促进班主任专业发展评价体系的思考》，载《太原大学教育学院学报》，2010(S1)。

④ 李琳、张伟莉：《指向立德树人的班主任工作评价的问题与对策》，载《河南教育（基教版）》，2021(9)。

任会议和考察课堂的出勤率、培养班干部的方法和质量等。① 班级日常事务管理是班主任工作的主要内容。班级管理所隐含的具体工作一般缺少固定的边界，很多琐碎的工作往往"缠绕"着班主任。同时，班主任在现实的教育生活中，不仅要处理好管理与教育、规训与引导等不同教育理念间的关系，而且要面对学校、家庭与社会多方教育观念的博弈。

（2）班主任自身专业发展

国家越来越重视发挥班主任的功能和作用，由于班主任这一角色的复杂性，其工作内容涉及方方面面，对其专业能力有极高的要求。一般来说，中小学的班主任往往还担任其班级的某学科教师，这就需要班主任有精深的学科专业知识。班主任是班级事务的组织者与管理者，这对其管理能力提出了要求。班主任是加强各方面沟通与交流的桥梁，这一特点要求班主任具备一定的沟通表达能力。有学者就美国国家专业教学标准委员会制定的优秀教师评价标准指出，卓越班主任评价标准应侧重专业知识、教学表现、教学效果、反思能力以及沟通能力五个方面。②

（3）促进学生综合素质全面发展

从班主任工作特点和工作效能全面评价班主任，不仅要考核他们在德、能、勤、绩诸方面的显性表现，还应该以学生的发展为目标，对班主任的隐性工作给予足够的重视。③《中小学班主任工作规定》指出，班主任对学生的班级活动、综合素质评价、思想道德教育、班级日常管理等均负有重要责任。与任课教师不同的是，对每一个学生综合素质的评价是班主任的权利和义务。

不论是对班主任工作内容、班主任专业自身发展还是在促进学生综合素质全面发展方面，都应该对班主任进行个性化评价，不能唯分数论，要全面、具体、有个性，根据班主任自身发展水平以及各种外部因素进行评价。

（五）班主任评价的研究进展

我国对班主任评价的研究的观点不同，但最终目的都是培养出优秀的班主任，提高教学质量。从诸多学者的研究中可看出，我国班主任评价的内容越来越全面，关注班主任的核心素质，兼重班主任的专业情感和态度、专业道德和信念、专业能力和知识以及职责和作用。评价主体趋向多元化，注重班主任自

① 乔海霞：《职业院校班主任工作评价体系优化研究》，载《河南农业》，2021(30)。
② 关欣、陈蓉晖：《试论卓越班主任评价标准的建构——来自美国 NBPTS 的经验》，载《外国中小学教育》，2019(8)。
③ 欧昌铬：《多措并举强化班主任考核评价制度》，载《教育家》，2016(30)。

评。在此过程中，学校领导、同行、学生都可以成为评价的主体。评价方法合理与多元化，过程性评价与终结性评价、质性评价与量化评价有机结合。除此之外，出现了一些新颖的评价方法，如班主任成长电子档案评价法和增值性评价法。增值性评价法属于基于教师教学结果的教师评价方法，它主要是一种利用统计技术，考虑学生进步等多重因素的相对科学与公平的教师评价法。它所传达的理念应用于班主任评价中，不仅有助于完善班主任评价的理论，还有助于丰富班主任个人的教学实践，可增强班主任的自我效能感，促进其积极从事教学活动。在班主任评价过程中，仅仅以学生成绩来评价班主任的方式已经落伍了，这个时代需要的是有专业素养、有个性的班主任。

【思考题】

1. 学生作为班级的主体，班主任如何吸引学生积极参与班级管理？

2. 班主任一度被当作班级的核心人物，在班主任的管理下，班级秩序得以维护，从而保证学生在良好的环境下学习。但宁波某学校取消了班主任岗位，推行了导师制，引起了社会的广泛关注。对此，你有何感想？

【推荐阅读】

1. 魏书生. 班主任工作漫谈[M]. 7 版. 桂林：漓江出版社，2014.

2. 郑丽玉. 班级经营：致胜实招与实习心情故事[M]. 北京：中国人民大学出版社，2010.

3. 李伟胜. 班级管理新探索：建设新型班级[M]. 天津：天津教育出版社，2006.

4. 李镇西. 岂能如此考评班主任[J]. 班主任，2002(2)：30-31.

5. 李希贵，唐盛昌，刘堃，等. 关注班级生活质量[N]. 中国教育资讯报，2002-01-02(1).

6. 李希贵. 李希贵学校管理沉思录(17)[J]. 人民教育，2013(21)：11-13.